中央高校基本科研业务费专项资金资助项目
Fundamental Research Funds for the Central Universities
感谢国家自然科学基金项目“过度自信理论与内幕交易研究”（批准号：11301563）对本书的支持

基于一般信息结构的非对称信息交易模型

周德清　著

中国财经出版传媒集团

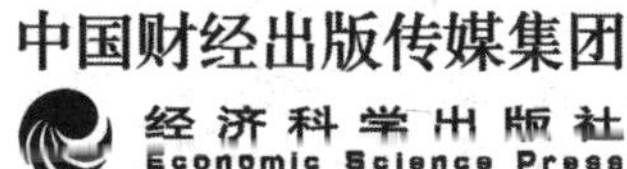

图书在版编目（CIP）数据

基于一般信息结构的非对称信息交易模型/周德清著.
—北京：经济科学出版社，2016.12
ISBN 978-7-5141-7621-6

Ⅰ.①基… Ⅱ.①周… Ⅲ.①股票交易-基本知识
Ⅳ.①F830.91

中国版本图书馆 CIP 数据核字（2016）第 321711 号

责任编辑：王　娟
责任校对：徐领柱
责任印制：邱　天

基于一般信息结构的非对称信息交易模型
周德清　著
经济科学出版社出版、发行　新华书店经销
社址：北京市海淀区阜成路甲 28 号　邮编：100142
总编部电话：010-88191217　发行部电话：010-88191522
网址：www.esp.com.cn
电子邮件：esp@esp.com.cn
天猫网店：经济科学出版社旗舰店
网址：http://jjkxcbs.tmall.com
北京季蜂印刷有限公司印装
710×1000　16 开　9.25 印张　200000 字
2017 年 3 月第 1 版　2017 年 3 月第 1 次印刷
ISBN 978-7-5141-7621-6　定价：35.00 元
（图书出现印装问题，本社负责调换。电话：010-88191510）

前　言

我们建立并求解了两个基于一般信息结构的非对称信息交易模型。相关工作建立于笔者所发表的英文论文（周德清，2011，2012，2013，2015）以及未发表的部分工作论文基础之上。

在第一个模型中，市场有若干不同的内部交易者，既有拥有完全信息的内部交易者，又有拥有不完全信息的内部交易者。本模型结果已经全部包含了凯尔（Kyle，1985）模型，霍顿和沙拔曼（Holden & Subrahmanyam，1992）模型，以及骆（Shunlong Luo，2001）模型的所有结果。此外，我们还得出很多这些模型所不具有的结果。比如，从对所有结果进行的直接连续化和渐近连续化的表述中我们会发现：对不同信息持有者，持有信息越精确的交易者其信息释放速度越快；而过度自信的交易者交易会随着自信水平的提高变得更加激进；我们所做的一个创新性贡献是：在求解极限和连续情况时，我们使用了不同于前人的方法，即渐近连续化分析方法。我们利用此方法所得到的结果可以回答以下重要问题，当交易频率越来越快时，市场深度，市场流动性，价格有效性，交易策略，交易利润这些均衡结果是以多快的速度趋于连续交易时的均衡结果的？而这些问题的回答是用直接连续化方法得不到的。

在第二个模型中，我们研究了具有分布不确定性质的一类私有信息。这类私有信息前人并未做过研究分析。在前人研究中，代表私有信息的是公司清算价值变量，内部交易者是确定知道此变量实现值的，而其他人只知道此变量的分布函数，并不知道此变量的实现值。我们研究了一种更普遍的情况，即内部信息交易者知道私有信息变量的分布函数，而其他人不知道此变量的分布函数，即他们面临不确定性的问题。具体而言，分布函数中的均值是作为私有信息的，只有内部人知道此均值，其他人由于不知道此均值从而无法获知私有信息变量的分布函数。通过求解均衡结果及其极限，并利用数值模拟的方法，我们发现，在此类私有信息的假设下，交易者的交易强度随着时间趋于市场关闭时刻而增强，市场交易成本在交易结束前大部分时间保持常数水平，但在交易临近结束时会变大，市场价格揭示私有信息的速度则接近常数。

本书分为三大部分，其中，第一部分介绍准备知识，包括经典模型和本书所采用的分析方法介绍。第二部分介绍模型一，包括模型、均衡求解、数值模拟、均衡分析等内容。第三部分则研究了模型二。

目　录

第 1 章

预备知识

1.1 非对称信息交易经典模型介绍

凯尔 1985 年首次通过建立数学模型的方法给出了一系列与私有信息释放问题相关问题的答案。他所建模型的基本框架也是其他大量文章的基础性框架，此框架叙述如下。

考虑时间段［0，1］上的交易，设交易在 $t=0$ 时刻开始，$t=1$ 时刻结束，市场中总共进行了 N 次交易，第 n 次交易发生时刻记为 t_n，假设：

$$0=t_0<t_1<t_2<,\ \cdots,\ <t_N=1$$

其中，t_n-t_{n-1}为第 n 次交易发生时刻与第 $n+1$ 次交易发生时刻之间的时间间隔。设在 N 期模型中，我们把此间隔记为 $\Delta t_N=1/N$。一般的，对于 N 固定的此模型称之为 N 期模型。

设市场中有一个风险资产，它的清算价值为 ν，市场中有两类交易者：无私有信息的交易者，只知道 ν 所服从的分布为正态分布，即：

$$\nu \sim N(p_0,\ \sigma_\nu^2)$$

市场中具有各种交易者包括：

（1）噪声交易者：不拥有私有信息，噪声交易者的第 n 期交易时刻的交易量为 u_n，不同期的交易量相互独立，同分布，且均为正态随机变量。噪声交易者为内部交易者提供掩护。

（2）做市商不拥有私有信息，负责记录交易量信息，从而具有总交易量信息，做市商制定价格，并作为所有其他交易者的交易对象完成每期的交易。

（3）内部交易者：唯一拥有私有信息 ν 的交易者，内部交易者会利用他所拥有的私有信息来获利。

内部交易者在交易开始前获取 v 的真实值信息。在对 $n=1, 2, \cdots, N$，在第 n 期，内部交易者根据私有信息提取内部交易量 x_n，噪声交易者的交易量外生给定为 u_n，服从零均值，σ_u^2 单位时间方差，且相互独立的正态随机变量。做市商观察到每期的总交易量 $y_n = x_n + u_n$，并据此制定理性预期的价格。

在凯尔（1985）模型中，内部交易者采取策略 $x_n = \beta_n(v - p_{n-1})$，以最优化未来预期收益。每期的利润用 $\pi_k = (v - p_k)x_k$ 来表示，剩余信息量用 $\sum_n$ 来表示，也即 $\sum_n = var(v \mid y_1, \cdots, y_n)$。

凯尔在对均衡的定义中作了三条假设：

（1）利润最大化：

$$\max_{x_n} E\{\sum_{k=n}^{N} \pi_k \mid p_1, p_2, \cdots, p_{n-1}, v\}$$

（2）市场有效性：

$$p_n = E(v \mid y_1, \cdots, y_n)$$

（3）线性均衡：存在常数 $\lambda_1, \cdots, \lambda_n$ 使得：

$$p_n - p_{n-1} = \lambda_n y_n。$$

1.2 Hilbert-Schmidt 正交化方法介绍

在均衡的求解过程中，需要将交易量序列正交化，该技巧的运用起到了关键作用，此类问题的分析均离不开这个过程。我们所发现的凯尔（1985）深刻的矛盾也是依赖于正交化技巧的成功应用。事实上，在与凯尔（1985）模型相关的大量模型中，事实上都需要利用我们此处使用的正交化技巧来完成其严格分析和证明，若得出不同的结论也应该按照本章提供的模式进行修改。

首先，我们给出内部交易者的策略空间，[①] 内部交易者可用的信息有公开的历史信息，也有私有信息。设内部交易者第 n 期的策略空间为：

$X_n = \{x_n, x_n$ 关于历史信息可测，且正态$\}$ 设 y_n 为第 n 期（$n=1, 2, \cdots,$

---

① 相关模型中并未提到策略空间问题，但是我们可以发现其实都是在某一特定空间中进行求解运算的，因此我们用数学表述尽量把此概念严格刻画出来，这有利于对此类模型的严格分析。

N)，交易时内部交易者与噪声交易者总的交易量，于是 $y_n=x_n+u_n$ 也是正态的随机变量。由 Hilbert-Schmidt 正交化知，对任意 $1\leqslant n\leqslant N$，存在由 y_1，…，y_n 唯一决定的常数（a_i^n）$_{(1\leqslant i\leqslant N)}$，$1\leqslant n\leqslant N$ 使得：$a_0^1=-E(y_1)$，$a_1^1=1$ 且

$$\tilde{y}_1=a_0^1+a_1^1y_1,\cdots,\tilde{y}_n=a_0^n+\sum_{i=1}^{n}a_i^ny_i$$

成为零均值的高斯正交系，换而言之，$\{\tilde{y}_1,\cdots,\tilde{y}_N\}$ 构成零均值的独立高斯随机变量列。由此易知：

$$p_n=E[v\mid y_1,\cdots,y_n]=E[v\mid\tilde{y}_1,\cdots,\tilde{y}_n],\ (1\leqslant n\leqslant N)$$

这样利用：

$$\begin{aligned}p_n&=p_{n-1}+E[v-p_{n-1}\mid\tilde{y}_1,\cdots,\tilde{y}_n]\\&=p_{n-1}+E[v-p_{n-1}\mid\tilde{y}_n]\end{aligned}$$

知：存在 λ_n 使得 $p_n=p_{n-1}+\lambda_n\tilde{y}_n(1\leqslant n\leqslant N)$。若不对 y_1，y_2，…，y_{n-1} 进行正交化，则 $p_n=p_{n-1}+\lambda_n\tilde{y}_n$ 不成立，且无法预先确定 p_n-p_{n-1} 与 y_n 的关系，因而，以后进行的许多计算将无法进行。

1.3 渐近连续化方法介绍

在本章处理的凯尔（1985）的三个改进模型中，如果仅仅采用直接连续化方法，则当交易次数趋于无穷或相邻交易时间间隔趋于零时，模型1中的依据私有信息交易强度 β_n 的连续化版本为0，利润函数参数 α_n、δ_n 也会趋于零，模型2和模型3中的依据私有信息交易强度 β_n 的连续化版本也为0。为了避免这种平凡化的结果，有必要计算相关变量序列趋于零的速度。于是，我们所求的连续化均衡可以定义为：

对任意的 $t\in[0,1]$，定义

$$N(t)=\max\left\{n,\frac{n}{N}\leqslant t\right\}$$

若记 Δt_n 为固定 N 时第 n 次交易的时间间隔，我们考察离散模型中的以 $N(t)$ 为脚标的离散模型变量当 Δ_N: $\Delta=\max\limits_{1\leqslant n\leqslant N}\Delta t_n\to0$① 时的极限为它的

① $\Delta_N\to0$ 的过程等同于 $N\to\infty$ 的过程，这固然是因为在 N 期模型中，所有间隔满足 $\Delta t_n=\dfrac{1}{N}$，但是事实上，这个原因还可以一般化为 Δ_N 随 N 趋于零，此时所有相关极限的收敛性仍将保持不变，证明过程完全类似。

连续版本。

如果当 $\Delta_N \to 0$ 时，离散模型均衡结果的极限存在，则可以直接定义它的极限为连续模型的结果，否则定义：若存在某个函数 f，使得对任意的 $t \in (0, 1)$，[1] 当 $\Delta_N \to 0$ 时，$\frac{q_{N(t)}}{f(\Delta_N)} \to p_t \in (0, \infty)$，其中 $f(\Delta_N)$ 以某种速度，比如指数速度，或者多项式速度收敛到 0。则连续时间每个时刻 t 的均衡结果可以用 p_t 来描述，此时的 p_t 可以理解为 q_t 增加的"速度"，但是注意此计算此速度的时间尺度可能不是原来的时间长度 Δt，而是相对的时间长度，比如 $(\Delta t)^{\alpha}$，$e^{\Delta t}$。如此刻画的连续时间变量可以近似模拟离散模型的结果，比如，假设 $f(\Delta_N) = k\Delta_N$，则当 N 很大时，则计算得出 k 的值之后，$f(\Delta_N)$ 可连续化为 kdt。而如果：$f(\Delta_N) = k(\Delta_N)^{\alpha}$，$(\alpha \neq 1)$，则通过求出其中的 α，仍然可以估计当交易很频繁时（即当 N 很大时）$q_{N(t)}$ 的近似值。这样比直接定义 $q_{N(t)}$ 的连续化为 0（当 $\alpha > 0$ 时）或者无穷大（当 $\alpha < 0$ 时）更加有意义。

1.4 凯尔（1985）模型中的一些技术细节

关于条件期望，条件方差的一些概念和结论我们是经常用到的，这在概率与统计、回归分析等课程中提到过一些，我们在此把相关的知识总结给大家。首先，要明白以下基本的概念：

（1）关于条件期望，我们经常把条件期望这样表述：$\tilde{x}\tilde{y}$ 为两个随机变量（或者更一般的，它们可以是随机向量，随机向量指的是每一维度均为一个随机变量），x，y 是他们的实现值。我们经常把 $\tilde{x}$ 关于 $\tilde{y}$ 的条件期望写为：

$$E[\tilde{x} \mid \tilde{y}]$$

或者也经常这样来写：

$$E[\tilde{x} \mid \tilde{y} = y]$$

或者：

$$E[\tilde{x} \mid y]$$

这三者并没有本质的区别，我们可以把后面两个当成是 $E[\tilde{x} \mid \tilde{y}] \mid_{\tilde{y}=y}$，这

---

① 随机变量的端点值往往会有自然规定，不需定义，比如离散模型命题 1 中 $\alpha_N = 0$。

好比定义在R上的函数，我们可以写为$f(X)$，也可以写成$f(x)$，前者的意思是X是一个变量，定义在R上，后者的含义$f(X)|_{X=x}$。

（2）需要注意：条件期望，一般来说，是个随机变量。严格地讲，$E[\tilde{x}|\tilde{y}]$是$\tilde{y}$的可测函数。当然，如果$\tilde{x}$与$\tilde{y}$独立，则$E[\tilde{x}|\tilde{y}]=E[\tilde{x}]$。一般情况下，可以这么认为：$E[\tilde{x}|\tilde{y}]=f(\tilde{y})$，并且$f$是的形式是不一定可以显式地表达出来的。然而，对于正态随机变量（或者向量），f是可以写出显式表达式的，我们会在下面详细说明这一点。

（3）条件方差。很多学者在研究过程中较少接触这个概念，它的严格定义是这样的：

$$Var(\tilde{x}|\tilde{y})=E[\tilde{x}-E(\tilde{x}|\tilde{y})|\tilde{y}]^2$$

很多人误认为是这种表达式：$E[\tilde{x}-E(\tilde{x}|\tilde{y})]^2$，其实不是的。因此，一般来讲，条件方差也是一个随机变量。但是对于正态随机变量来讲，由于$\tilde{x}-E(\tilde{x}|\tilde{y})$与$\tilde{y}$是独立的（为何是独立的，我希望大家可以自己想想原因，这是可以证明的，思路：你可以证明他们的协方差是0，这样他们就是不相关的，而对于正态随机变量来说，不相关也即独立），因此当$\tilde{x}$，$\tilde{y}$都是正态的时候：$Var(\tilde{x}|\tilde{y})=E[\tilde{x}-E(\tilde{x}|\tilde{y})]^2$是一个非随机的实数。但是对于非高斯型随机变量，这是一个随机变量，这样的话，剩余信息量这种概念就没法定义了。因为我们是要衡量信息量的大小（scale of information），是要拿一个实数来衡量的，非要拿一个随机变量刻画信息量的大小，是非常奇怪的。因为本质上来说，熵才是信息量人小的衡量，而对于正态随机变量来说，熵即是方差乘以一个常数，于是对于正态的变量，可以用方差来替代。那么对于非正态随机变量来说，我们是不是应该拿“熵”来刻画信息量的大小呢！

（4）关于信息，当我们没有什么信息的时候，$\tilde{x}$有一个分布，比如f，我们可以称之为先验分布，当我们有了信息$\tilde{y}$之后我们关于$\tilde{x}$的认识又多了一些，因此它有了另一个分布，比如g为后验分布。我们可以这样表达：

$$\tilde{x}\sim f,\ \tilde{x}|\tilde{y}\sim g$$

我们讲，拥有$\tilde{y}$这样一个信息的意思是，我们知道$\tilde{y}$的实现值。比如：$\tilde{y}$是明天的天气，它的取值空间是{晴天，阴天，下雨}，当然你也可以写成{1，0，-1}。我们拥有了天气这个信息之后我们就知道$\tilde{y}$具体取的是什么值。

（5）关于信息大小的度量。信息量是有大小之分的，比如$\tilde{y}^2$一般要

比 $\tilde{y}$ 的信息量小。衡量信息大小的度量其实是熵的概念，但是大部分的概率论与数理统计的书里并不会讲到这样一个概念。这在钱敏平的一本概率论中一个章节曾经讲过。在此，笔者只把正态随机变量的信息量的大小表述如下：我们关心 $\tilde{x}$ 的值，我们现在知道 $\tilde{y}$ 的值，那么这个信息量的大小是多少呢？$\tilde{y}$ 所蕴含的信息量的大小是这样衡量的：

$$Var(\tilde{x}) - Var(\tilde{x} \mid \tilde{y})$$

我们能看出来，按照这个定义，无用的信息的信息含量大小是0。如果一个信息特别有用，比如 $\tilde{x}$ 关于 $\tilde{y}$ 可测，也即知道了 $\tilde{y}$ 就能完全知道 $\tilde{x}$，此时这个信息量是 $Var(\tilde{x})$。

为什么在凯尔模型中 v 的方差越大，表示内部交易者拥有的信息越多？这一点，通过以上分析答案是显而易见的。

（6）其他细节。以下事实不难证明：

$\tilde{x}, \tilde{y}$ 是两个随机变量，C 是一个常数，则下面的事实是显而易见的：

$$E(\tilde{x} \mid \tilde{y} + C) = E(\tilde{x} \mid \tilde{y})$$

$$E(\tilde{x} \mid C) = E\tilde{x}$$

$$E(\tilde{x} \mid \tilde{x} + C) = \tilde{x}$$

（7）为何在一个对称的差分方程系统中强行让两个变量相等是非常错误的事情？笔者一直觉得这样做是非常错误的，首先，我们分析一下这样做的理由：在一个模型中，有两个内幕交易者，他们没什么区别，我们用X，Y表示这两个人，他们的策略是 x，y。那么我们假设 $x = y$ 是不是很合理啊？只能说貌似合理吧。事实上，这样做的错误是很严重的，即：如果本来方程组有解，那么你这样做会求出一个不是正确解的“解”来。

我们拿一个古诺博弈来求解：X，Y两个参与者，策略（可以理解为产量）分别为 x，y。价格 p 为 $p = 1 - (x + y)$。那么Nash均衡是存在的。这样求解Nash均衡是正确的：

$$\max_x x(1 - (x + y)) \Rightarrow x = \frac{1}{2}(1 - y)$$

$$\max_y y(1 - (x + y)) \Rightarrow y = \frac{1}{2}(1 - x)$$

两个式子结合可得 $x = y = 1/3$。

你如果让 $x = y$ 会得出什么结果来呢？上个式子会变为：

$$\Rightarrow \max_x x(1 - (x + x)) \Rightarrow x = y = \frac{1}{4}$$

原因如下：强行让 $x = y$，表示两个厂商签署了一个协议：生产计划必须相

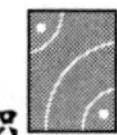

同，这样两个厂商就变成一个厂商。那么最终结果 $x+y=1/2$ 即是垄断的情形！这样就没意义了，因为本来是要研究竞争情形的，这可是一开始的目标啊。这只是举个例子，我们面临的问题远比这个复杂，不能因为计算复杂，而去获得一个错误的答案，这样做毫无意义。

（8）推荐两篇文献，值得一读：这两篇文章计算过程很复杂，但是结果很漂亮也很有意义。福斯特和赛旺森（Foster F. & Viswanathan S.，1996）。这是凯尔（1985）上最重要的一篇扩展性论文，内部交易者是多个，并且每人的信息都是不同的（Back，1992）。这是凯尔的非正态情形。这是关于凯尔的非正态模型，笔者认为此文很值得读一读，里面用的主要是随机分析的知识。经济思想和数学技巧并存，很值得我们学习参考。

第 2 章

多个持有不同私有信息的内部交易者信息释放模型

2.1 引　　言

我们求解了一个一般的内部交易模型，其中有若干不同的内部交易者，既有完全内部信息的内部交易者，又有不完全信息的内部交易者。本模型结果已经全部包含了凯尔（Kyle，1985）模型，霍顿和沙拔曼（Holden & Subrahmanyam，1992）模型，以及骆（Shunlong Luo，2001）模型的所有结果，还得出很多这些模型所不具有的结果。比如从对所有结果进行的直接连续化和间接连续化表述我们会发现：对不同的信息持有者，持有信息越完全的交易者信息释放速度越快；过度自信的交易者交易会随着自信程度的提高变得激进；尤其重要的是：利用渐近连续化方法得到所得结果的一个特别有意义的应用是——我们应用渐近连续化定理回答了重要问题，金融创新活动中的创新成本是如何对金融市场的市场总风险产生影响的？金融创新如资产证券化等活动是增大还是减小了标的资产市场本身的市场总风险？这些问题的答案是应用直接连续化方法所得不到的。

本章的结构安排如下：本章第 2. 2 节首先给出模型介绍，第 2. 3 节介绍了模型的求解方法并且求解了 2 期模型的均衡结果，第 2. 4 节求解了一般的 N 期模型的均衡结果，第 2. 5 节给出了直接连续化结果以及渐近连续化结果，由于信息垄断市场和信息竞争市场的连续化结果差别很大，我们分别利用 2. 5. 1 和 2. 5. 2 来叙述。第 2. 6 节给出了经济意义的分析和数值模拟的结果，同样分为两节：第 2. 6. 1 节的垄断情形和第 2. 6. 2 节的竞争

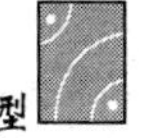

情形。第 2.7 节作为渐近连续化结果的一个应用给出了市场表观总风险的刻画，首先在第 2.7.1 节从个人风险出发给出了市场总风险的直接表述和渐近连续化表述结果，在第 2.7.2 节则应用渐近连续化结果分析了市场总风险的影响因素。

2.2 模型介绍

我们考虑时间段［0，1］上的交易，设交易在 $t=0$ 时刻开始，$t=1$ 时刻结束，市场中总共进行了 N 次交易，第 n 次交易发生时刻记为 t_n，假设：

$$0=t_0<t_2<t_2<,\ \cdots,\ <t_N=1$$

令 $\Delta t_n=t_n-t_{n-1}$ 为第 n 次交易发生时刻与第 $n+1$ 次交易发生时刻之间的时间间隔。一般地，对于 N 固定的此模型称之为 N 期模型。

设市场中有一个风险资产，它的清算价值为 ν，市场中有两类交易者：无私有信息的交易者，只知道 ν 所服从的分布为正态分布，即：

$$\nu\sim N(0,\ \sigma_\nu^2)$$

2.2.1 市场中具有各种交易者

（1）噪声交易者：不拥有私有信息，噪声交易者的第 n 期交易时刻的交易量为 u_n，不同期的交易量相互独立，同分布，且均为正态随机变量。噪声交易者为内部交易者提供掩护。

（2）做市商不拥有私有信息，负责记录交易量信息，从而具有总交易量信息，做市商制定价格，并作为所有交易者的对手完成每期的交易。

（3）内部交易者的情况可以分为以下几类。

第一，完全信息持有者，即拥有关于私有信息的完全信息的实现值，这类交易者拥有最全面的信息，设此类交易者总人数为 p，分别标记为第 i 个信息交易者，其中：

$$i=1,\ 2,\ 3,\ \cdots,\ p \tag{2.1}$$

由于随机变量的不确定性可以用它的熵来表示，而正态随机变量的熵与方差成正比，因此 ν 作为私有信息的信息量大小可以用 σ_ν^2 来衡量；另一方面，在非内部信息交易者心中，此资产的清算价格平均为 p_0，资产清

算价值 ν 的不确定性为 σ_ν^2。

第二，不完全信息持有者，此类交易者拥有不完全信息，即完全信息附加某个扰动，此类交易者总人数为 q，设第 $j(j=p+1,\ p+2,\ p+3,\ \cdots,\ p+q)$ 个内部交易者拥有如下信息：

$$\nu+\varepsilon_j \tag{2.2}$$

其中，

$$\varepsilon_j \sim N(0,\ \sigma_j^2)$$

信息的不完全源自于信息的多样性，例如：谷物价格由天气、质量、产量等多方面的信息决定，只有掌握了所有的相关知识才会拥有准确信息，掌握相关部分知识的交易者也是内部交易者，但是不同于完全信息持有者，他们无法拥有形如式（2.1）的完全信息，只能拥有形如式（2.2）的不完全信息。

2.2.2 各类交易者做决策时的目标函数

（1）对完全信息内部交易者：第 i 个内部交易者（$i=1,\ 2,\ \cdots,\ p$）根据 ν 及 $P_1,\ \cdots,\ P_{n-1}$ 对未来预期收益总和进行最优化，即选择 $x_n^i,\ \cdots,\ x_N^i$ 使得：

$$E[\sum_{k=n}^{N} \pi_k(x_k^i,\ P_k) \mid P_1,\ \cdots,\ P_{n-1},\ \nu]$$

最大。其中 $\pi_k(x_k^{(i)},\ P_t)=(\nu-P_k)x_k^i$。

（2）对不完全信息内部交易者：第 j 个该类交易者（$j=p+1,\ p+2,\ \cdots,\ p+q$），根据 $\nu+\varepsilon_j$ 及 $P_1,\ \cdots,\ P_{n-1}$ 对未来预期收益总和进行最优化，即选择 $x_n^j,\ \cdots,\ x_N^j$ 使得：

$$E[\sum_{k=n}^{N} \pi_k(x_k^i,\ P_k) \mid P_1,\ \cdots,\ P_{n-1},\ \nu+\varepsilon_j]$$

最大。其中 $\pi_k(x_k^i,\ P_k)=(\nu-P_k)x_k^i$。

（3）噪声交易者：随机地进行交易，不进行任何最优化决策。

（4）做市商：他记录交易量信息 $z_1,\ z_2,\ \cdots,\ z_n$，其中：

$$z_n=\sum_{i=1}^{p+q} x_n^i+u_n$$

做市商仅仅知道总交易量 z_n，但不知道 z_n 的每个部分如 x_n^i，$i=1,\ 2,\ \cdots,\ p+q$，u_n 等。做市商在第 n 期利用前 n 期所有总交易量信息对标的资产真

实价格进行最优预测。使用定价权利保持市场的有效性，制定理性预期的价格：

$$P_n = E(\nu \mid z_1, \cdots, z_n),$$

即 $(P_n)_{n=1,\cdots,N}$关于 $(\sigma(z_1, \cdots, z_n))_{n=1,\cdots,N}$形成鞅。

注意：如果第 $i(i=1, 2, \cdots, p)$ 个内部交易者所采取的策略 x_n^i 关于他所拥有的公开信息和私有信息 ν 组成的信息集合 $\sigma\{P_1, P_2, \cdots, P_{n-1}, \nu\}$ 是可测的，则

$$\sigma\{x_1^i, x_2^i, \cdots, x_n^i, P_1, P_2, \cdots, P_{n-1}, \nu\} = \sigma\{P_1, P_2, \cdots, P_{n-1}, \nu\}$$

如果第 $j(j=p+1, p+2, \cdots, p+q)$ 个内部交易者所采取的策略 x_n^j关于他所拥有的公开信息和私有信息 $\nu+\varepsilon$ 组成的信息集合 $\sigma\{P_1, P_2, \cdots, P_{n-1}, \nu+\varepsilon_j\}$ 是可测的，则：

$$\sigma\{x_1^i, x_2^i, \cdots, x_n^i, P_1, P_2, \cdots, P_{n-1}, \nu+\varepsilon_j\} = \sigma\{P_1, P_2, \cdots, P_{n-1}, \nu+\varepsilon_j\}$$

除了对交易者的信息作出假设（information）外，我们对交易者的信念（belief）也作出假设：假设每个内部交易者均认为：其他内部交易者拥有与自己相同的信息。即内部交易者 i 认为：其他内部交易者拥有信息 $\nu+\varepsilon_i$。

综上所述，从本章的假设看，我们的假设比凯尔（1985）模型，霍顿和沙拔曼（1992）模型，以及骆（2001）模型更加一般，从本章的最终结果看，我们的模型包含了这些模型的所有结果。因此，我们的模型很具有一般性。

2.3　模型的求解方法：以 $N=2$ 为例

我们用倒推归纳法求解内部交易者的最优策略，首先假设 $t=1$，此时内部交易者面临的是一个 $N=1$ 期模型。在 $t=1$ 时刻，第 i 个内部交易者在做决策时的信息由两部分组成。公开信息，P_1 或 z_1，以及私有信息 $\nu+\varepsilon_i$，他的信息集可以写为 $\sigma(z_1, \nu+\varepsilon_i)$。进一步，此处约定 $1 \leqslant i \leqslant p$ 时，$\varepsilon_i = 0$。进一步，写为：$\sigma(\tilde{z}_1, \tilde{\nu}_1(\varepsilon_i))$，其中，$\tilde{z}_1$，$\tilde{\nu}_1(\varepsilon_i)$ 为两元序列 z_1，$\nu+\varepsilon_i$ 的正交化序列，于是，$\tilde{\nu}_1(\varepsilon_i)$ 为私有信息 $\nu+\varepsilon_i$ 与历史信息 P_0，z_1 正交化的部分。

定义：

$L^2_{\sigma(z_1, \widetilde{\nu_1(\varepsilon_i)}), G, 0} \overset{def}{=} \{x;\ x$ 关于 L^2 可测，关于 $\sigma(z_1, \widetilde{\nu_1(\varepsilon_i)})$ 可测的高斯形

0 均值随机变量} 我们发现，$L^2_{\sigma(\tilde{z}_1,\ \tilde{\nu}_1(\varepsilon_i)),G,0}$等同于 2 维线性空间 $L_{(\tilde{z}_1,\ \tilde{\nu}_1(\varepsilon_i))}$，其中：

$$L_{(z_1,\ \nu_1(\varepsilon_i),R)} \overset{def}{=} \{x;\ x = az_1 + b\nu_1(\varepsilon_i) + c,\ a \in R,\ b \in R,\ c \in R\}$$

内部交易者的策略空间，可能为非零随机变量组成的空间，即上述策略空间。我们发现，$L^2_{\sigma(\tilde{z}_1,\ \tilde{\nu}_1(\varepsilon_i)),G}$等同于 3 维线性空间 $L_{(\tilde{z}_1,\ \tilde{\nu}_1(\varepsilon_i),R)}$，其中：

$$L_{(\tilde{z}_1,\ \tilde{\nu}_1(\varepsilon_i),R)}\, def = \{x;\ x = a\tilde{z}_1 + b\tilde{\nu}_1(\varepsilon_i) + c,\ a \in R,\ b \in R,\ c \in R\}$$

一般的，$t=1$ 时刻，设内部交易者 i 选择策略：

$$x_2^i = \beta_2^i \tilde{\nu}_1(\varepsilon_i) + b_2^i \tilde{z}_1 + c_2^i \in L_{(\tilde{z}_1,\ \tilde{\nu}_1(\varepsilon_i),R)}$$

下面站在第 i 个内部交易者的角度来计算自己采取某一个策略时的利润，进而寻找最优策略，以最大化自身利润。假设这样的计算过程本身不需要付出成本。$t=1$ 时的最大化问题变为：

$$\begin{aligned}
&E[\pi_2(\beta_2^i,\ b_2^i,\ c_2^i,\ P_2,\ \beta_2^j,\ b_2^j,\ c_2^j,\ j=1,\ 2,\ \cdots,\ i-1,\ i+1,\ \cdots,\\
&\quad p+q) \mid P_1,\ \nu+\varepsilon_i]\\
&= \max_{x_2^i} E[x_2^i(\nu - P_2) \mid z_1,\ \nu+\varepsilon_i]\\
&= \max_{\beta_2^i, b_2^i, c_2^i} (\beta_2^i \tilde{\nu}_1(\varepsilon_i) + b_2^i \tilde{z}_1 + c_2^i) E(\nu - P_2 \mid z_1,\ \nu+\varepsilon_i)\\
&= \max_{\beta_2^i, b_2^i, c_2^i} (\beta_2^i \tilde{\nu}_1(\varepsilon_i) + b_2^i \tilde{z}_1 + c_2^i) E(\nu - P_1 - \lambda_2 \tilde{z}_2 \mid z_1,\ \nu+\varepsilon_i)\\
&= \max_{\beta_2^i, b_2^i, c_2^i} (\beta_2^i \tilde{\nu}_1(\varepsilon_i) + b_2^i \tilde{z}_1 + c_2^i) E[\nu - P_1 - \lambda_2 \sum_{j=1}^{p+q} (\beta_2^j \tilde{\nu}_1(\varepsilon_j) + b_2^j \tilde{z}_1 + c_2^j\\
&\quad - \frac{cov(\beta_2^j \tilde{\nu}_1(\varepsilon_j) + b_2^j \tilde{z}_1 + c_2^j,\ \tilde{z}_1)}{\tilde{z}_1} - c_2^j) \mid z_1,\ \nu+\varepsilon_i]\\
&= \max_{\beta_2^i, b_2^i, c_2^i} \Bigg[\beta_2^i \frac{cov(\nu - P_1,\ \widetilde{\nu_1(\varepsilon_i)})}{E\,\widetilde{\nu_1(\varepsilon_i)}^2} \tilde{\nu}_1(\varepsilon_i)^2 - \lambda_2 \beta_2^{i\,2} \tilde{\nu}_1(\varepsilon_i)^2\\
&\quad - \lambda_2 \beta_2^i \sum_{j \neq i} \frac{\beta_2^j \sigma_{\tilde{\nu}_1(\varepsilon_i)\tilde{\nu}_1(\varepsilon_j)}}{\sigma_{\tilde{\nu}_1}(\varepsilon_i)^2} \tilde{\nu}_1(\varepsilon_i)^2\Bigg] + (b_2^i \tilde{z}_1 + c_2^i) \frac{cov(\nu - P_1,\ \widetilde{\nu_1(\varepsilon_i)})}{E\,\widetilde{\nu_1(\varepsilon_i)}^2} \tilde{\nu}_1(\varepsilon_i)\\
&\quad - \lambda_2 (b_2^i \tilde{z}_1 + c_2^i) \beta_2^i \tilde{\nu}_1(\varepsilon_i)\\
&\quad - \lambda_2 (b_2^i \tilde{z}_1 + c_2^i) \sum_{j \neq i} \frac{\beta_2^j \sigma_{\tilde{\nu}_1(\varepsilon_i)\tilde{\nu}_1(\varepsilon_j)}}{\sigma_{\tilde{\nu}_1}(\varepsilon_i)^2} \tilde{\nu}_1(\varepsilon_i)
\end{aligned} \tag{2.3}$$

令：

$$f(\beta_2^i, b_2^i, c_2^i, P_2, \beta_2^j, b_2^j, c_2^j, j \neq i)$$

$$= \left[\beta_2^i \frac{cov(\nu - P_1, \widetilde{\nu_1(\varepsilon_i)})}{E\,\widetilde{\nu_1(\varepsilon_i)}^2}\tilde{\nu}_1(\varepsilon_i)^2 - \lambda_2 \beta_2^{i\,2}\tilde{\nu}_1(\varepsilon_i)^2 - \lambda_2 \beta_2^i \sum_{j\neq i}\frac{\beta_2^j \sigma_{\tilde{\nu}_1(\varepsilon_i)\tilde{\nu}_1(\varepsilon_j)}}{\sigma_{\tilde{\nu}_1}(\varepsilon_i)^2}\tilde{\nu}_1(\varepsilon_i)^2\right]$$

$$+ (b_2^i\tilde{z}_1 + c_2^i)\frac{cov(\nu - P_1, \widetilde{\nu_1(\varepsilon_i)})}{E\,\widetilde{\nu_1(\varepsilon_i)}^2}\tilde{\nu}_1(\varepsilon_i) - \lambda_2(b_2^i\tilde{z}_1 + c_2^i)\beta_2^i\tilde{\nu}_1(\varepsilon_i)$$

$$- \lambda_2(b_2^i\tilde{z}_1 + c_2^i)\sum_{j\neq i}\frac{\beta_2^j \sigma_{\tilde{\nu}_1(\varepsilon_i)\tilde{\nu}_1(\varepsilon_j)}}{\sigma_{\tilde{\nu}_1}(\varepsilon_i)^2}\tilde{\nu}_1(\varepsilon_i) \tag{2.4}$$

则经过整理可得:

$$f_2(\beta_2^i, b_2^i, c_2^i, \beta_2^j, b_2^j, c_2^j, j \neq i)$$

$$= \left[\beta_2^i \frac{cov(\nu - P_1, \widetilde{\nu_1(\varepsilon_i)})}{E\,\widetilde{\nu_1(\varepsilon_i)}^2} - \lambda_2 \beta_2^{i\,2} - \lambda_2 \beta_2^i \sum_{j\neq i}\frac{\beta_2^j \sigma_{\tilde{\nu}_1(\varepsilon_i)\tilde{\nu}_1(\varepsilon_j)}}{\sigma_{\tilde{\nu}_1}(\varepsilon_i)^2}\right]\tilde{\nu}_1(\varepsilon_i)^2$$

$$+ \left[(b_2^i\tilde{z}_1 + c_2^i)\frac{cov(\nu - P_1, \widetilde{\nu_1(\varepsilon_i)})}{E\,\widetilde{\nu_1(\varepsilon_i)}^2} - \lambda_2(b_2^i\tilde{z}_1 + c_2^i)\beta_2^i\right.$$

$$\left. - \lambda_2(b_2^i\tilde{z}_1 + c_2^i)\sum_{j\neq i}\frac{\beta_2^j \sigma_{\tilde{\nu}_1(\varepsilon_i)\tilde{\nu}_1(\varepsilon_j)}}{\sigma_{\tilde{\nu}_1}(\varepsilon_i)^2}\right]\tilde{\nu}_1(\varepsilon_i) \tag{2.5}$$

由于f有最大值，我们必有 $c_2^i = 0$，利用2阶条件$\frac{d^2 f}{d\beta_2^{i\,2}} < 0$可知 $\lambda_2 > 0$。由一阶条件$\frac{df}{da^i} = 0$，可知:

$$0 = \left[\frac{cov(\nu - P_1, \widetilde{\nu_1(\varepsilon_i)})}{E\,\widetilde{\nu_1(\varepsilon_i)}^2} - 2\lambda_2 \beta_2^{i\,2} - \lambda_2 \sum_{j\neq i}\frac{\beta_2^j \sigma_{\tilde{\nu}_1(\varepsilon_i)\tilde{\nu}_1(\varepsilon_j)}}{\sigma_{\tilde{\nu}_1}(\varepsilon_i)^2}\right]\tilde{\nu}_1(\varepsilon_i)^2 - \lambda_2 b_2^i\tilde{z}_1\tilde{\nu}_1(\varepsilon_i) \tag{2.6}$$

两边求期望可以得出①:

① 本式子中 $\sigma_{\tilde{\nu}_1(\varepsilon_i)\tilde{\nu}_1(\varepsilon_j)}$ 为 $cov(\tilde{\nu}_1(\varepsilon_i), \tilde{\nu}_1(\varepsilon_j))$ 的简写。

$$\beta_2^i = \frac{1}{2\lambda_2}\left[\frac{cov(\nu - P_1, \tilde{\nu}_1(\varepsilon_i))}{E\tilde{\nu}_1(\varepsilon_i)^2}\right] - \frac{1}{2}\sum_{j \neq i}\frac{\beta_2^j \sigma_{\tilde{\nu}_1(\varepsilon_i)\tilde{\nu}_1(\varepsilon_j)}}{\sigma_{\tilde{\nu}_1}^2(\varepsilon_i)} \tag{2.7}$$

进一步，利用两阶条件 $\lambda_2 > 0$ 可以得出：$b_2^i = 0$。

综上，一期模型的均衡结果已经计算得出，下面计算第一期的内部交易者最优策略，注意，倒推一步，$t = 0$ 时刻，内部交易者面临的是一个 $N = 2$ 期模型。第 i 个内部交易者在做决策时的信息由两部分组成：公开信息 P_0，以及私有信息 $\nu + \varepsilon_i$，他的信息集可以写为 $\sigma(P_0, \nu + \varepsilon_i)$。进一步，写为：

$$\sigma(P_0, \tilde{\nu}_0(\varepsilon_i))$$

我们尝试计算 $x_1^i \in \{x, x = a\,\tilde{\nu}_0(\varepsilon_i) + b, a, b \in R\}$ 的值，需要最优化的目标函数为：

$$\begin{aligned} &E(\pi_1^i + \pi_2^i \mid P_0, \nu + \varepsilon_i) \\ &= E(\pi_1^i \mid P_0, \nu + \varepsilon_i) + E(\pi_2^i \mid P_0, \nu + \varepsilon_i) \end{aligned} \tag{2.8}$$

第 i 个内部交易者的最优化问题为：

$$\max_{\beta_1^i} E(\pi_1^i + \pi_2^i \mid P_0, \nu + \varepsilon_i) \tag{2.9}$$

首先利用前面的结果：$E(\pi_2^i \mid\mid P_0, \tilde{z}_1, \tilde{\nu}_1(\varepsilon_i)) = f(\beta_2^i, b_2^i, c_2^i, P_2, \beta_2^j, b_2^j, c_2^j, j \neq i)$，我们知：

$$\begin{aligned} &E(\pi_2^i \mid P_0, \nu + \varepsilon_i) \\ &= E[E\pi_2^i \mid P_0, \tilde{z}_1, \tilde{\nu}_1(\varepsilon_i) \mid P_0, \nu + \varepsilon] \\ &= E[f(\beta_2^i, b_2^i, c_2^i, P_2, \beta_2^j, b_2^j, c_2^j, j \neq i) \mid P_0, \nu + \varepsilon] \\ &= E\left[\left[\beta_2^i \frac{cov(\nu - P_1, \widetilde{\nu_1(\varepsilon_i)})}{E\,\widetilde{\nu_1(\varepsilon_i)}^2} - \lambda_2 \beta_2^{i\,2} - \lambda_2 \beta_2^i \sum_{j \neq i}\frac{\beta_2^j \sigma_{\tilde{\nu}_1(\varepsilon_i)\tilde{\nu}_1(\varepsilon_j)}}{\sigma_{\tilde{\nu}_1}(\varepsilon_i)^2}\right]\tilde{\nu}_1(\varepsilon_i)^2 \mid P_0, \nu + \varepsilon\right] \\ &= \left[\beta_2^i \frac{cov(\nu - P_1, \tilde{\nu}_1(\varepsilon_i))}{E\tilde{\nu}_1(\varepsilon_i)^2} - \lambda_2 \beta_2^{i\,2} - \lambda_2 \beta_2^i \sum_{j \neq i}\beta_2^j \frac{\sigma_{\tilde{\nu}_1(\varepsilon_1)\tilde{\nu}_1(\varepsilon_2)}}{\sigma_{\tilde{\nu}_1(\varepsilon_i)}^{\;2}}\right] E\left[\tilde{\nu}_1(\varepsilon_i)^2 \mid P_0, \nu + \varepsilon_i\right] \end{aligned}$$

下面计算：

$$E(\pi_1^i \mid P_0, \nu + \varepsilon_i)$$

项表达式，此项比较简单，设 $x_1^i = \beta_1^i\,\tilde{\nu}_0(\varepsilon_i) + b_1^i$。

$$\begin{aligned} &E(\pi_1 \mid P_0, \nu + \varepsilon_i) \\ &= E[x_1^i(\nu - P_1) \mid P_0, \nu + \varepsilon_i] \end{aligned}$$

$$= E\{(\beta_1^i\tilde{\nu}_0(\varepsilon_i) + b_1^i)\nu - P_0 - \lambda_1(\sum_{j=1}^{p+q}\beta_1^j\tilde{\nu}_0(\varepsilon_i) + u_1) \mid \tilde{\nu}_0(\varepsilon_i)\}$$

$$= \left[\beta_1^i\frac{cov(\nu - P_0, \tilde{\nu}_0(\varepsilon_i))}{E\tilde{\nu}_0(\varepsilon_i)^2} - \lambda_1\beta_1^{i\,2} - \lambda_1\beta_1^i\sum_{j\neq i}\beta_1^j\frac{cov(\tilde{\nu}_0(\varepsilon_j), \tilde{\nu}_0(\varepsilon_i))}{E\tilde{\nu}_0(\varepsilon_i)^2}\right]\tilde{\nu}_0(\varepsilon_i)^2$$

$$+ \left[b_1^i\frac{cov(\nu - P_0, \tilde{\nu}_0(\varepsilon_i))}{E\tilde{\nu}_0(\varepsilon_i)^2} - \lambda_1\beta_1^i b_1^i - \lambda_1 b_1^i\sum_{j\neq i}\beta_1^j\frac{cov(\tilde{\nu}_0(\varepsilon_j), \tilde{\nu}_0(\varepsilon_i))}{E\tilde{\nu}_0(\varepsilon_i)^2}\right]\tilde{\nu}_0(\varepsilon_i)$$

综上，令：

$$f_1(\beta_1^i, b_1^i, \beta_1^j, b^j, j = 1, 2, \cdots, i-1, i+1, \cdots, p+q)$$

$$= E(\pi_1^i + \pi_2^i \mid P_0, \nu + \varepsilon_i)$$

$$= \left[\beta_2^i\frac{cov(\nu - P_1, \tilde{\nu}_1(\varepsilon_i))}{E\tilde{\nu}_1(\varepsilon_i)^2} - \lambda_2\beta_2^{i\,2} - \lambda_2\beta_2^i\sum_{j\neq i}\beta_2^j\frac{\sigma_{\tilde{\nu}_1(\varepsilon_1)\tilde{\nu}_1(\varepsilon_2)}}{\sigma_{\tilde{\nu}_1(\varepsilon_i)}^2}\right]E[\tilde{\nu}_1(\varepsilon_i)^2 \mid P_0, \nu + \varepsilon_i]$$

$$+ \left[\beta_1^i\frac{cov(\nu - P_0, \tilde{\nu}_0(\varepsilon_i))}{E\tilde{\nu}_0(\varepsilon_i)^2} - \lambda_1\beta_1^{i\,2} - \lambda_1\beta_1^i\sum_{j\neq i}\beta_1^j\frac{cov(\tilde{\nu}_0(\varepsilon_j), \tilde{\nu}_0(\varepsilon_i))}{E\tilde{\nu}_0(\varepsilon_i)^2}\right]\tilde{\nu}_0(\varepsilon_i)^2$$

$$+ \left[b_1^i\frac{cov(\nu - P_0, \tilde{\nu}_0(\varepsilon_i))}{E\tilde{\nu}_0(\varepsilon_i)^2} - \lambda_1\beta_1^i b_1^i - \lambda_1 b_1^i\sum_{j\neq i}\beta_1^j\frac{cov(\tilde{\nu}_0(\varepsilon_j), \tilde{\nu}_0(\varepsilon_i))}{E\tilde{\nu}_0(\varepsilon_i)^2}\right]\tilde{\nu}_0(\varepsilon_i) \tag{2.10}$$

这个函数为 b_1^i 的一次函数，要使得此函数 f 拥有最大值，$b_1^i=0$。

$b_1^i=0$ 的经济含义可以这样解释：由于利润函数表达式中，

$$\left[b_1^i\frac{cov(\nu - P_0, \tilde{\nu}_0(\varepsilon_i))}{E\tilde{\nu}_0(\varepsilon_i)^2} - \lambda_1\beta_1^i b_1^i - \lambda_1 b_1^i\sum_{j\neq i}\beta_1^j\frac{cov(\tilde{\nu}_0(\varepsilon_j), \tilde{\nu}_0(\varepsilon_i))}{E\tilde{\nu}_0(\varepsilon_i)^2}\right]\tilde{\nu}_0(\varepsilon_i)$$

的符号未定，采用非零的 b_1^i 固然可以获得正的很大利润，但是也有可能遭遇很大的亏损。平均意义上来说，采用非零的 b_1^i 会获得零利润，即：

$$E\left[b_1^i\frac{cov(\nu - P_0, \tilde{\nu}_0(\varepsilon_i))}{E\tilde{\nu}_0(\varepsilon_i)^2} - \lambda_1\beta_1^i b_1^i - \lambda_1 b_1^i\sum_{j\neq i}\beta_1^j\frac{cov(\tilde{\nu}_0(\varepsilon_j), \tilde{\nu}_0(\varepsilon_i))}{E\tilde{\nu}_0(\varepsilon_i)^2}\right]\tilde{\nu}_0(\varepsilon_i) = 0,$$

因此非零的 b_1^i 只会带来风险，任何一个理性的交易者均不会采用非零的 b_1^i。于是，重新令：

$$f_1(\beta_1^i, \beta_1^j, j = 1, 2, \cdots, i-1, i+1, \cdots, p+q)$$

$$= \left[\beta_2^i\frac{cov(\nu - P_1, \tilde{\nu}_1(\varepsilon_i))}{E\tilde{\nu}_1(\varepsilon_i)^2} - \lambda_2\beta_2^{i\,2} - \lambda_2\beta_2^i\sum_{j\neq i}\beta_2^j\frac{\sigma_{\tilde{\nu}_1(\varepsilon_1)\tilde{\nu}_1(\varepsilon_2)}}{\sigma_{\tilde{\nu}_1(\varepsilon_i)}^2}\right]E[\tilde{\nu}_1(\varepsilon_i)^2 \mid P_0, \nu + \varepsilon_i]$$

$$+ \left[\beta_1^i\frac{cov(\nu - P_0, \tilde{\nu}_0(\varepsilon_i))}{E\tilde{\nu}_0(\varepsilon_i)^2} - \lambda_1\beta_1^{i\,2} - \lambda_1\beta_1^i\sum_{j\neq i}\beta_1^j\frac{cov(\tilde{\nu}_0(\varepsilon_j), \tilde{\nu}_0(\varepsilon_i))}{E\tilde{\nu}_0(\varepsilon_i)^2}\right]\tilde{\nu}_0(\varepsilon_i)^2 \tag{2.11}$$

于是，站在第 i 位内部交易者的角度来计算，即假设 $\varepsilon_j = \varepsilon_i$，利用内部

交易者 i 的信念（belief）和信息（information），由方程（2.7）（i 从 1 到 $p+q$ 轮换，即得方程组），通过计算可以得出：

$$x_2^i = \frac{1}{(p+q+1)\lambda_2} \frac{cov(\nu - P_1, \tilde{\nu}_1(\varepsilon_i))}{E\tilde{\nu}_1(\varepsilon_i)^2} \tilde{\nu}_1(\varepsilon_i)$$

并且：

$$x_2^j = x_2^i$$

把 $x_2^i = \frac{1}{(p+q+1)\lambda_2} \frac{cov(\nu - P_1, \tilde{\nu}_1(\varepsilon_i))}{E\tilde{\nu}_1(\varepsilon_i)^2} \tilde{\nu}_1(\varepsilon_i)$ 代入到 $f_1(\beta_1^i, \beta_1^j, j=1, 2, \cdots, i-1, i+1, \cdots, p+q)$ 表达式，利用一般 N 期模型的分析，我们可以发现：$\frac{cov(\nu - P_1, \tilde{\nu}_1(\varepsilon_i))}{E\tilde{\nu}_1(\varepsilon_i)^2} = \frac{\sigma_v^2}{\sigma_v^2 + \sigma_i^2}$。经过复杂的整理，可得目标函数的表达式：

$$\begin{aligned}
&f_1(\beta_1^i, \beta_1^j, j = 1, 2, \cdots, i-1, i+1, \cdots, p+q) \\
&= \beta_1^i \frac{\sigma_\nu^2}{\sigma_\nu^2 + \sigma_i^2}(\nu + \varepsilon_i - P_0)^2 - \lambda_1 \beta_1^i [\beta_1^i + \sum_{j \neq i} \beta_1^j] * (\nu + \varepsilon_i - P_0)^2 \\
&\quad + \frac{p+q}{\lambda_2 (p+q+1)^2} \left(\frac{\sigma_v^2}{\sigma_v^2 + \sigma_i^2} \right)^2 (\nu + \varepsilon_i - P_0)^2 \\
&\quad - 2(\nu + \varepsilon_i - P_0)^2 \frac{cov(\tilde{\nu}_0(\varepsilon_i), \tilde{z}_1)}{E\tilde{z}_1^2} (\sum_{j=1}^{p+q} \beta_1^j) + \left(\frac{cov(\nu + \varepsilon_i - P_0, \tilde{z}_1)}{E\tilde{z}_1^2} \right)^2 \\
&\quad * [\sum_{j=1}^{p+q} \beta_1^j (\nu + \varepsilon_i - P_0)^2 + \sigma_u^2 \Delta t_N]
\end{aligned} \tag{2.12}$$

利用一阶条件，β_1^i 满足：

$$\begin{aligned}
&\frac{\sigma_\nu^2}{\sigma_\nu^2 + \sigma_i^2} - \lambda_1 \sum_{j=1}^{p+q} \beta_1^j - \lambda_1 \beta_1^i + \frac{p+q}{\lambda_2 (p+q+1)^2} \left(\frac{\sigma_v^2}{\sigma_v^2 + \sigma_i^2} \right)^2 \\
&* \left\{ -2 \frac{\sum_j \beta_1^j (\sigma_\nu^2 + \sigma_i^2)}{(\sum_j \beta_1^j)^2 (\sigma_\nu^2 + \sigma_i^2) + \sigma_u^2 \Delta t_n} + 2 \left[\frac{\sum_j \beta_1^j (\sigma_\nu^2 + \sigma_i^2)}{(\sum_j \beta_1^j)^2 (\sigma_\nu^2 + \sigma_i^2) + \sigma_u^2 \Delta t_n} \right]^2 (\sum_{j=1}^{p+q} \beta_1^j) \right\} = 0
\end{aligned} \tag{2.13}$$

对任意的满足方程（2.13）的 $i = 1, 2, \cdots, p, p+1, \cdots, p+q$，分别记为：

$$(13)1, \cdots, (13)p, \cdots, (13)p+q,$$

则由这 $p+q$ 个方程组成的方程组可以求得：

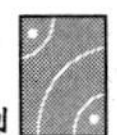

$$\beta_1^i = \frac{\frac{\sigma_\nu^2}{\sigma_\nu^2+\sigma_i^2}}{(p+q+1)\lambda_1 + \frac{p+q}{(p+q+1)^2}\alpha_1\left\{-2\frac{(p+q)(\sigma_\nu^2+\sigma_i^2)}{(\sum_j \beta_1^j)^2(\sigma_\nu^2+\sigma_i^2)+\sigma_u^2\Delta t_n}+2\left[\frac{\sum_j \beta_1^j(\sigma_\nu^2+\sigma_i^2)}{(\sum_j \beta_1^j)^2(\sigma_\nu^2+\sigma_i^2)+\sigma_u^2\Delta t_n}\right]^2(p+q)\right\}} \tag{2.14}$$

其中:

$$\alpha_1 = \frac{1}{\lambda_2}\left(\frac{cov(v-P_1,\ \tilde{\nu}_1(\varepsilon_i))}{E\tilde{\nu}_1(\varepsilon_i)^2}\right)^2$$

综合以上的结果,

$$x_1^i = \beta_1^i(\nu+\varepsilon_i-P_0)$$
$$x_2^i = \beta_2^i(\tilde{\nu}_1(\varepsilon_i))$$

其中, β_1^i 满足式 (2.14), β_2^i 满足: $\beta_2^i = \frac{1}{\lambda_2(p+q+1)}$, 而:

$$\tilde{\nu}_1(\varepsilon_i) = \nu+\varepsilon_i - \frac{cov(\nu+\varepsilon_i,\ \tilde{z}_1)}{E\tilde{z}_1^{\ 2}}\tilde{z}_1$$

下面利用市场有效性求出 β_1^i, β_2^i 的具体值,

由市场有效性条件:

$$\begin{aligned} P_2 - P_1 &= E(\nu - P_1 \mid \tilde{z}_1,\ \tilde{z}_2) \\ &= E(\nu - P_1 \mid \tilde{z}_2) \end{aligned}$$

如果假设:

$$P_2 - P_1 = \lambda_2\tilde{z}_2$$

考虑到:

$$\tilde{z}_2 = \frac{1}{\lambda_2(p+q+1)}\frac{cov(\nu-P_1,\ \tilde{\nu}_1(\varepsilon_i))}{E\tilde{\nu}_1(\varepsilon_i)^2}\tilde{\nu}_1(\varepsilon_i)+u_2$$

于是:

$$\lambda_2 = \frac{\frac{1}{\lambda_2(p+q+1)}\frac{cov(\nu-P_1,\ \tilde{\nu}_1(\varepsilon_i))^2}{E\tilde{\nu}_1(\varepsilon_i)^2}}{\frac{1}{\lambda_2^2(p+q+1)^2}\frac{cov(\nu-P_1,\ \tilde{\nu}_1(\varepsilon_i))^2}{E\tilde{\nu}_1(\varepsilon_i)^2}+\sigma_u^2\Delta t_n}$$

整理可得:

$$\lambda_2 = \frac{(p+q)^{\frac{1}{2}}}{(p+q+1)(\sigma_u^2\Delta t_n)^{1/2}}\frac{cov(\nu-P_1,\ \tilde{\nu}_1(\varepsilon_i))}{(E\tilde{\nu}_1(\varepsilon_i)^2)^{1/2}} \tag{2.15}$$

于是利用 λ_2 的表达式 (2.15) 可以把 α_1 的表达式重新整理为:

$$\alpha_1 = \frac{1}{\lambda_2}\frac{(cov(\nu-P_1,\ \tilde{\nu}_1(\varepsilon_i)))^2}{E\tilde{\nu}_1(\varepsilon_i)^2}$$

$$= \frac{\lambda_2 \sigma_u^2 \Delta t_n (p+q+1)^2}{p+q} \tag{2.16}$$

下面计算上式中 $E\tilde{\nu}_1(\varepsilon_i)^2$ 以及 $cov(\nu - P_1, \tilde{\nu}_1(\varepsilon_i))$ 的具体表达：

$$E\tilde{\nu}_1(\varepsilon_i)^2 = E\left(\nu + \varepsilon_i - P_0 - \frac{cov(\nu+\varepsilon_i, \tilde{z}_1)}{E\tilde{z}_1^2}\tilde{z}_1\right)^2$$

$$= E\left\{\nu + \varepsilon_i - P_0 - \frac{(p+q)\beta_1^i(\sigma_\nu^2+\sigma_i^2)}{((p+q)\beta_1^i)^2(\sigma_\nu^2+\sigma_i^2)+\sigma_u^2\Delta t_n}\right.$$

$$\left.[(p+q)\beta_1^i(\nu+\varepsilon_i-P_0)+u_1]\right\}^2$$

$$= \frac{(\sigma_\nu^2+\sigma_i^2)\sigma_u^2\Delta t_n}{((p+q)\beta_1^i)^2(\sigma_\nu^2+\sigma_i^2)+\sigma_u^2\Delta t_n} \tag{2.17}$$

$$cov(\nu - P_1, \tilde{\nu}_1(\varepsilon_i)) = cov(\nu, \tilde{\nu}_1(\varepsilon_i))$$

$$= cov\left(\nu - P_0, \nu + \varepsilon_i - P_0 - \frac{cov(\nu+\varepsilon_i, \tilde{z}_1)}{E\tilde{z}_1{}^2}\tilde{z}_1\right)$$

$$= \frac{\sigma_u^2\Delta t_n \sigma_\nu^2}{((p+q)\beta_1^i)^2(\sigma_\nu^2+\sigma_i^2)+\sigma_u^2\Delta t_N} \tag{2.18}$$

由式（2.15）、式（2.17）、式（2.18）可得：

$$\lambda_2 = \frac{(p+q)^{\frac{1}{2}} \qquad \sigma_u^2\Delta t_n\sigma_\nu^2}{(p+q+1)(\sigma_u^2\Delta t_n)^{1/2}((p+q)\beta_1^i)^2(\sigma_\nu^2+\sigma_i^2)+\sigma_u^2\Delta t_N}$$

$$\left[\frac{(\sigma_\nu^2+\sigma_i^2)\sigma_u^2\Delta t_n}{((p+q)\beta_1^i)^2(\sigma_\nu^2+\sigma_i^2)+\sigma_u^2\Delta t_n}\right]^{-\frac{1}{2}}$$

$$= \frac{(p+q)^{\frac{1}{2}} \qquad \sigma_\nu^2}{(p+q+1)[((p+q)\beta_1^i)^2(\sigma_\nu^2+\sigma_i^2)+\sigma_u^2\Delta t_N]^{\frac{1}{2}}} \tag{2.19}$$

利用 $t=1$ 时的市场有效性得：

$$P_1 - P_0 = E(\nu - P_0 \mid \tilde{z}_1)$$

于是可以假设：

$$P_1 - P_0 = \lambda_1 \tilde{z}_1$$

其中：

$$\lambda_1 = \frac{cov(\nu - P_0, \tilde{z}_1)}{E\tilde{z}_1{}^2}$$

$$= \frac{(p+q)\beta_1^i\sigma_\nu^2}{((p+q)\beta_1^i)^2(\sigma_\nu^2+\sigma_i^2)+\sigma_u^2\Delta t_N} \tag{2.20}$$

利用式（2.17），式（2.18），式（2.19）可以得到：

$$\alpha_1 = \frac{1}{\lambda_2}\frac{(cov(\nu - P_1, \tilde{\nu}_1(\varepsilon_i)))^2}{E\tilde{\nu}_1(\varepsilon_i)^2}$$

$$= \left\{\frac{(p+q)^{\frac{1}{2}}}{p+q+1}\frac{\sigma_\nu^2}{[((p+q)\beta_1^i)^2(\sigma_\nu^2+\sigma_i^2)+\sigma_u^2\Delta t_N]^{\frac{1}{2}}}\right\}^{-1}$$

$$\left[\frac{\sigma_u^2\Delta t_n\sigma_\nu^2}{((p+q)\beta_1^i)^2(\sigma_\nu^2+\sigma_i^2)+\sigma_u^2\Delta t_N}\right]^2 * \left[\frac{(\sigma_\nu^2+\sigma_i^2)\sigma_u^2\Delta t_n}{((p+q)\beta_1^i)^2(\sigma_\nu^2+\sigma_i^2)+\sigma_u^2\Delta t_n}\right]^{-2}$$

$$= \frac{p+q+1}{(p+q)^{\frac{1}{2}}}\frac{[((p+q)\beta_1^i)^2(\sigma_\nu^2+\sigma_i^2)+\sigma_u^2\Delta t_N]^{\frac{1}{2}}}{(\sigma_\nu^2+\sigma_i^2)^{\frac{3}{2}}} \tag{2.21}$$

把式（2.19），式（2.20），式（2.21）代入式（2.14）可以得仅有一个未知量 β_1^i 的方程：

$$\beta_1^i\left\{\frac{(p+q+1)(p+q)\beta_1^i\sigma_\nu^2}{((p+q)\beta_1^i)^2(\sigma_\nu^2+\sigma_i^2)+\sigma_u^2\Delta t_n}+\frac{2(p+q)^{\frac{1}{2}}}{(p+q+1)}\frac{\sigma_\nu^2[((p+q)\beta_1^i)^2(\sigma_\nu^2+\sigma_i^2)+\sigma_u^2\Delta t_n]^{\frac{1}{2}}}{(\sigma_\nu^2+\sigma_i^2)^{\frac{3}{2}}}\right.$$

$$\left. * \left[\frac{(p+q)\beta_1^i\sigma_\nu^2}{((p+q)\beta_1^i)^2(\sigma_\nu^2+\sigma_i^2)+\sigma_u^2\Delta t_n}\right]\left[1-\frac{((p+q)\beta_1^i)^2\sigma_\nu^2}{((p+q)\beta_1^i)^2(\sigma_\nu^2+\sigma_i^2)+\sigma_u^2\Delta t_n}\right]\right\} = \frac{\sigma_\nu^2}{\sigma_\nu^2+\sigma_i^2} \tag{2.22}$$

为了求出方程（2.22）中的项 β_1^i，我们令 $\frac{(p+q)\beta_1^{i\,2}(\sigma_\nu^2+\sigma_i^2)}{\sigma_u^2\Delta t_n} = \tilde{z}$

则方程（2.22）经过复杂的整理，借助 $\tilde{z}$ 的表达，可以获得简单的三次方程：

$$\tilde{z}^3 - \tilde{z}^2 - a * \tilde{z} + 1 = 0 \tag{2.23}$$

其中

$$a = 5 - \frac{4(2p+2q+1)}{(p+q+1)^2} \tag{2.24}$$

经过计算，可以获得唯一一个实根表达为①：

$$\tilde{z} = \frac{1}{3} - \frac{2^{\frac{1}{3}}(-1-3a)}{3(-25+9a+3\sqrt{3}\sqrt{23-18a-a^2-4a^3})^{\frac{1}{3}}}$$

---

① 其他两个不具有经济含义的根分别为：

$$\frac{1}{3}+\frac{(1+\sqrt{3}*i)(-1-3a)}{32^{\frac{2}{3}}(-25+9a+3\sqrt{3}\sqrt{23-18a-a^2-4a^3})^{\frac{1}{3}}}-\frac{(1-\sqrt{3}*i)(-25+9a+3\sqrt{3}\sqrt{23-18a-a^2-4a^3})^{\frac{1}{3}}}{62^{\frac{1}{3}}}$$

以及

$$\frac{1}{3}+\frac{(1-\sqrt{3}*i)(-1-3a)}{32^{\frac{2}{3}}(-25+9a+3\sqrt{3}\sqrt{23-18a-a^2-4a^3})^{\frac{1}{3}}}-\frac{(1+\sqrt{3}*i)(-25+9a+3\sqrt{3}\sqrt{23-18a-a^2-4a^3})^{\frac{1}{3}}}{62^{\frac{1}{3}}}$$

$$+\frac{(-25+9a+3\sqrt{3}\sqrt{23-18a-a^2-4a^3})^{\frac{1}{3}}}{32^{\frac{1}{3}}} \tag{2.25}$$

于是：

$$\beta_1^i=\left(\frac{\sigma_u^2\Delta t_n\tilde{z}}{(p+q)\sigma_\nu^2+\sigma_i^2}\right)^{\frac{1}{2}} \tag{2.26}$$

其中，$\tilde{z}$ 为方程（2.26）的实根，具体表达式由式（2.25）和式（2.24）给出。

有了 β_1^i 的表达式，下面可以给出两期模型均衡中其他均衡变量的表达式，λ_2 已由式（2.19）给出，λ_1 由式（2.20）给出，而 β_2^i 如下给出：

$$\begin{aligned}\beta_2^i&=\frac{1}{\lambda_2(p+q+1)}\frac{cov(\nu-P_1,\tilde{\nu}_1(\varepsilon_i))}{E\tilde{\nu}_1(\varepsilon_i)^2}\\&=\frac{1}{(p+q)^{\frac{1}{2}}}\frac{[((p+q)\beta_1^i)^2(\sigma_\nu^2+\sigma_i^2)+\sigma_u^2\Delta t_n]^{\frac{1}{2}}}{\sigma_\nu^2}\frac{\sigma_\nu^2\sigma_u^2\Delta t_n}{((p+q)\beta_1^i)^2(\sigma_\nu^2+\sigma_i^2)+\sigma_u^2\Delta t_n}\\&\quad*\frac{((p+q)\beta_1^i)^2(\sigma_\nu^2+\sigma_i^2)+\sigma_u^2\Delta t_n}{(\sigma_\nu^2+\sigma_i^2)\sigma_u^2\Delta t_n}\\&=\frac{1}{(p+q)^{\frac{1}{2}}}\frac{(((p+q)\beta_1^i)^2(\sigma_\nu^2+\sigma_i^2)+\sigma_u^2\Delta t_n)^{\frac{1}{2}}}{\sigma_\nu^2+\sigma_i^2}\end{aligned} \tag{2.27}$$

设：

$$H_n^i=E(\tilde{\nu}_n(\varepsilon_i))^2$$

则：

$$\begin{aligned}H_1^i&=E\left[\nu+\varepsilon_i-\frac{cov(\nu+\varepsilon_i,\tilde{z}_1)}{E\tilde{z}_1{}^2}\tilde{z}_1\right]^2\\&=E\left[1-\frac{cov(\nu+\varepsilon_i,\tilde{z}_1)}{E\tilde{z}_1{}^2}(p+q)\beta_1^i\right]^2(\nu+\varepsilon_i-P_0)^2\\&=\left[1-\frac{((p+q)\beta_1^i)^2(\sigma_\nu^2+\sigma_i^2)}{((p+q)\beta_1^i)^2(\sigma_\nu^2+\sigma_i^2)+\sigma_u^2\Delta t_n}\right](\sigma_\nu^2+\sigma_i^2)\\&=\frac{(\sigma_\nu^2+\sigma_i^2)\sigma_u^2\Delta t_n}{((p+q)\beta_1^i)^2(\sigma_\nu^2+\sigma_i^2)+\sigma_u^2\Delta t_n}\end{aligned} \tag{2.28}$$

$$\begin{aligned}H_0^i&=E(\nu+\varepsilon_i-P_0)^2\\&=\sigma_\nu^2+\sigma_i^2\end{aligned} \tag{2.29}$$

而未释放信息为，在 $t=0$ 时刻：

$$\sum\nolimits_0^i=var(v\mid P_0)$$

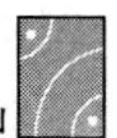

$$= E(v - P_0)^2 = \sigma_\nu^2 \tag{2.30}$$

在 $t=1$ 时刻：

$$\begin{aligned}
\sum\nolimits_1^i &= var(v \mid P_1) \\
&= E(\nu - P_1)^2 \\
&= E(\nu - P_0 - \lambda_1 \tilde{z}_1)^2 \\
&= E[\nu - P_0 - \lambda_1((p+q)(\nu + \varepsilon_i - P_0) + u_1)]^2 \\
&= (1 - \lambda_1(p+q)\beta_1^i)^2 \sigma_\nu^2 + \lambda_1^2[((p+q)\beta_1^i)^2\sigma_i^2 + \sigma_u^2 \Delta t_n]
\end{aligned} \tag{2.31}$$

关于利润函数，我们利用前述结果，可得 $t=1$ 时的未来利润函数：

$$\begin{aligned}
&E[\pi_2(x_2^i, P_2, x_2^j, j=1, 2, \cdots, i-1, i, i+1, \cdots, p+q) \mid P_1, \nu+\varepsilon_i] \\
&= (g_i(\tilde{\nu}_1(\varepsilon_i)))E(v - P_1 \mid \tilde{\nu}_1(\varepsilon_i)) - \lambda_2(g_i(\tilde{\nu}_1(\varepsilon_i)))^2 \\
&= (g_i(\tilde{\nu}_1(\varepsilon_i)))\frac{cov(v-P_1, \tilde{\nu}_1(\varepsilon_i))}{E\tilde{\nu}_1(\varepsilon_i)^2}\tilde{\nu}_1(\varepsilon_i) - \lambda_2(g_i(\tilde{\nu}_1(\varepsilon_i)))^2 \\
&= \frac{1}{\lambda_2(p+q+1)}\left[\frac{cov(v-P_1, \tilde{\nu}_1(\varepsilon_i))}{E\tilde{\nu}_1(\varepsilon_i)^2}\tilde{\nu}_1(\varepsilon_i)\right]^2 \\
&\quad - \frac{1}{\lambda_2(p+q+1)^2}\left[\frac{cov(v-P_1, \tilde{\nu}_1(\varepsilon_i))}{E\tilde{\nu}_1(\varepsilon_i)^2}\tilde{\nu}_1(\varepsilon_i)\right]^2 \\
&= \frac{1}{\lambda_2(p+q+1)}\left[\frac{\sigma_\nu^2}{\sigma_\nu^2+\sigma_i^2}\tilde{\nu}_1(\varepsilon_i)\right]^2 \\
&= \frac{(p+q)}{(p+q+1)}\frac{(p+q+1)}{(p+q)^{\frac{1}{2}}}\frac{[(p+q)\beta_1^i]^2(\sigma_\nu^2+\sigma_i^2+\sigma_u^2\Delta t_n)}{\sigma_\nu^2}\left[\frac{\sigma_\nu^2}{\sigma_\nu^2+\sigma_i^2}\right]^{\frac{1}{2}}\tilde{\nu}_1(\varepsilon_i)^2 \\
&= (p+q)^{\frac{1}{2}}\frac{\sigma_\nu^2[(p+q)\beta_1^i]^2[\sigma_\nu^2+\sigma_i^2+\sigma_u^2]^2}{(\sigma_\nu^2+\sigma_i^2)^2}\tilde{\nu}_1(\varepsilon_i)^2
\end{aligned} \tag{2.32}$$

而 $t=0$ 时的未来利润函数满足：

$$\begin{aligned}
&E[\pi_1(x_1^i, P_2, x_2^j, j=1, 2, \cdots, i-1, i, i+1, \cdots, p+q) \\
&\quad + \pi_2(x_2^i, P_2, x_2^j, j=1, 2, \cdots, i-1, i, i+1, \cdots, p+q) \mid P_0, \nu+\varepsilon_i] \\
&= E[\beta_1^i(\nu+\varepsilon_i-P_0)(\nu-P_1) \mid P_0, \nu+\varepsilon_i] \\
&\quad + E[E[\pi_2(x_2^i, P_2, x_2^j, j=1, 2, \cdots, i-1, i, i+1, \cdots, p+q) \mid P_1, \\
&\quad \nu+\varepsilon_i] \mid P_0, \nu+\varepsilon_i] \\
&= \beta_1^i\left[\frac{\sigma_\nu^2}{\sigma_\nu^2+\sigma_i^2} - \lambda_1(p+q)\beta_1^i\right]\tilde{\nu}_0(\varepsilon_i)^2 + \frac{(p+q)}{\lambda_2(p+q+1)^2}\left[\frac{cov(v-P_1, \tilde{\nu}_1(\varepsilon_i))}{E\tilde{\nu}_1(\varepsilon_i)^2}\right]^2 \\
&\quad * \left\{\left[1 - 2(p+q)\frac{cov(\nu+\varepsilon_i, \tilde{z}_1)}{E\tilde{z}_1{}^2}\beta_1^i\right]\tilde{\nu}_0(\varepsilon_i)^2 + \frac{cov(v-P_1, \tilde{\nu}_1(\varepsilon_i))}{E\tilde{\nu}_1(\varepsilon_i)^2}\right.
\end{aligned}$$

$$
\left[(p+q)^2\beta_1^{i\,2}\tilde{\nu}_0(\varepsilon_i)^2+\sigma_u^2\Delta t_n\right]\Big\}
$$

$$
=\beta_1^i\left[\frac{\sigma_\nu^2}{\sigma_\nu^2+\sigma_i^2}-\frac{(p+q)^2\beta_1^{i\,2}(\sigma_\nu^2+\sigma_i^2)}{(p+q)^2\beta_1^{i\,2}(\sigma_\nu^2+\sigma_i^2)+\sigma_u^2\Delta t_n}\right]\tilde{\nu}_0(\varepsilon_i)^2
$$

$$
+\frac{(p+q)^{\frac{1}{2}}}{(p+q+1)}\frac{(p+q)^2\beta_1^{i\,2}(\sigma_\nu^2+\sigma_i^2)+\sigma_u^2\Delta t_n}{\sigma_\nu^2+\sigma_i^2}
$$

$$
*\left\{\left[1-2\frac{(p+q)^2\beta_1^{i\,2}(\sigma_\nu^2+\sigma_i^2)}{(p+q)^2\beta_1^{i\,2}(\sigma_\nu^2+\sigma_i^2)+\sigma_u^2\Delta t_n}+\left(\frac{(p+q)^2\beta_1^{i\,2}(\sigma_\nu^2+\sigma_i^2)}{(p+q)^2\beta_1^{i\,2}(\sigma_\nu^2+\sigma_i^2)+\sigma_u^2\Delta t_n}\right)^2\right.\right.
$$

$$
\left.(p+q)^2\beta_1^{i\,2}\right]\tilde{\nu}_0(\varepsilon_i)^2
$$

$$
\left.+\left(\frac{(p+q)^2\beta_1^{i\,2}(\sigma_\nu^2+\sigma_i^2)}{(p+q)^2\beta_1^{i\,2}(\sigma_\nu^2+\sigma_i^2)+\sigma_u^2\Delta t_n}\right)^2\sigma_u^2\Delta t_n\right\}
$$

$$
=\beta_1^i\left[\frac{\sigma_\nu^2}{\sigma_\nu^2+\sigma_i^2}-\frac{(p+q)^2\beta_1^{i\,2}(\sigma_\nu^2+\sigma_i^2)}{(p+q)^2\beta_1^{i\,2}(\sigma_\nu^2+\sigma_i^2)+\sigma_u^2\Delta t_n}\right]\tilde{\nu}_0(\varepsilon_i)^2
$$

$$
+\frac{(p+q)^{\frac{1}{2}}}{(p+q+1)}\left(\frac{1}{\sigma_\nu^2+\sigma_i^2}\right)\left\{\left[\frac{(\sigma_u^2\Delta t_n)^2}{(p+q)^2\beta_1^{i\,2}(\sigma_\nu^2+\sigma_i^2)+\sigma_u^2\Delta t_n}\right]\tilde{\nu}_0(\varepsilon_i)^2\right.
$$

$$
\left.+\left(\frac{(p+q)^2\beta_1^{i\,2}(\sigma_\nu^2+\sigma_i^2)}{(p+q)^2\beta_1^{i\,2}(\sigma_\nu^2+\sigma_i^2)+\sigma_u^2\Delta t_n}\right)^2\sigma_u^2\Delta t_n\right\} \tag{2.33}
$$

综合以上内容可以得到两期模型的均衡结果：

2 期模型的均衡定理：在本章的信息（information）结构以及信念（belief）结构假设下，两期模型具有唯一的线性均衡①：存在常数 β_n，λ_n，$n=1$，2 使得对 $n=1$，2，以及 $i=1$，2，…，p，$p+1$，$p+2$，…，$p+q$，我们有：

$$
x_n^i=\beta_n^i\tilde{\nu}_{n-1}(\varepsilon_i)
$$

$$
P_n=P_{n-1}+\lambda_n\tilde{z}_n
$$

$$
P_n=E(\nu\mid P_0,\ z_1,\ z_n)
$$

其中，p 为完全的私有信息获得者的人数，q 为不完全私有信息获得者的人数，$\tilde{z}_1$，$\tilde{z}_2$ 分别为 P_0，z_1，z_2 的正交化序列中的第二项和第三项。并且：

$$
\beta_1^i=\left(\frac{\sigma_u^2\Delta t_n\tilde{z}}{(p+q)\sigma_\nu^2+\sigma_i^2}\right)^{\frac{1}{2}}
$$

① 此均衡是以第 i 位内部交易者的信念（belief）来叙述的（$i=1$，2，…，p，$p+1$，…，$p+q$），由于关于一些变量的分布认识不同，基于不同的内部交易者信念做出的计算结果也不相同。

而 $\tilde{z}$ 的具体形式为（2.25），是三次方程：

$$\tilde{z}^3-\tilde{z}^2-\left(5-\frac{4(2p+2q+1)}{(p+q+1)^2}\right)*\tilde{z}+1=0$$

的实根，

$$\beta_2^i=\frac{1}{(p+q)^{\frac{1}{2}}}\frac{(((p+q)\beta_1^i)^2(\sigma_\nu^2+\sigma_i^2)+\sigma_u^2\Delta t_n)^{\frac{1}{2}}}{\sigma_\nu^2+\sigma_i^2}$$

$$\lambda_1=\frac{(p+q)\beta_1^i\sigma_\nu^2}{((p+q)\beta_1^i)^2(\sigma_\nu^2+\sigma_i^2)+\sigma_u^2\Delta t_N}$$

$$\lambda_2=\frac{(p+q)^{\frac{1}{2}}}{(p+q+1)}\frac{\sigma_\nu^2}{[((p+q)\beta_1^i)^2(\sigma_\nu^2+\sigma_i^2)+\sigma_u^2\Delta t_N]^{\frac{1}{2}}}$$

内部交易者的利润函数满足：$t=1$ 时刻的未来预期利润为：

$$\begin{aligned}&E[\pi_2(x_2^i,P_2,x_2^j,j=1,2,\cdots,i-1,i,i+1,\cdots,p+q)\mid P_1,\nu+\varepsilon_i]\\&=(p+q)^{\frac{1}{2}}\frac{\sigma_\nu^2[(p+q)\beta_1^i]^2[\sigma_\nu^2+\sigma_i^2+\sigma_u^2]^2}{(\sigma_\nu^2+\sigma_i^2)^2}\tilde{\nu}_1(\varepsilon_i)^2\end{aligned}$$

而 $t=0$ 时的未来利润函数满足：

$$\begin{aligned}&E[\pi_1(x_1^i,P_2,x_2^j,j=1,2,\cdots,i-1,i,i+1,\cdots,p+q)\\&\quad+\pi_2(x_2^i,P_2,x_2^j,j=1,2,\cdots,i-1,i,i+1,\cdots,p+q)\mid P_0,\nu+\varepsilon_i]\\&=\beta_1^i\left[\frac{\sigma_\nu^2}{\sigma_\nu^2+\sigma_i^2}-\frac{(p+q)^2\beta_1^{i\,2}(\sigma_\nu^2+\sigma_i^2)}{(p+q)^2\beta_1^{i\,2}(\sigma_\nu^2+\sigma_i^2)+\sigma_u^2\Delta t_n}\right]\tilde{\nu}_0(\varepsilon_i)^2\\&\quad+\frac{(p+q)^{\frac{1}{2}}}{(p+q+1)}\left(\frac{1}{\sigma_\nu^2+\sigma_i^2}\right)\left\{\left[\frac{(\sigma_u^2\Delta t_n)^2}{(p+q)^2\beta_1^{i\,2}(\sigma_\nu^2+\sigma_i^2)+\sigma_u^2\Delta t_n}\right]\tilde{\nu}_0(\varepsilon_i)^2\right.\\&\quad\left.+\left(\frac{(p+q)^2\beta_1^{i\,2}(\sigma_\nu^2+\sigma_i^2)}{(p+q)^2\beta_1^{i\,2}(\sigma_\nu^2+\sigma_i^2)+\sigma_u^2\Delta t_n}\right)^2\sigma_u^2\Delta t_n\right\}\end{aligned}$$

资产清算价格 $\tilde{\nu}$ 的在 t_n 时刻的剩余信息量的大小可以如下衡量：

$$\begin{aligned}\sum{}_n def&=var(v\mid P_0,P_n)\\&=E(v-P_n)^2\end{aligned}$$

在 $t=1$ 时刻，$\tilde{\nu}$ 的剩余信息的量为：

$$\sum{}_1=(1-\lambda_1(p+q)\beta_1^i)^2\sigma_\nu^2+\lambda_1^2[((p+q)\beta_1^i)^2\sigma_i^2+\sigma_u^2\Delta t_n]$$

在 $t=0$ 时刻，$\tilde{\nu}$ 的剩余信息的量为：

$$\sum{}_0=\sigma_\nu^2$$

与历史信息正交的私有信息 $\tilde{\nu}_n(\varepsilon_i)$ 的信息量大小在 t_n 时刻可以如下衡量：

$$H_n^i \, def = var(\tilde{\nu}_n(\varepsilon_i)) = E(\tilde{\nu}_n(\varepsilon_i))^2$$

在 $t=1$ 时刻，与历史信息正交的私有信息 $\tilde{\nu}_1(\varepsilon_i)$ 的信息量为：

$$H_1^i = \frac{(\sigma_\nu^2 + \sigma_i^2)\sigma_u^2 \Delta t_n}{((p+q)\beta_1^i)^2(\sigma_\nu^2 + \sigma_i^2) + \sigma_u^2 \Delta t_n}$$

在 $t=0$ 时刻，与历史信息正交的私有信息 $\tilde{\nu}_1(\varepsilon_i)$ 的信息量为：

$$H_0^i = \sigma_\nu^2 + \sigma_i^2$$

2.4 N 期模型求解

利用 2 期模型中用到的求解方法——正交化方法和倒推求解方法，我们求解多期模型的均衡解，这是一项具有经济意义的工作，可以揭示不同私有信息的持有者的信息释放速度等问题，利用 $N=2$ 期模型中所作的关于内部交易者的信息和信念的基本假设，可以获得一般的 N 期模型的递推解。从这些结果中，我们除了可以得出有意义的经济含义之外，还可以为以后的连续化做准备工作。

首先设 z_n 为第 n 期交易时内部交易者与噪声交易者总的交易量。由 Hilbert-Schmidt 正交化知，存在由 $\tilde{z}_1$，…，$\tilde{z}_n$，$(1\leqslant n\leqslant N)$ 以及唯一的常数 $(a_k^n)_{(1\leqslant k\leqslant N)}$，$1\leqslant n\leqslant N$ 使得：

$$\tilde{z}_1 = a_0^1 + a_1^1 z_1, \cdots, \tilde{z}_n = a_0^n + \sum\nolimits_{k=1}^{n} a_k^n z_k, \cdots, \tilde{z}_N = a_0^N + \sum\nolimits_{k=1}^{N} a_k^N z_k$$

成为零均值的高斯正交系，其中，$a_0^1 = -E(z_1)$，$a_1^1 = 1$ 此时，$\{\tilde{z}_1, \cdots, \tilde{z}_N\}$ 构成零均值的独立高斯随机变量列。定义：

$$\tilde{\nu}_0(\varepsilon_i) = \nu + \varepsilon_i - p_0, \cdots, \tilde{\nu}_n(\varepsilon_i) = \nu + \varepsilon_i - \sum_{i=1}^{n} \frac{E(\nu + \varepsilon_i, \tilde{z}_i)}{E(\tilde{z}_i^2)} \tilde{z}_i - p_0, \quad (2.34)$$

由此可知，$\{\tilde{z}_1, \tilde{z}_2, \cdots, \tilde{z}_n, \tilde{\nu}_n(\varepsilon_i)\}$ 为：

$$\{z_1, z_2, \cdots, z_n, \nu + \varepsilon_i\}$$

的正交化序列。

我们利用倒向归纳法求解均衡，固定时间 t_{N-1}，我们站在内部交易者 i 的角度考虑最优策略选择问题，在以下的计算中，设 $\varepsilon_j = \varepsilon_i$，即使用内部交易者 i 的信念。首先考虑最后一期的决策问题。假设 x_1^i，…，x_{N-1}^i，其中 $i=1$，2，…，p，$p+1$，…，$p+q$ 已经被最优确定，那么：

$$\tilde{z}_1, \tilde{z}_2, \cdots, \tilde{z}_{N-1}, p_1, \cdots, p_{N-1}$$

也被确定。设：

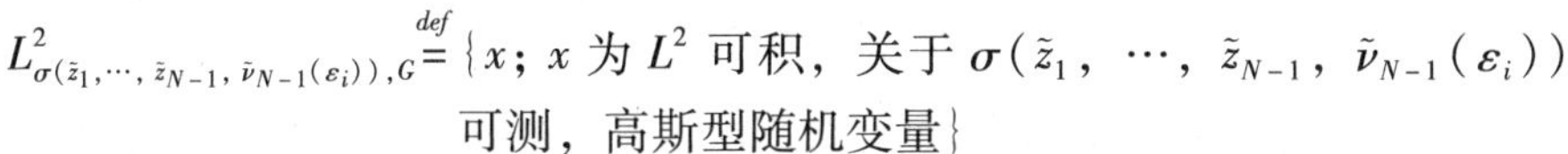

$$L^2_{\sigma(\tilde{z}_1,\cdots,\tilde{z}_{N-1},\tilde{\nu}_{N-1}(\varepsilon_i)),G} \overset{def}{=} \{x;\ x \text{ 为 } L^2 \text{ 可积，关于 } \sigma(\tilde{z}_1,\ \cdots,\ \tilde{z}_{N-1},\ \tilde{\nu}_{N-1}(\varepsilon_i)) \text{ 可测，高斯型随机变量}\}$$

我们发现，$L^2_{\sigma(\tilde{z}_1,\cdots,\tilde{z}_{N-1},\tilde{\nu}_{N-1}(\varepsilon_i)),G}$等同于 $N+1$ 维线性空间 $L_{(R,\tilde{z}_1,\cdots,\tilde{z}_{N-1},\tilde{\nu}_{N-1}(\varepsilon_i))}$，其中：

$$\begin{aligned} & L_{(R,\tilde{z}_1,\cdots,\tilde{z}_{N-1},\tilde{\nu}_{N-1}(\varepsilon_i))} \\ & \text{def} = \{x;\ x = a_0 + a_1\tilde{z}_1 + \cdots + a_j\tilde{z}_j + \cdots + \beta_n^i\tilde{\nu}_{n-1}(\varepsilon_i), \\ & \qquad a_j \in R,\ j=0,\ 1,\ 2,\ \cdots,\ N-1,\ \beta_N^i \in R\} \end{aligned}$$

同 $N=2$ 期模型的证明完全类似，我们可以证明 $a_j=0$，$j=0$，1，2，…，$N-1$。

下面利用倒推归纳法求解 β_N^i：

$$\begin{aligned} & E[\pi_N^i(x_N^i,\ P_N,\ x_N^j,\ j=1,\ N,\ \cdots,\ i-1,\ i,\ i+1,\ \cdots, \\ & \quad p+q) \mid P_1,\ \cdots,\ P_{N-1},\ \nu+\varepsilon_i] \\ & = \max_{\beta_N^i} E\{\beta_N^i\tilde{\nu}_{N-1}(\varepsilon_i)(\nu-P_N) \mid z_1,\ \cdots,\ z_{N-1},\ \nu+\varepsilon_i\} \\ & = \max_{\beta_N^i} E\{\beta_N^i\tilde{\nu}_{N-1}(\varepsilon_i)(\nu-P_{N-1}-\lambda_N\tilde{z}_N) \mid \tilde{z}_1,\ \cdots,\ \tilde{z}_{N-1},\ \tilde{\nu}_{N-1}(\varepsilon_i)\} \\ & = \max_{\beta_N^i} E\{\beta_N^i\tilde{\nu}_{N-1}(\varepsilon_i)(\nu-P_{N-1}-\lambda_N\tilde{z}_N) \mid \tilde{\nu}_{N-1}(\varepsilon_i)\} \\ & = \max_{\beta_N^i} E\{\beta_N^i\tilde{\nu}_{N-1}(\varepsilon_i)(\nu-P_{-\{v-1\}}-\lambda_N\sum_{j=1}^{p+q}\beta_N^j\tilde{\nu}_{N-1}(\varepsilon_i)\} \\ & = \max_{\beta_N^i}\left[\beta_N^i\frac{cov(\nu-P_{n-1},\ \tilde{\nu}_{N-1}(\varepsilon_i))}{E\tilde{\nu}_{N-1}(\varepsilon_i)^2}-\lambda_N\beta_N^i\sum_{j=1}^{p+q}\beta_N^j\right]\tilde{\nu}_{N-1}(\varepsilon_i)^2 \end{aligned} \tag{2.35}$$

令第 i 个内部交易者在第 N 期期初时刻的未来预期利润的目标函数为：

$$\begin{aligned} & f_N^i(\beta_N^i,\ \beta_N^j,\ j\neq i) \\ & = \left[\beta_N^i\frac{cov(\nu-P_{n-1},\ \tilde{\nu}_{N-1}(\varepsilon_i))}{E\tilde{\nu}_{N-1}(\varepsilon_i)^2}-\lambda_N\beta_N^i\sum_{j=1}^{p+q}\beta_N^j\right]\tilde{\nu}_{N-1}(\varepsilon_i)^2 \end{aligned} \tag{2.36}$$

为了求 $f_N^i(\beta_N^i,\ \beta_N^j,\ j\neq i)$ 的最优值，利用一阶条件，

$$\frac{df_N^i(\beta_N^i,\ \beta_N^j,\ j\neq i)}{dt_i}=0$$

于是，由一阶条件可得：

$$\beta_N^i = \frac{1}{2\lambda_N}\frac{cov(\nu-P_{n-1},\ \tilde{\nu}_{N-1}(\varepsilon_i))}{E\tilde{\nu}_{N-1}(\varepsilon_i)^2}-\frac{1}{2}\sum_{j\neq i}\beta_N^j\frac{cov(\nu-P_{n-1},\ \tilde{\nu}_{N-1}(\varepsilon_i))}{E\tilde{\nu}_{N-1}(\varepsilon_i)^2}$$

由于 $\varepsilon_j=\varepsilon_i$，故：

$$\beta_N^i = \frac{1}{2\lambda_N}\frac{cov(\nu-P_{n-1},\ \tilde{\nu}_{N-1}(\varepsilon_i))}{E\tilde{\nu}_{N-1}(\varepsilon_i)^2}-\frac{1}{2}\sum_{j\neq i}\beta_N^j \tag{2.37}$$

两边求和可得：

$$\sum_i \beta_N^i = \frac{p+q}{(p+q+1)\lambda_N}\frac{cov(\nu - P_{n-1}, \tilde{\nu}_{N-1}(\varepsilon_i))}{E\tilde{\nu}_{N-1}(\varepsilon_i)^2} \tag{2.38}$$

于是，由方程（2.37）以及式（2.38）计算可得

$$\beta_N^i = \frac{1}{\lambda_N(p+q+1)}\frac{cov(\nu - P_{N-1}, \tilde{\nu}_{N-1}(\varepsilon_i))}{E\tilde{\nu}_{N-1}(\varepsilon_i)^2} \tag{2.39}$$

并且把方程（2.37）看作方程组，（即令 $i=1$，2，…，$p+q$ 获得方程组）还可以得到：$\beta_N^j=\beta_N^i$，$j\neq i$ 因此，第 i 个内部交易者猜测，其他内部交易者采取与自己相同的策略。①

设 $x_N^j=g_j(\tilde{\nu}_N(\varepsilon_j))$，由式（2.35）可知，第 i 个内部交易者在第 N 期期初时刻的未来利润为：（注意，第 N 期期初时刻的未来利润即为第 N 期的利润）

$$\begin{aligned}
&E[\pi_N(x_N^i, P_N, x_N^j, j=1,2,\cdots,i-1,i+1,\cdots,p+q) \mid P_1,\cdots,P_{N-1},\nu+\varepsilon_i] \\
&= E\{(g_i(\tilde{\nu}_{N-1}(\varepsilon_i)))(\nu - P_N) \mid z_1,\cdots,z_{N-1},\nu+\varepsilon_i\} \\
&= E\{(g_i(\tilde{\nu}_{N-1}(\varepsilon_i)))(\nu - P_{N-1} - \lambda_N\tilde{z}_N) \mid \tilde{z}_1,\cdots,\tilde{z}_{N-1},\tilde{\nu}_{N-1}(\varepsilon_i)\} \\
&= E\left\{(g_i(\tilde{\nu}_{N-1}(\varepsilon_i)))\left[\nu - P_{N-1} - \lambda_N\sum_{j=1}^{p+q}\left(g_j(\tilde{\nu}_{N-1}(\varepsilon_j)) - \sum_{k=1}^{N-1}\frac{cov(g_j(\tilde{\nu}_{N-1}(\varepsilon_j)),\tilde{z}_k)}{E\tilde{z}_k^{\ 2}}\tilde{z}_k\right)\right]\right. \\
&\qquad \left.\mid \tilde{z}_1,\cdots,\tilde{z}_{N-1},\tilde{\nu}_{N-1}(\varepsilon_i)\right\} \\
&= (g_i(\tilde{\nu}_{N-1}(\varepsilon_i)))E(v - P_{N-1} \mid \tilde{\nu}_{N-1}(\varepsilon_i)) \\
&\quad - \lambda_N(g_i(\tilde{\nu}_{N-1}(\varepsilon_i)))E[\sum_{j=1}^{p+q}(g_j(\tilde{\nu}_{N-1}(\varepsilon_j))) \mid \tilde{z}_1,\cdots,\tilde{z}_{N-1},\tilde{\nu}_{N-1}(\varepsilon_i)] \\
&\quad + \lambda_2(g_i(\tilde{\nu}_{N-1}(\varepsilon_i)))E[\sum_{j=1}^{p+q}\sum_{k=1}^{N-1}\frac{cov(g_j(\tilde{\nu}_{N-1}(\varepsilon_j)),\tilde{z}_k)}{E\tilde{z}_k^{\ 2}}\tilde{z}_k \mid \tilde{z}_1,\cdots,\tilde{z}_{N-1},\tilde{\nu}_1(\varepsilon_i)] \\
&= \frac{1}{\lambda_N(p+q+1)}\left[\frac{cov(\nu - P_{N-1},\tilde{\nu}_1(\varepsilon_i))}{E\tilde{\nu}_1(\varepsilon_i)^2}\right]^2\tilde{\nu}_{N-1}(\varepsilon_i)^2 \\
&\quad - \frac{1}{\lambda_N(p+q+1)^2}\left[\frac{cov(\nu - P_{N-1},\tilde{\nu}_1(\varepsilon_i))}{E\tilde{\nu}_1(\varepsilon_i)^2}\right]^2 * \tilde{\nu}_{N-1}(\varepsilon_i)^2 \\
&= \frac{p+q}{\lambda_N(p+q+1)^2}\left[\frac{cov(\nu - P_{N-1},\tilde{\nu}_1(\varepsilon_i))}{E\tilde{\nu}_1(\varepsilon_i)^2}\right]^2\tilde{\nu}_{N-1}(\varepsilon_i)^2
\end{aligned} \tag{2.40}$$

下面用数学归纳法证明：t_n 时刻，第 i 个内部交易者的未来期望利润

① 基于不同信念得出不同结论的做法，参见异质信念相关的文献。

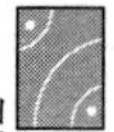

$\prod_{n+1}^{i}$ 函数为：

$$E(\prod_{n+1}^{i} | P_1, \cdots, P_n, \nu + \varepsilon) = \alpha_n \tilde{\nu}_n(\varepsilon_i)^2 + \delta_n \tag{2.41}$$

由式（2.40）知当 $n+1=N$ 时，式（2.41）成立[①]，并且：

$$\alpha_{N-1} = \frac{p+q}{\lambda_N(p+q+1)^2}\left[\frac{cov(\nu - P_{N-1}, \tilde{\nu}_1(\varepsilon_i))}{E\tilde{\nu}_1(\varepsilon_i)^2}\right]^2 \tag{2.42}$$

$$\delta_{N-1} = 0 \tag{2.43}$$

设对一般的 n，式（2.41）成立，下面用倒推归纳法证明：对 $n-1$，式（2.41）也成立，即：

$$E(\prod_n | P_1, \cdots, P_{n-1}, \nu + \varepsilon_i) = \alpha_{n-1}\tilde{\nu}_{n-1}(\varepsilon_i)^2 + \delta_{n-1} \tag{2.44}$$

其中，α_{n-1}，δ_{n-1} 为常数。

利用递推关系式：$\prod_n = \prod_{n+1} + \pi_n$，并且注意到：

$$\begin{aligned}
&E(\prod_{n+1} | P_1, \cdots, P_{n-1}, \nu + \varepsilon_{\varepsilon_i}) \\
&= E[E(\prod_{n+1} | P_1, \cdots, P_n, \nu + \varepsilon_i) | P_1, \cdots, P_{n-1}, \nu + \varepsilon_i] \\
&= E[\alpha_n\tilde{\nu}_n(\varepsilon_i)^2 + \delta_n | P_1, \cdots, P_{n-1}, \nu + \varepsilon_i]
\end{aligned} \tag{2.45}$$

于是我们有下面的第 n 期时刻 t_n 的利润表达式：

$$\begin{aligned}
&E(\prod_n(\beta_n^i; \beta_n^j, j \neq i;) | P_1, \cdots, P_{n-1}, \nu + \varepsilon_i) \\
&= \max_{\beta_n^i} E[(\beta_n^i\tilde{\nu}_{n-1}(\varepsilon_i))(\nu - P_n) + \prod_{n+1} | P_1, \cdots, P_{n-1}, \nu + \varepsilon_{\varepsilon_i}] \\
&= \max_{\beta_n^i} E[(\beta_n^i\tilde{\nu}_{n-1}(\varepsilon_i))(\nu - P_{n-1} - \lambda_n\tilde{z}_n) + \alpha_n\tilde{\nu}_n(\varepsilon_i)^2 + \delta_n | P_1, \cdots, P_{n-1}, \nu + \varepsilon_i] \\
&= \max_{\beta_n^i} E\Bigg\{(\beta_n^i\tilde{\nu}_{n-1}(\varepsilon_i))\Bigg[\nu - P_{n-1} - \lambda_n\Bigg(\sum_{j=1}^{p+q}\beta_n^j\tilde{\nu}_{n-1}(\varepsilon_i) \\
&\quad - \sum_{j=1}^{p+q}\sum_{k=1}^{n-1}\frac{cov(\beta_n^j\tilde{\nu}_{n-1}(\varepsilon_i), \tilde{z}_k)}{E\tilde{z}_k^{\,2}}\tilde{z}_k\Bigg)\Bigg] \\
&\quad + \alpha_n\left(\tilde{\nu}_{n-1}(\varepsilon_i) - \frac{cov(\nu + \varepsilon_i, \tilde{z}_n)}{E\tilde{z}_n^{\,2}}\tilde{z}_n\right)^2 + \delta_n | P_1, \cdots, P_{n-1}, \nu + \varepsilon_i\Bigg\} \\
&= \max_{\beta_n^i}(\beta_n^i\tilde{\nu}_{n-1}(\varepsilon_i))E[\nu - P_{n-1} | \tilde{\nu}_{n-1}(\varepsilon_i)] - \lambda_n(\beta_n^i\tilde{\nu}_{n-1}(\varepsilon_i))^2 \\
&\quad - \lambda_n(\beta_n^i\tilde{\nu}_{n-1}(\varepsilon_i))\sum_{j\neq i}\beta_n^j\tilde{\nu}_{n-1}(\varepsilon_i) + \alpha_n\left(\frac{cov(\nu + \varepsilon_i, \tilde{z}_n)}{E\tilde{z}_n^{\,2}}\right)^2\Bigg[\Bigg(\sum_{j=1}^{p+q}\beta_n^j\tilde{\nu}_{n-1}(\varepsilon_i)
\end{aligned}$$

---

① 注意：$\prod_N = \pi_N$。

$$-\sum_{j=1}^{p+q}\sum_{k=1}^{n-1}\frac{cov(\beta_n^j\tilde{\nu}_{n-1}(\varepsilon_i),\tilde{z}_k)}{E\tilde{z}_k^{\ 2}}\tilde{z}_k\Big)^2+\sigma_u^2\Delta t_n\Big]+\delta_n$$

$$-2\alpha_n\tilde{\nu}_{n-1}(\varepsilon_i)\frac{cov(\nu+\varepsilon_i,\tilde{z}_n)}{E\tilde{z}_n^{\ 2}}\Big[\sum_{j=1}^{p+q}\beta_n^j\tilde{\nu}_{n-1}(\varepsilon_i)-\sum_{j=1}^{p+q}\sum_{k=1}^{n-1}\frac{cov(\beta_n^j\tilde{\nu}_{n-1}(\varepsilon_i),\tilde{z}_k)}{E\,\tilde{z}_k^{\ 2}}\tilde{z}_k\Big]$$

$$=\max_{\beta_n^i}\Big\{\beta_n^i\frac{cov(\nu-P_{n-1},\tilde{\nu}_{n-1}(\varepsilon_i))}{E\tilde{\nu}_{n-1}(\varepsilon_i)^2}-\lambda_n\beta_n^{i2}-\lambda_n\beta_n^i\sum_{j\neq i}\beta_n^j$$

$$+\alpha_n\Big(\frac{cov(\nu+\varepsilon_i,\tilde{z}_n)}{E\tilde{z}_n^{\ 2}}\Big)^2(\beta_n^i+\sum_{j\neq i}\beta_n^j)^2+(\beta_n^i+\sum_{j\neq i}\beta_n^j)^2$$

$$-2\alpha_n\frac{cov(\nu+\varepsilon_i,\tilde{z}_n)}{E\tilde{z}_n^{\ 2}}*(\beta_n^i+\sum_{j\neq i}\beta_n^j)\Big\}*\tilde{\nu}_{n-1}(\varepsilon_i)^2$$

$$+\alpha_n\lambda_n^2\sigma_u^2\Delta t_n+\delta_n \qquad (2.46)$$

把 $t=t_n$ 时刻第 i 个内部交易者所面临最大化问题的目标函数记为：

$$f_n^i(\beta_n^i,\beta_n^j,j=1,2,\cdots i-1,i+1,\cdots p+q)$$

$$=\Big\{\beta_n^i\frac{cov(\nu-P_{n-1},\tilde{\nu}_{n-1}(\varepsilon_i))}{E\tilde{\nu}_{n-1}(\varepsilon_i)^2}-\lambda_n\beta_n^{i2}-\lambda_n\beta_n^i\sum_{j\neq i}\beta_n^j$$

$$+\alpha_n\Big(\frac{cov(\nu+\varepsilon_i,\tilde{z}_n)}{E\tilde{z}_n^{\ 2}}\Big)^2(\beta_n^i+\sum_{j\neq i}\beta_n^j)^2+(\beta_n^i+\sum_{j\neq i}\beta_n^j)^2$$

$$-2\alpha_n\frac{cov(\nu+\varepsilon_i,\tilde{z}_n)}{E\tilde{z}_n^{\ 2}}*(\beta_n^i+\sum_{j\neq i}\beta_n^j)\Big\}*\tilde{\nu}_{n-1}(\varepsilon_i)^2$$

$$+\alpha_n\lambda_n^2\sigma_u^2\Delta t_n+\delta_n$$

为了求解最优值，要利用关于 $f_n^i(\beta_n^i,\beta_n^j,j=1,2,\cdots,i-1,i+1,\cdots,p+q)$ 的前两阶条件：

$$\frac{df_n^i(\beta_n^i,\beta_n^j,j=1,2,\cdots,i-1,i+1,\cdots,p+q)}{d\beta_n^i}=0$$

$$\frac{df_n^{i2}(\beta_n^i,\beta_n^j,j=1,2,\cdots,i-1,i+1,\cdots,p+q)}{d\beta_n^{i\,2}}<0 \qquad (2.47)$$

利用本章即将进行的分析式（2.60）的结果可以计算得出式（2.47）中的一阶条件，经过复杂的整理可得：

$$\frac{cov(\nu-P_{n-1},\tilde{\nu}_{n-1}(\varepsilon_i))}{E\tilde{\nu}_{n-1}(\varepsilon_i)^2}-2\lambda_n\beta_n^i-\lambda_n\sum_{j\neq i}\beta_n^j+2\alpha_n\Big(\frac{\sigma_\nu^2+\sigma_i^2}{\sigma_\nu^2}\Big)^2\lambda_n^2\beta_n^i$$

$$-2\alpha_n\frac{\sigma_\nu^2+\sigma_i^2}{\sigma_\nu^2}\lambda_n\Big\}*\tilde{\nu}_{n-1}(\varepsilon_i)^2=0$$

求解可得：

$$\beta_n^i = \frac{\dfrac{cov(\nu - P_{n-1}, \tilde{\nu}_{n-1}(\varepsilon_i))}{E\tilde{\nu}_{n-1}(\varepsilon_i)^2} - \lambda_n \sum_{j \neq i} \beta_n^j - 2\alpha_n \left(\dfrac{\sigma_\nu^2 + \sigma_i^2}{\sigma_\nu^2}\right)\lambda_n}{2\lambda_n - 2\alpha_n \left(\dfrac{\sigma_\nu^2 + \sigma_i^2}{\sigma_\nu^2}\right)^2 \lambda_n^2} \tag{2.48}$$

把式（2.48）看作关于不同内部交易者 i 最优策略的方程组，求解这个 $p+q$ 元方程组，使用完全类似于最后一期的计算方法，我们可以求得：

$$\beta_n^i = \frac{\dfrac{cov(\nu - P_{n-1}, \tilde{\nu}_{n-1}(\varepsilon_i))}{E\tilde{\nu}_{n-1}(\varepsilon_i)^2} - 2\alpha_n\lambda_n \left(\dfrac{\sigma_\nu^2 + \sigma_i^2}{\sigma_\nu^2}\right)}{2(p+q+1)\lambda_n - 2(p+q)\alpha_n \left(\dfrac{\sigma_\nu^2 + \sigma_i^2}{\sigma_\nu^2}\right)^2 \lambda_n^2} \tag{2.49}$$

并且：

$$\beta_n^j = \beta_n^i, \qquad j \neq i \tag{2.50}$$

即内部交易者 i 采用的最优交易量满足式（2.49），并且他认为其他人采用与自己相同的策略，即式（2.50）成立。于是，由式（2.46）以及式（2.49）可得：

$$E\left(\prod\nolimits_n (x_n^i; P_n; x_n^j, j \neq i;) \mid P_1, \cdots, P_{n-1}, \nu + \varepsilon_{\varepsilon_i}\right)$$

$$= x_n^i E[\nu - P_{n-1} \mid \tilde{\nu}_{n-1}(\varepsilon_i)] - \lambda_n x_n^{i\,2} - \lambda_n x_n^i \sum_{j \neq i} x_n^j t_j \eta_j$$

$$+ \lambda_n x_n^i \sum_{j=1}^{p+q} \sum_{k=1}^{n-1} \frac{cov(x_n^j, \tilde{z}_k)}{E\tilde{z}_k^{\,2}} \tilde{z}_k + \alpha_n \tilde{\nu}_{n-1}(\varepsilon_i)^2$$

$$+ \alpha_n \left(\frac{cov(\nu + \varepsilon_i, \tilde{z}_n)}{E\tilde{z}_n^{\,2}}\right)^2 \left[\left(\sum_{j=1}^{p+q} x_n^j - \sum_{j=1}^{p+q} \sum_{k=1}^{n-1} \frac{cov(x_n^j, \tilde{z}_k)}{E\tilde{z}_k^{\,2}} \tilde{z}_k\right)^2 + \sigma_u^2 \Delta t_n\right]$$

$$+ \delta_n - 2\alpha_n \tilde{\nu}_{n-1}(\varepsilon_i) \frac{cov(\nu + \varepsilon_i, \tilde{z}_n)}{E\tilde{z}_n^{\,2}} \left[\sum_{j=1}^{p+q} x_n^j - \sum_{j=1}^{p+q} \sum_{k=1}^{n-1} \frac{cov(x_n^j, \tilde{z}_k)}{E\tilde{z}_k^{\,2}} \tilde{z}_k\right]$$

$$= \frac{cov(\nu - P_{n-1}, \tilde{\nu}_{n-1}(\varepsilon_i))}{E\tilde{\nu}_{n-1}(\varepsilon_i)^2} \beta_n^i \tilde{\nu}_{n-1}(\varepsilon_i)^2 - \lambda_n \beta_n^{i\,2} \tilde{\nu}_{n-1}(\varepsilon_i)^2 - \lambda_n \beta_n^i \sum_{j \neq i} \beta_n^j \tilde{\nu}_{n-1}(\varepsilon_i)^2$$

$$+ \alpha_n \tilde{\nu}_{n-1}(\varepsilon_i)^2 + \alpha_n \left[\left(\frac{cov(\nu + \varepsilon_i, \tilde{z}_n)}{E\tilde{z}_n^{\,2}}\right)^2 \left(\sum \beta_j^n\right)^2 \tilde{\nu}_{n-1}(\varepsilon_i)^2 + \sigma_u^2 \Delta t_n\right] + \delta_n$$

$$- 2\alpha_n \frac{cov(\nu + \varepsilon_i, \tilde{z}_n)}{E\tilde{z}_n^{\,2}} \left(\sum_{j=1}^{p+q} \beta_j^n\right)$$

$$= \left\{\alpha_n + \left[\frac{cov(\nu - P_{n-1}, \tilde{\nu}_{n-1}(\varepsilon_i))}{E\tilde{\nu}_{n-1}(\varepsilon_i)^2} - 2\alpha_n \frac{cov(\nu + \varepsilon_i, \tilde{z}_n)}{E\tilde{z}_n^{\,2}}(p+q)\right]\right.$$

$$* \frac{\frac{cov(\nu - P_{n-1}, \tilde{\nu}_{n-1}(\varepsilon_i))}{E\tilde{\nu}_{n-1}(\varepsilon_i)^2} - 2\alpha_n \frac{cov(\nu + \varepsilon_i, \tilde{z}_n)}{E\tilde{z}_n^{\ 2}}}{(p+q+1)\lambda_n - 2(p+q)\alpha_n\left(\frac{cov(\nu + \varepsilon_i, \tilde{z}_n)}{E\tilde{z}_n^{\ 2}}\right)^2}$$

$$+ \left[-\lambda_n(p+q) + \alpha_n(p+q)\left(\frac{cov(\nu + \varepsilon_i, \tilde{z}_n)}{E\tilde{z}_n^{\ 2}}\right)^2 \right]$$

$$\left. * \left[\frac{\frac{cov(\nu - P_{n-1}, \tilde{\nu}_{n-1}(\varepsilon_i))}{E\tilde{\nu}_{n-1}(\varepsilon_i)^2} - 2\alpha_n \frac{cov(\nu + \varepsilon_i, \tilde{z}_n)}{E\tilde{z}_n^{\ 2}}}{(p+q+1)\lambda_n - 2(p+q)\alpha_n\left(\frac{cov(\nu + \varepsilon_i, \tilde{z}_n)}{E\tilde{z}_n^{\ 2}}\right)^2} \right]^2 \right\} \tilde{\nu}_{n-1}(\varepsilon_i)^2$$

$$+ \left\{ \alpha_n \left[\left(\frac{cov(\nu + \varepsilon_i, \tilde{z}_n)}{E\tilde{z}_n^{\ 2}}\right)^2 \right]^2 \sigma_u^2 \Delta t_n + \delta_n \right\} \tag{2.51}$$

由于我们使用的是倒推归纳法，式（2.51）中 α_n 可以认为是常数，于是式（2.40）对 n 变为 $n-1$ 也成立，结合期末情形即式（2.40）对 N 也成立，知：式（2.40）对任意的 $n=1, 2, \cdots, N$ 成立。

注意，在式（2.40）中，把 n 变为 $n-1$，则有：

$$E\left(\prod\nolimits_n \mid P_1, \cdots, P_{n-1}, \nu + \varepsilon\right) = \alpha_{n-1}\tilde{\nu}_{n-1}(\varepsilon_i)^2 + \delta_{n-1} \tag{2.52}$$

对照式（2.51），可以得：

$$\alpha_{n-1} = \alpha_n + \left[\frac{cov(\nu - P_{n-1}, \tilde{\nu}_{n-1}(\varepsilon_i))}{E\tilde{\nu}_{n-1}(\varepsilon_i)^2} - 2\alpha_n \frac{cov(\nu + \varepsilon_i, \tilde{z}_n)}{E\tilde{z}_n^{\ 2}}(p+q) \right]$$

$$* \frac{\frac{cov(\nu - P_{n-1}, \tilde{\nu}_{n-1}(\varepsilon_i))}{E\tilde{\nu}_{n-1}(\varepsilon_i)^2} - 2\alpha_n \frac{cov(\nu + \varepsilon_i, \tilde{z}_n)}{E\tilde{z}_n^{\ 2}}}{(p+q+1)\lambda_n - 2(p+q)\alpha_n\left(\frac{cov(\nu + \varepsilon_i, \tilde{z}_n)}{E\tilde{z}_n^{\ 2}}\right)^2}$$

$$+ \left[-\lambda_n(p+q) + \alpha_n(p+q)\left(\frac{cov(\nu + \varepsilon_i, \tilde{z}_n)}{E\tilde{z}_n^{\ 2}}\right)^2 \right]$$

$$* \left[\frac{\frac{cov(\nu - P_{n-1}, \tilde{\nu}_{n-1}(\varepsilon_i))}{E\tilde{\nu}_{n-1}(\varepsilon_i)^2} - 2\alpha_n \frac{cov(\nu + \varepsilon_i, \tilde{z}_n)}{E\tilde{z}_n^{\ 2}}}{(p+q+1)\lambda_n - 2(p+q)\alpha_n\left(\frac{cov(\nu + \varepsilon_i, \tilde{z}_n)}{E\tilde{z}_n^{\ 2}}\right)^2} \right] \tag{2.53}$$

并且：

$$\delta_{n-1} = \alpha_n \left[\frac{cov(\nu + \varepsilon_i, \tilde{z}_n)}{E\tilde{z}_n^{\ 2}} \right]^2 \sigma_u^2 \Delta t_n + \delta_n \tag{2.54}$$

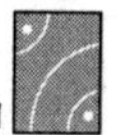

下面求解以上计算中反复出现的：

$cov z(\nu+\varepsilon_i, \tilde{z}_n) cov(\nu+\varepsilon_i, \tilde{z}_n) E\tilde{z}_n^2 cov(\nu+\varepsilon_i, \tilde{z}_n)$ 等的具体形式，从而求解与之相关的各个变量表达式。

由证明开始部分的叙述，知：

存在 $\tilde{z}_1$，…，$\tilde{z}_n$，$(1\leqslant n\leqslant N)$ 以及唯一的常数 $(a_h^n)_{(1\leqslant h\leqslant N)}$，$1\leqslant n\leqslant N$ 使得：

$$\tilde{z}_1 = a_0^1 + a_1^1 z_1, \cdots, \tilde{z}_n = a_0^n + \sum_{h=1}^{n} a_h^n z_h, \cdots, \tilde{z}_N = a_0^N + \sum_{h=1}^{N} a_h^N z_h$$

成为零均值的高斯正交系。如果定义：

$$\tilde{\nu}_n(\varepsilon) = \nu + \varepsilon - \sum_{i=1}^{n} \frac{cov(\nu+\varepsilon_i, \tilde{z}_i)}{E(\tilde{z}_i^2)} \tilde{z}_i - P_0,$$

则，$\{\tilde{z}_1, \tilde{z}_2, \cdots, \tilde{z}_n, \tilde{\nu}_n(\varepsilon)\}$ 为 $\{z_1, z_2, \cdots, z_n, \nu+\varepsilon_i\}$ 的正交化序列。换言之，存在常数 b_k^n，$k=1, 2, \cdots, n-1$ 使得：

$$\tilde{\nu}_n(\varepsilon_i) = \nu + \varepsilon_i - \sum_{k=1}^{n} b_k^n z_k - P_0$$

其中，$\tilde{\nu}_n(\varepsilon_i)$ 与 $\tilde{z}_1, \tilde{z}_2, \cdots, \tilde{z}_n$ 从而与 $z_1, z_2, \cdots, z_n$ 正交并且独立。并且：

$$b_k^n = \frac{cov(\nu+\varepsilon_i, a_0^k + \sum_{h=1}^{k} a_h^k z_h)}{E(a_0^k + \sum_{h=1}^{k} a_h^k z_h)^2} a_h^k$$

还是唯一的。

又由于 $z_1, z_2, \cdots, z_n$ 与 $P_1, P_2, \cdots, P_n$ 之间具有线性表示关系，因此，根据类似的正交化做法，可以断言：

存在常数 c_k^n，$k=1, 2, \cdots, n-1$ 使得：

$$\tilde{\nu}_n(\varepsilon_i) = \nu + \varepsilon_i - \sum_{k=1}^{n} c_k^n P_k - P_0 \tag{2.55}$$

其中，$\tilde{\nu}_n(\varepsilon_i)$ 与 $P_1, P_2, \cdots, P_n$ 正交并且独立，并且 c_k^n，$k=1, 2, \cdots, n-1$ 唯一。

在内部交易者 i 看来，

$$\nu+\varepsilon_i - \frac{P_{n-1}}{\dfrac{cov(\nu+\varepsilon_i, \nu)}{E(\nu+\varepsilon_i)^2}} = \frac{E(\nu+\varepsilon_i)^2}{cov(\nu+\varepsilon_i, \nu)}(E_{\nu+\varepsilon_i}\nu - P_{n-1})$$

与历史信息 z_1，…，z_n 正交从而独立[①]，这是因为：

$$
\begin{aligned}
&E_{\nu+\varepsilon_i}\nu - P_{n-1} \\
&= (\nu - P_{n-1}) - (\nu - E_{\nu+\varepsilon_i}\nu) \\
&= (\nu - E(\nu \mid z_1, z_2, \cdots, z_n)) - (\nu - E_{\nu+\varepsilon_i}\nu)
\end{aligned} \tag{2.56}
$$

而利用内部交易者 i 的信息和信念，这两部分别满足：（1）$\nu - E(\nu \mid z_1, z_2, \cdots, z_n)$ 与历史信息 z_1，z_2，…，z_n 独立。（2）$\nu - E_{\nu+\varepsilon_i}\nu$ 关于 $\nu+\varepsilon_i$ 独立并且关于噪声 u_1，u_2，…，u_n 独立，又由于历史信息 z_1，z_2，…，z_n 关于 $\nu+\varepsilon_i$ 和噪声 u_1，u_2，…，u_n 组成的信息集合 $\sigma\{z_1, z_2, \cdots, z_n, u_1, u_2, \cdots, u_n\}$ 可测（可测性也是相对于内部交易者 i 的信念而言的），从而 $\nu - E_{\nu+\varepsilon_i}\nu$ 与历史信息 z_1，z_2，…，z_n 独立。
均与历史信息 z_1，z_2，…，z_n 独立。

结合断言中的式（2.55），知 $c_k^n = 0$，$k \leqslant n$ 而：

$$
c_n^n = \frac{E(\nu+\varepsilon_i)^2}{cov(\nu+\varepsilon_i, \nu)}
$$

即 $\tilde{\nu}_{n-1}(\varepsilon_i) = \nu + \varepsilon_i - \dfrac{P_{n-1}}{\dfrac{cov(\nu+\varepsilon_i, \nu)}{E(\nu+\varepsilon_i)^2}}$。如果设：

$$
H_n = E\tilde{\nu}_{n-1}(\varepsilon_i)^2
$$

$$
\sum\nolimits_n = E(\nu - P_{n-1})^2
$$

则：

$$
\begin{aligned}
\sum\nolimits_n &= E(\nu - E_{\nu+\varepsilon_i}\nu + E_{\nu+\varepsilon_i}\nu - P_{n-1})^2 \\
&= E(\nu - E_{\nu+\varepsilon_i}\nu)^2 + E(E_{\nu+\varepsilon_i}\nu - P_{n-1})^2 \\
&= \frac{\sigma_\nu^2\sigma_i^2}{\sigma_\nu^2 + \sigma_i^2} + \left(\frac{\sigma_\nu^2}{\sigma_\nu^2 + \sigma_i^2}\right)^2 H_n \\
&= \left(\frac{\sigma_\nu^2}{\sigma_\nu^2 + \sigma_i^2}\right)\left(\sigma_i^2 + \frac{\sigma_\nu^2}{\sigma_\nu^2 + \sigma_i^2}H_n\right)
\end{aligned} \tag{2.57}
$$

$$
\begin{aligned}
&cov(\nu - P_{n-1}, \tilde{\nu}_{n-1}(\varepsilon_i)) \\
&= cov\left(\nu - P_{n-1}, \nu + \varepsilon_i - \frac{E(\nu+\varepsilon_i)^2}{cov(\nu+\varepsilon_i, \nu)}P_{n-1}\right)
\end{aligned}
$$

---

① “正交”“独立”的意义是在内部交易者 i 的“信念”下的断言，由于我们寻找的是内部交易者 i 的最优策略，因此，计算过程利用的是内部交易者 i 的信息（information）和信念（belief）。

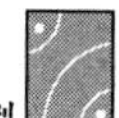

$$
\begin{aligned}
&= cov\left(\nu - E_{\nu+\varepsilon_i}\nu + E_{\nu+\varepsilon_i}\nu - P_{n-1},\ \nu + \varepsilon_i - \frac{E(\nu+\varepsilon_i)^2}{cov(\nu+\varepsilon_i,\ \nu)}P_{n-1}\right) \\
&= cov\left(\nu - E_{\nu+\varepsilon_i}\nu + E_{\nu+\varepsilon_i}\nu - P_{n-1},\ \frac{\sigma_\nu^2+\sigma_i^2}{\sigma_\nu^2}(E_{\nu+\varepsilon_i}\nu - P_{n-1})\right) \\
&= cov\left(E_{\nu+\varepsilon_i}\nu - P_{n-1},\ \frac{\sigma_\nu^2+\sigma_i^2}{\sigma_\nu^2}(E_{\nu+\varepsilon_i}\nu - P_{n-1})\right) \\
&= cov\left(\frac{\sigma_\nu^2}{\sigma_\nu^2+\sigma_i^2}\tilde{\nu}_{n-1}(\varepsilon_i),\ \tilde{\nu}_{n-1}(\varepsilon_i)\right) \\
&= \frac{\sigma_\nu^2}{\sigma_\nu^2+\sigma_i^2}H_n
\end{aligned}
\tag{2.58}
$$

有了以上的分析，模型中各重要变量的表达式可以计算如下：

$$
\begin{aligned}
\lambda_n &= \frac{cov(\nu - P_{n-1},\ \tilde{z}_n)}{E\tilde{z}_n^{\ 2}} \\
&= \frac{cov(\nu - E_{\nu+\varepsilon_i}\nu + E_{\nu+\varepsilon_i}\nu - P_{n-1},\ \tilde{z}_n)}{E\tilde{z}_n^{\ 2}} \\
&= \frac{cov(E_{\nu+\varepsilon_i}\nu - P_{n-1},\ \tilde{z}_n)}{E\tilde{z}_n^{\ 2}} \\
&= \frac{cov(E_{\nu+\varepsilon_i}\nu,\ \tilde{z}_n)}{E\tilde{z}_n^{\ 2}} \\
&= \frac{\sigma_\nu^2}{\sigma_\nu^2+\sigma_i^2}\frac{cov(\nu+\varepsilon_i,\ \tilde{z}_n)}{E\tilde{z}_n^{\ 2}}
\end{aligned}
\tag{2.59}
$$

利用式（2.59）可以得：

$$
\frac{cov(\nu+\varepsilon_i,\ \tilde{z}_n)}{E\tilde{z}_n^{\ 2}} = \frac{\sigma_\nu^2+\sigma_i^2}{\sigma_\nu^2}\lambda_n \tag{2.60}
$$

把式（2.60）代入式（2.51），可以得：

$$
\beta_n^i = \frac{\dfrac{\sigma_\nu^2}{\sigma_\nu^2+\sigma_i^2} - 2\dfrac{\sigma_\nu^2+\sigma_i^2}{\sigma_\nu^2}\alpha_n\lambda_n}{(p+q+1)\lambda_n - 2(p+q)\alpha_n\lambda_n^2\left(\dfrac{\sigma_\nu^2+\sigma_i^2}{\sigma_\nu^2}\right)^2} \tag{2.61}
$$

利用式（2.61），市场流动性参数 λ_n 的表达式（2.59）可以继续计算得：

$$
\begin{aligned}
\lambda_n &= \frac{\sigma_\nu^2}{\sigma_\nu^2+\sigma_i^2}\frac{cov(\nu+\varepsilon_i,\ \tilde{z}_n)}{E\tilde{z}_n^{\ 2}} \\
&= \frac{cov(\tilde{\nu}_{n-1}(\varepsilon_i),\ \tilde{z}_n)}{E\tilde{z}_n^{\ 2}}
\end{aligned}
$$

$$= \frac{\sigma_\nu^2 \qquad (p+q)\beta_n^i H_{n-1}}{\sigma_\nu^2 + \sigma_i^2((p+q)\beta_n^i)^2 H_{n-1} + \sigma_u^2 \Delta t_n}$$

$$= \frac{\sigma_\nu^2 \qquad (p+q)\beta_n^i H_{n-1}}{\sigma_\nu^2 + \sigma_i^2((p+q)\beta_n^i)^2 H_{n-1} + \sigma_u^2 \Delta t_n} \tag{2.62}$$

根据 H_n 定义和以上各式可以得：

$$\begin{aligned} H_n &= E(\tilde{\nu}_{n-1}(\varepsilon_i)^2) \\ &= var(\nu + \varepsilon_i \mid z_1, \cdots, z_n) \\ &= var\left(\nu + \varepsilon_i - \frac{E(\nu+\varepsilon_i)^2}{cov(\nu+\varepsilon_i, \nu)} \mid \tilde{z}_1, \cdots, \tilde{z}_n\right) \\ &= var\left(\nu + \varepsilon_i - \frac{E(\nu+\varepsilon_i)^2}{cov(\nu+\varepsilon_i, \nu)} \mid \tilde{z}_n\right) \\ &= H_{n-1} - \frac{(p+q)^2 \beta_n^{i\,2} H_{n-1}^2}{(p+q)^2 \beta_n^{i\,2} H_{n-1} + \sigma_u^2 \Delta t_n} \\ &= \frac{\sigma_u^2 \Delta t_n H_{n-1}}{(p+q)^2 \beta_n^{i\,2} H_{n-1}^2 + \sigma_u^2 \Delta t_n} \end{aligned} \tag{2.63}$$

于是，由式（2.62）和式（2.63）可得：

$$\lambda_n = \frac{(p+q)\beta_n^i H_n}{\sigma_u^2 \Delta t_N} \tag{2.64}$$

并且由式（2.62）和式（2.63）还可以得：

$$H_n = \left(1 - (p+q)\frac{\sigma_\nu^2 + \sigma_i^2}{\sigma_\nu^2} \beta_n^i \lambda_n^i\right) H_{n-1} \tag{2.65}$$

利用式（2.53），式（2.60）等式子可得：

$$\alpha_{n-1} = \alpha_n + \left[\frac{cov(\nu - P_{n-1}, \tilde{\nu}_{n-1}(\varepsilon_i))}{E\,\widetilde{\nu_{n-1}}(\varepsilon_i)^2} - 2\alpha_n\lambda_n \frac{\sigma_\nu^2 + \sigma_i^2}{\sigma_\nu^2}(p+q)\right]$$

$$* \frac{\dfrac{cov(\nu - P_{n-1}, \tilde{\nu}_{n-1}(\varepsilon_i))}{E\tilde{\nu}_{n-1}(\varepsilon_i)^2} - 2\alpha_n\lambda_n \dfrac{\sigma_\nu^2 + \sigma_i^2}{\sigma_\nu^2}}{(p+q+1)\lambda_n - 2(p+q)\alpha_n\left(\lambda_n \dfrac{\sigma_\nu^2 + \sigma_i^2}{\sigma_\nu^2}\right)^2}$$

$$+ \left[-\lambda_n(p+q) + \alpha_n(p+q)\left(\lambda_n \frac{\sigma_\nu^2 + \sigma_i^2}{\sigma_\nu^2}\right)^2\right]$$

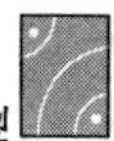

$$* \left[\frac{\dfrac{cov(\nu - P_{n-1}, \tilde{\nu}_{n-1}(\varepsilon_i))}{E\tilde{\nu}_{n-1}(\varepsilon_i)^2} - 2\alpha_n \lambda_n \dfrac{\sigma_\nu^2 + \sigma_i^2}{\sigma_\nu^2}}{(p+q+1)\lambda_n - 2(p+q)\alpha_n \left(\lambda_n \dfrac{\sigma_\nu^2 + \sigma_i^2}{\sigma_\nu^2} \right)^2} \right]^2$$

$$= \frac{\dfrac{cov(\nu - P_{n-1}, \tilde{\nu}_{n-1}(\varepsilon_i))}{E\tilde{\nu}_{n-1}(\varepsilon_i)^2} - 2\alpha_n \lambda_n \dfrac{\sigma_\nu^2 + \sigma_i^2}{\sigma_\nu^2}}{(p+q+1)\lambda_n - 2(p+q)\alpha_n \left(\lambda_n \dfrac{\sigma_\nu^2 + \sigma_i^2}{\sigma_\nu^2} \right)^2}$$

$$* \left[\frac{\sigma_\nu^2}{\sigma_\nu^2 + \sigma_i^2} - (p+q) \frac{\dfrac{cov(\nu - P_{n-1}, \widetilde{\nu_{n-1}}(\varepsilon_i))}{E\tilde{\nu}_{n-1}(\varepsilon_i)^2} - 2\alpha_n \lambda_n \dfrac{\sigma_\nu^2 + \sigma_i^2}{\sigma_\nu^2}}{(p+q+1)\lambda_n - 2(p+q)\alpha_n \left(\lambda_n \dfrac{\sigma_\nu^2 + \sigma_i^2}{\sigma_\nu^2} \right)^2} \right] + \alpha_n \left(\frac{\sigma_\nu^2 + \sigma_i^2}{\sigma_\nu^2} \right)^2$$

$$* \left[\frac{\sigma_\nu^2}{\sigma_\nu^2 + \sigma_i^2} - (p+q) \frac{\dfrac{cov(\nu - P_{n-1}, \tilde{\nu}_{n-1}(\varepsilon_i))}{E\tilde{\nu}_{n-1}(\varepsilon_i)^2} - 2\alpha_n \lambda_n \dfrac{\sigma_\nu^2 + \sigma_i^2}{\sigma_\nu^2}}{(p+q+1)\lambda_n - 2(p+q)\alpha_n \left(\lambda_n \dfrac{\sigma_\nu^2 + \sigma_i^2}{\sigma_\nu^2} \right)^2} \right]^2$$

$$= \frac{\dfrac{cov(\nu - P_{n-1}, \tilde{\nu}_{n-1}(\varepsilon_i))}{E\tilde{\nu}_{n-1}(\varepsilon_i)^2} - 2\alpha_n \lambda_n \dfrac{\sigma_\nu^2 + \sigma_i^2}{\sigma_\nu^2}}{(p+q+1)\lambda_n - 2(p+q)\alpha_n \left(\lambda_n \dfrac{\sigma_\nu^2 + \sigma_i^2}{\sigma_\nu^2} \right)^2} \left[\frac{1}{(p+q+1)\lambda_n - 2(p+q)\alpha_n \left(\lambda_n \dfrac{\sigma_\nu^2 + \sigma_i^2}{\sigma_\nu^2} \right)^2} \right]$$

$$+ \alpha_n \left(\frac{\sigma_\nu^2 + \sigma_i^2}{\sigma_\nu^2} \right)^2 \left[\frac{1}{(p+q+1)\lambda_n - 2(p+q)\alpha_n \left(\lambda_n \dfrac{\sigma_\nu^2 + \sigma_i^2}{\sigma_\nu^2} \right)^2} \right]^2$$

$$= \left(\frac{\sigma_\nu^2}{\sigma_\nu^2 + \sigma_i^2} \right)^2 \frac{\left[1 - \alpha_n \lambda_n \left(\dfrac{\sigma_\nu^2 + \sigma_i^2}{\sigma_\nu^2} \right)^2 \right]}{\lambda_n \left[p + q + 1 - 2\alpha_n (p+q) \lambda_n \left(\dfrac{\sigma_\nu^2 + \sigma_i^2}{\sigma_\nu^2} \right)^2 \right]^2} \tag{2.66}$$

设 $q_n^i = \lambda_n \beta_n^i$，首先，往证：

$$q_n^i \in \left(0, \frac{1}{p+q+1} \frac{\sigma_\nu^2}{\sigma_\nu^2 + \sigma_i^2} \right)$$

证明：此命题要利用式（2.47）的两阶条件完成关键部分的证明。首

先，求解利润函数的两阶导数，过程如下：[1]

$$\frac{df_n^{i2}(x_n^i;\ t_i\eta_i,\ x_n^j,\ t_j\eta_j,\ j=1,2,\cdots,i-1,i+1,\cdots,p+q)}{dt_i^2}$$

$$=\frac{d}{dt_i}\left\{\eta_i\frac{cov(\nu-P_{n-1},\tilde{\nu}_{n-1}(\varepsilon_i))}{E\tilde{\nu}_{n-1}(\varepsilon_i)^2}-2\lambda_n(x_n^i+t_i\eta_i)\eta_i-\lambda_n\sum_{j\neq i}(x_n^j+t_j\eta_j)\eta_i\right.$$

$$+2\alpha_n\frac{cov(\nu+\varepsilon_i,\ \sum_{j=1}^{p+q}(x_n^j+t_j\eta_j)+u_n)}{E(\sum_{j=1}^{p+q}(x_n^j+t_j\eta_j)+u_n)^2}$$

$$\left[\frac{cov(\nu+\varepsilon_i,\eta_i)E(\sum_{j=1}^{p+q}(x_n^j+t_j\eta_j)+u_n)^2-2cov(\nu+\varepsilon_i,\ \sum_{j=1}^{p+q}(x_n^j+t_j\eta_j)+u_n)E(\sum_{j=1}^{p+q}(x_n^j+t_j\eta_j)+u_n)\cdot\eta_i}{(E(\sum_{j=1}^{p+q}(x_n^j+t_j\eta_j)+u_n)^2)^2}\right]$$

$$[(\sum_{j=1}^{p+q}(x_n^j+t_j\eta_j)+u_n)^2+\sigma_u^2\Delta t_n]$$

$$+2\alpha_n\left(\frac{cov(\nu+\varepsilon_i,\ \sum_{j=1}^{p+q}(x_n^j+t_j\eta_j)+u_n)}{E(\sum_{j=1}^{p+q}(x_n^j+t_j\eta_j)+u_n)^2}\right)^2(\sum_{j=1}x_n^j+t_j\eta_j)\eta_i$$

$$-2\alpha_n\tilde{\nu}_{n-1}(\varepsilon_i)(\sum_{j=1}^{p+q}x_n^j+t_j\eta_j)$$

$$\left[\frac{cov(\nu+\varepsilon_i,\eta_i)E(\sum_{j=1}^{p+q}(x_n^j+t_j\eta_j)+u_n)^2-2cov(\nu+\varepsilon_i,\ \sum_{j=1}^{p+q}(x_n^j+t_j\eta_j)+u_n)E(\sum_{j=1}^{p+q}(x_n^j+t_j\eta_j)+u_n)\cdot\eta_i}{(E(\sum_{j=1}^{p+q}(x_n^j+t_j\eta_j)+u_n)^2)^2}\right]$$

$$\left.-2\alpha_n\tilde{\nu}_{n-1}(\varepsilon_i)\eta_i\frac{cov(\nu+\varepsilon_i,\ \sum_{j=1}^{p+q}(x_n^j+t_j\eta_j)+u_n)}{E(\sum_{j=1}^{p+q}(x_n^j+t_j\eta_j)+u_n)^2}\right\}\tag{2.67}$$

两阶导数的表达式比较复杂，因此我们只写出两阶导数在（t_1，t_2，…，t_{p+q}）=（0，0…，0）的取值。利用式（2.67）的计算，可以获得两阶导数在零点的取值如下：

---

① 这个复杂的二阶条件的计算是为了严格化凯尔（1985）等这一类大量文章的证明步骤，在此过程中，二阶条件的计算使用了方向导数的定义，这种利用方向导数求解最大化问题的方法不仅可以用于处理高斯型随机变量，也可以用于处理非高斯型随机变量。

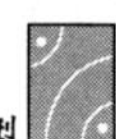

$$\frac{df_n^{i2}(x_n^i;\ t_i\eta_i,\ x_n^j,\ t_j\eta_j,\ j=1,2,\cdots,i-1,i+1,\cdots,p+q)}{dt_i^2}\Big|_{(t_1,t_2,\cdots,t_{p+q})=(0,0\cdots,0)}$$

$$=-2\lambda_n\eta_i^2+\left[\frac{cov(\nu+\varepsilon_i,\ \eta_i)E(\sum_j x_n^j)+u_n)^2-2cov(\nu+\varepsilon_i,\ (\sum_j x_n^j)+u_n)E((\eta_i(\sum_j x_n^j)+u_n))}{(E((\sum_j x_n^j)+u_n)^2)^2}\right]^2$$

$$+2\alpha_n[(\sum_j x_n^j)^2+\sigma_\mu^2]\left(\frac{E(\nu+\varepsilon)(\sum_j x_n^j)}{E((\sum_j x_n^j)+u_n)^2}\right)$$

$$\cdot\frac{2cov(\nu+\varepsilon_i,\ \eta_i)E((\sum_j x_n^j)+u_n)\eta_i)-2E((\nu+\varepsilon)\eta_i)E(\eta_i(\sum_j x_n^j)+u_n))-2E((\nu+\varepsilon)(x))E(\eta_i^2)}{(E((\sum_j x_n^j)+u_n)^2)^2}$$

$$-2\alpha_n[(\sum_j x_n^j)^2+\sigma_\mu^2]\left(\frac{E(\nu+\varepsilon)(\sum_j x_n^j)}{E((\sum_j x_n^j)+u_n)^2}\right)$$

$$*\frac{4E((\eta_i(\sum_j x_n^j)+u_n))[E((\nu+\varepsilon)\eta_i)E(\sum_j x_n^j)+u_n)^2-2E((\nu+\varepsilon)(x))E((\eta_i(\sum_j x_n^j)+u_n))]}{(E((\sum_j x_n^j)+u_n)^2)^3}$$

$$+4\alpha_n\eta_i(\sum_j x_n^j)\left(\frac{E(\nu+\varepsilon)(\sum_j x_n^j)}{E((\sum_j x_n^j)+u_n)^2}\right)$$

$$*\frac{cov(\nu+\varepsilon_i,\ \eta_i)E((\sum_j x_n^j)+u_n)^2-2cov(\nu+\varepsilon_i,\ (\sum_j x_n^j)+u_n)E((\eta_i(\sum_j x_n^j)+u_n))}{(E((\sum_j x_n^j)\ \text{ı}\ u_n)^2)^2}$$

$$+4\alpha_n\eta_i(\sum_j x_n^j)\left(\frac{E(\nu+\varepsilon)(\sum_j x_n^j)}{E((\sum_j x_n^j)+u_n)^2}\right)$$

$$*\frac{cov(\nu+\varepsilon_i,\ \eta_i)E((\sum_j x_n^j)+u_n)^2-2cov(\nu+\varepsilon_i,\ (\sum_j x_n^j)+u_n)E((\eta_i(\sum_j x_n^j)+u_n))}{(E((\sum_j x_n^j)+u_n)^2)^2}$$

$$2\alpha_n\eta_i^2\left(\frac{E(\nu+\varepsilon)(\sum_j x_n^j)}{E((\sum_j x_n^j)+u_n)^2}\right)^2-2\alpha_n\tilde{\nu}_{n-1}(\varepsilon_i)\eta_i$$

$$\cdot\frac{cov(\nu+\varepsilon_i,\ \eta_i)E((\sum_j x_n^j)+u_n)^2-2cov(\nu+\varepsilon_i,\ (\sum_j x_n^j)+u_n)E((\eta_i(\sum_j x_n^j)+u_n))}{(E((\sum_j x_n^j)+u_n)^2)^2}$$

$$-2\alpha_n(\sum_j x_n^j)\tilde{\nu}_{n-1}(\varepsilon_\iota)$$

$$*\frac{2cov(\nu+\varepsilon_i,\eta_i)E((\sum_j x_n^j)+u_n)\eta_i)-2E((\nu+\varepsilon)\eta_i)E((\eta_i(\sum_j x_n^j)+u_n))-2E((\nu+\varepsilon)(x))E(\eta_i^2)}{(E((\sum_j x_n^j)+u_n)^2)^2}$$

$$+2\alpha_n(\sum_j x_n^j)\tilde{\nu}_{n-1}(\varepsilon_i)$$

$$*\frac{4E((\eta_i(\sum_j x_n^j)+u_n))[E(((\nu+\varepsilon)\eta_i)E(\sum_j x_n^j)+u_n)^2-2E((\nu+\varepsilon)(x))E((\eta_i(\sum_j x_n^j)+u_n))]}{(E((\sum_j x_n^j)+u_n)^2)^3}$$

$$-2\alpha_n\eta_i\tilde{\nu}_{n-1}(\varepsilon_i)\frac{cov(\nu+\varepsilon_i,\eta_i)E((\sum_j x_n^j)+u_n)^2-2cov(\nu+\varepsilon_i,(\sum_j x_n^j)+u_n)E((\eta_i(\sum_j x_n^j)+u_n))}{(E((\sum_j x_n^j)+u_n)^2)^2}$$

$$(2.68)$$

利用最优值的两阶条件可知：

$$E\frac{df_n^{i\,2}(x_n^i;t_i\eta_i,x_n^j,t_j\eta_j,j=1,2,\cdots,i-1,i+1,\cdots,p+q)}{dt_i^2}\Big|_{(t_1,t_2,\cdots,t_{p+q})=(0,0\cdots,0)}>0$$

于是由式（2.68）可以得出：

$$-2\lambda_n E\eta_i^2+2\alpha_n E\eta_i^2\left(\frac{cov(\nu+\varepsilon_i,\tilde{z}_n)}{E\tilde{z}_n^{\ 2}}\right)^2<0$$

由 η_i 在所属空间的任意性可取之为非退化随机变量，从而这个不等式可以写为

$$\lambda_n-\alpha_n\lambda_n^2\left(\frac{\sigma_\nu^2+\sigma_i^2}{\sigma_\nu^2}\right)^2>0 \tag{2.69}$$

利用市场流动性参数 $\lambda_n>0$ 可知：

$$\alpha_n\lambda_n\in\left(0,\left(\frac{\sigma_\nu^2}{\sigma_\nu^2+\sigma_i^2}\right)^2\right) \tag{2.70}$$

又由式（2.61）知：

$$q_n^i=\lambda_n\beta_n^i$$

$$=\frac{\sigma_\nu^2}{\sigma_\nu^2+\sigma_i^2}\frac{\left[1-2\alpha_n\lambda_n\left(\frac{\sigma_\nu^2+\sigma_i^2}{\sigma_\nu^2}\right)^2\right]}{\left[p+q+1-2\alpha_n(p+q)\lambda_n\left(\frac{\sigma_\nu^2+\sigma_i^2}{\sigma_\nu^2}\right)^2\right]^2} \tag{2.71}$$

于是，把条件式（2.70）应用到式（2.71）可知：

$$q_n^i=\lambda_n\beta_n^i\in\left(-\infty,\frac{1}{p+q+1}\frac{\sigma_\nu^2}{\sigma_\nu^2+\sigma_i^2}\right)\cup\left(\frac{1}{p+q-1}\frac{\sigma_\nu^2}{\sigma_\nu^2+\sigma_i^2},\infty\right) \tag{2.72}$$

又由式（2.65）可知：

$$H_n = \left(1-(p+q)\frac{\sigma_\nu^2+\sigma_i^2}{\sigma_\nu^2}\beta_n^i\lambda_n^i\right)H_{n-1}$$

$$= H_{n-1}\left(1-(p+q+1)q_n^i\frac{\sigma_\nu^2+\sigma_i^2}{\sigma_\nu^2}\right)H_{n-1} \tag{2.73}$$

于是，由式（2.73）可知，有意义的 q_n^i 必满足：

$$q_n^i \in \left(-\infty, \frac{1}{p+q+1}\frac{\sigma_\nu^2}{\sigma_\nu^2+\sigma_i^2}\right) \tag{2.74}$$

又由于：

$$\begin{aligned} q_n^i &= \lambda_n \beta_n^i \\ &= \frac{(p+q)\beta_n^{i\,2}E(\tilde{\nu}_{n-1}(\varepsilon_i))^2}{(p+q)\beta_n^{i\,2}E(\tilde{\nu}_{n-1}(\varepsilon_i))^2+\sigma_u^2\Delta t_n} \\ &> 0 \end{aligned}$$

即：

$$q_n^i \in (0, \infty) \tag{2.75}$$

由式（2.72），式（2.74）以及式（2.75）可知：

$$q_n^i \in \left(0, \frac{1}{p+q+1}\frac{\sigma_\nu^2}{\sigma_\nu^2+\sigma_i^2}\right)$$

从而命题 2.2 得证。

下面命题试图给出 q_n^i 的递推关系式：

序列 q_n^i 的值如此给出：端点值 $q_N^i = \frac{1}{p+q+1}\frac{\sigma_\nu^2}{\sigma_\nu^2+\sigma_i^2}$，递推关系：给定 q_{n+1}^i，q_n^i 由如下递推方程的唯一位于区间 $\left(0, \frac{1}{p+q+1}\frac{\sigma_\nu^2}{\sigma_\nu^2+\sigma_i^2}\right)$ 的根决定

$$(p+q)^2 q_n^{i\,3} - \left[2(p+q)\left(\frac{\sigma_\nu^2}{\sigma_\nu^2+\sigma_i^2}\right)\right.$$

$$\left. + (p+q+1)^2\frac{\left(\frac{\sigma_\nu^2}{\sigma_\nu^2+\sigma_i^2}\right)^3 q_{n+1}^i}{\left(\frac{\sigma_\nu^2}{\sigma_\nu^2+\sigma_i^2}-(p+q)q_{n+1}^i\right)\left((p+q)q_{n+1}^i-q_{n+1}^i-\frac{\sigma_\nu^2}{\sigma_\nu^2+\sigma_i^2}\right)^2}\right]q_n^{i\,2}$$

$$+\left[\left(\frac{\sigma_\nu^2}{\sigma_\nu^2+\sigma_i^2}\right)^2+2(p+q+1)\cdot\frac{\left(\frac{\sigma_\nu^2}{\sigma_\nu^2+\sigma_i^2}\right)^4 q_{n+1}^i}{\left(\frac{\sigma_\nu^2}{\sigma_\nu^2+\sigma_i^2}-(p+q)q_{n+1}^i\right)\left((p+q)q_{n+1}^i-q_{n+1}^i-\frac{\sigma_\nu^2}{\sigma_\nu^2+\sigma_i^2}\right)^2}\right]q_n^i$$

$$-\frac{\left(\frac{\sigma_\nu^2}{\sigma_\nu^2+\sigma_i^2}\right)^5 q_{n+1}^i}{\left(\frac{\sigma_\nu^2}{\sigma_\nu^2+\sigma_i^2}-(p+q)q_{n+1}^i\right)\left((p+q)q_{n+1}^i-q_{n+1}^i-\frac{\sigma_\nu^2}{\sigma_\nu^2+\sigma_i^2}\right)^2}$$

$$=0 \tag{2.76}$$

证明：从式（2.62）和式（2.63）可以得：

$$\begin{aligned}\frac{\lambda_n}{\lambda_{n+1}}&=\frac{\sigma_\nu^2}{\sigma_\nu^2+\sigma_i^2((p+q)\beta_n^i)^2H_{n-1}+\sigma_u^2\Delta t_n}\frac{(p+q)\beta_n^iH_{n-1}}{\sigma_\nu^2}\frac{\sigma_\nu^2+\sigma_i^2((p+q)\beta_{n+1}^i)^2H_n+\sigma_u^2\Delta t_N}{(p+q)\beta_{n+1}^iH_n}\\&=\frac{\beta_n^i\sigma_u^2H_{n-1}}{((p+q)\beta_n^i)^2H_{n-1}+\sigma_u^2\Delta t_n}\frac{((p+q)\beta_{n+1}^i)^2H_n+\sigma_u^2\Delta t_N}{\beta_{n+1}^i\sigma_u^2H_n}\\&=\frac{\beta_n^iH_n}{\beta_{n+1}^iH_{n+1}}\\&=\frac{\beta_n^i}{\beta_{n+1}^i}\frac{((p+q)\beta_{n+1}^i)^2H_n+\sigma_u^2\Delta t_N}{\sigma_u^2}\\&=\frac{\beta_n^i}{\beta_{n+1}^i\left[1-(p+q)\lambda_{n+1}\beta_{n+1}\left(\frac{\sigma_\nu^2+\sigma_i^2}{\sigma_\nu^2}\right)\right]}\end{aligned} \tag{2.77}$$

于是由式（2.77）可得：

$$\left(\frac{\lambda_n}{\lambda_{n+1}}\right)^2=\frac{\lambda_n\beta_n^i}{\lambda_{n+1}\beta_{n+1}^i\left[1-(p+q)\lambda_{n+1}\beta_{n+1}\left(\frac{\sigma_\nu^2+\sigma_i^2}{\sigma_\nu^2}\right)\right]} \tag{2.78}$$

用 q_n^i 替代式（2.77）中的 $\lambda_n\beta_n^i$ 可以获得：

$$\left(\frac{\lambda_n}{\lambda_{n+1}}\right)^2=\frac{q_n^i}{q_{n+1}^i\left[1-(p+q)\lambda_{n+1}\beta_{n+1}\left(\frac{\sigma_\nu^2+\sigma_i^2}{\sigma_\nu^2}\right)\right]} \tag{2.79}$$

但是另一方面，我们试图换一种办法求出 $\left(\frac{\lambda_n}{\lambda_{n+1}}\right)^2$ 的另一个表达式，进而利用两种表达式相等，列出我们所需的方程。

式（2.66）式可以写为：

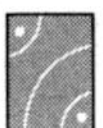

$$\alpha_{n-1}\left[p+q+1-2\alpha_n(p+q)\lambda_n\left(\frac{\sigma_\nu^2+\sigma_i^2}{\sigma_\nu^2}\right)^2\right]^2\lambda_n=1-\alpha_n\lambda_n\left(\frac{\sigma_\nu^2+\sigma_i^2}{\sigma_\nu^2}\right)^2$$

把上式等式中的变量脚标 n 一律换为 $n+1$，我们得：

$$\lambda_{n+1}=\frac{1-\alpha_{n+1}\lambda_{n+1}\left(\frac{\sigma_\nu^2+\sigma_i^2}{\sigma_\nu^2}\right)^2}{\alpha_n\left[p+q+1-2\alpha_{n+1}\lambda_{n+1}(p+q)\left(\frac{\sigma_\nu^2+\sigma_i^2}{\sigma_\nu^2}\right)^2\right]^2}\tag{2.80}$$

进一步，用 λ_n 同时除以等式（2.80）两边，我们得到：

$$\frac{\lambda_n}{\lambda_{n+1}}=\frac{\alpha_n\lambda_n\left[p+q+1-2\alpha_{n+1}\lambda_{n+1}(p+q)\left(\frac{\sigma_\nu^2+\sigma_i^2}{\sigma_\nu^2}\right)^2\right]^2}{1-\alpha_{n+1}\lambda_{n+1}\left(\frac{\sigma_\nu^2+\sigma_i^2}{\sigma_\nu^2}\right)^2}\tag{2.81}$$

为了把 $\left(\frac{\lambda_n}{\lambda_{n+1}}\right)^2$ 表示成 $q_n^i\overset{def}{=}\lambda_n\beta_n^i$ 的表达式，首先要把上式（2.81）右侧中的项 $\alpha_n\lambda_n$ 表达为 $q_n^i\overset{def}{=}\lambda_n\beta_n^i$ 的函数，

为此，把式（2.71）变形为：

$$\lambda_n\beta_n^i\left[p+q+1-2\alpha_n(p+q)\lambda_n\left(\frac{\sigma_\nu^2+\sigma_i^2}{\sigma_\nu^2}\right)^2\right]-\frac{\sigma_\nu^2}{\sigma_\nu^2+\sigma_i^2}\left[1-2\alpha_n\lambda_n\left(\frac{\sigma_\nu^2+\sigma_i^2}{\sigma_\nu^2}\right)^2\right]^2=0$$

由此易得：

$$\alpha_n\lambda_n=\frac{(p+q+1)q_n^i-\frac{\sigma_\nu^2}{\sigma_\nu^2+\sigma_i^2}}{2\left[(p+q)\left(\frac{\sigma_\nu^2}{\sigma_\nu^2+\sigma_i^2}\right)^2q_n^i-\frac{\sigma_\nu^2}{\sigma_\nu^2+\sigma_i^2}\right]}\tag{2.82}$$

把式（2.82）代入式（2.81），可以得：

$$\frac{\lambda_n}{\lambda_{n+1}}=\frac{\dfrac{(p+q+1)q_n^i-\frac{\sigma_\nu^2}{\sigma_\nu^2+\sigma_i^2}}{2\left[(p+q)\left(\frac{\sigma_\nu^2}{\sigma_\nu^2+\sigma_i^2}\right)^2q_n^i-\frac{\sigma_\nu^2}{\sigma_\nu^2+\sigma_i^2}\right]}\left[p+q+1-2(p+q)\left(\frac{\sigma_\nu^2+\sigma_i^2}{\sigma_\nu^2}\right)^2\dfrac{(p+q+1)q_{n+1}^i-\frac{\sigma_\nu^2}{\sigma_\nu^2+\sigma_i^2}}{2\left[(p+q)\left(\frac{\sigma_\nu^2}{\sigma_\nu^2+\sigma_i^2}\right)^2q_{n+1}^i-\frac{\sigma_\nu^2}{\sigma_\nu^2+\sigma_i^2}\right]}\right]}{1-\dfrac{(p+q+1)q_n^i-\frac{\sigma_\nu^2}{\sigma_\nu^2+\sigma_i^2}}{2\left[(p+q)\left(\frac{\sigma_\nu^2}{\sigma_\nu^2+\sigma_i^2}\right)^2q_n^i-\frac{\sigma_\nu^2}{\sigma_\nu^2+\sigma_i^2}\right]}}\tag{2.83}$$

经过复杂的整理，可以得出：

$$\frac{\lambda_n}{\lambda_{n+1}}=\frac{(p+q+1)\left(\frac{\sigma_\nu^2}{\sigma_\nu^2+\sigma_i^2}\right)^2 q_n^i-\left(\frac{\sigma_\nu^2}{\sigma_\nu^2+\sigma_i^2}\right)^3}{\left[(p+q)q_n^i-\frac{\sigma_\nu^2}{\sigma_\nu^2+\sigma_i^2}\right]*\left[(p+q)q_{n+1}^i-\frac{\sigma_\nu^2}{\sigma_\nu^2+\sigma_i^2}\right]*\left[(p+q)q_{n+1}^i-q_{n+1}^i-\frac{\sigma_\nu^2}{\sigma_\nu^2+\sigma_i^2}\right]} \tag{2.84}$$

于是，可以获得不同于（2.84）的$\left(\frac{\lambda_n}{\lambda_{n+1}}\right)^2$的另一个表达式：

$$\left(\frac{\lambda_n}{\lambda_{n+1}}\right)^2=\left(\frac{(p+q+1)\left(\frac{\sigma_\nu^2}{\sigma_\nu^2+\sigma_i^2}\right)^2 q_n^i-\left(\frac{\sigma_\nu^2}{\sigma_\nu^2+\sigma_i^2}\right)^3}{\left[(p+q)q_n^i-\frac{\sigma_\nu^2}{\sigma_\nu^2+\sigma_i^2}\right]*\left[(p+q)q_{n+1}^i-\frac{\sigma_\nu^2}{\sigma_\nu^2+\sigma_i^2}\right]*\left[(p+q)q_{n+1}^i-q_{n+1}^i-\frac{\sigma_\nu^2}{\sigma_\nu^2+\sigma_i^2}\right]}\right)^2 \tag{2.85}$$

结合式（2.79）和式（2.85）可知，这两个$\left(\frac{\lambda_n}{\lambda_{n+1}}\right)^2$的表达式应该相等，从而：

$$\frac{q_n^i}{q_{n+1}^i\left[1-(p+q)\lambda_{n+1}\beta_{n+1}\left(\frac{\sigma_\nu^2+\sigma_i^2}{\sigma_\nu^2}\right)\right]}=\left(\frac{(p+q+1)\left(\frac{\sigma_\nu^2}{\sigma_\nu^2+\sigma_i^2}\right)^2 q_n^i-\left(\frac{\sigma_\nu^2}{\sigma_\nu^2+\sigma_i^2}\right)^3}{\left[(p+q)q_n^i-\frac{\sigma_\nu^2}{\sigma_\nu^2+\sigma_i^2}\right]*\left[(p+q)q_{n+1}^i-\frac{\sigma_\nu^2}{\sigma_\nu^2+\sigma_i^2}\right]*\left[(p+q)q_{n+1}^i-q_{n+1}^i-\frac{\sigma_\nu^2}{\sigma_\nu^2+\sigma_i^2}\right]}\right)^2 \tag{2.86}$$

把式（2.86）整理得三次多项式形式：

$$(p+q)^2\left(\left[(p+q)q_{n+1}^i-\frac{\sigma_\nu^2}{\sigma_\nu^2+\sigma_i^2}\right]*\left[(p+q)q_{n+1}^i-q_{n+1}^i-\frac{\sigma_\nu^2}{\sigma_\nu^2+\sigma_i^2}\right]\right)^2 q_n^{i\,3}$$
$$-\left[(p+q+1)^2\left(\frac{\sigma_\nu^2}{\sigma_\nu^2+\sigma_i^2}\right)^4 q_{n+1}^i\left(1-(p+q)\frac{\sigma_\nu^2+\sigma_i^2}{\sigma_\nu^2}q_{n+1}^i\right)+2(p+q)\frac{\sigma_\nu^2}{\sigma_\nu^2+\sigma_i^2}\right.$$

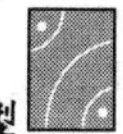

$$
\begin{aligned}
&*\left(\left[(p+q)q_{n+1}^{i}-\frac{\sigma_\nu^2}{\sigma_\nu^2+\sigma_i^2}\right]*\left[(p+q)q_{n+1}^{i}-q_{n+1}^{i}-\frac{\sigma_\nu^2}{\sigma_\nu^2+\sigma_i^2}\right]\right)^2\Bigg]q_n^{i\,2}\\
&+\left[\left(\frac{\sigma_\nu^2}{\sigma_\nu^2+\sigma_i^2}\right)^2\left(\left[(p+q)q_{n+1}^{i}-\frac{\sigma_\nu^2}{\sigma_\nu^2+\sigma_i^2}\right]*\left[(p+q)q_{n+1}^{i}-q_{n+1}^{i}-\frac{\sigma_\nu^2}{\sigma_\nu^2+\sigma_i^2}\right]\right)^2\right.\\
&\left.+2\left(\frac{\sigma_\nu^2}{\sigma_\nu^2+\sigma_i^2}\right)^5(p+q+1)q_{n+1}^{i}\left(1-(p+q)\frac{\sigma_\nu^2+\sigma_i^2}{\sigma_\nu^2}q_{n+1}^{i}\right)\right]\\
&*q_{n+1}^{i}-\left(\frac{\sigma_\nu^2}{\sigma_\nu^2+\sigma_i^2}\right)^6q_{n+1}^{i}\left(1-(p+q)\frac{\sigma_\nu^2+\sigma_i^2}{\sigma_\nu^2}q_{n+1}^{i}\right)\\
&=0 \qquad (2.87)
\end{aligned}
$$

如果设：

$$
c=\left(\frac{\sigma_\nu^2}{\sigma_\nu^2+\sigma_i^2}-(p+q)q_{n+1}^{i}\right)\left((p+q)q_{n+1}^{i}-q_{n+1}^{i}-\frac{\sigma_\nu^2}{\sigma_\nu^2+\sigma_i^2}\right)^2
$$

则我们有：

$$
\begin{aligned}
&(p+q)^2q_n^{i\,3}-\left[2(p+q)\left(\frac{\sigma_\nu^2}{\sigma_\nu^2+\sigma_i^2}\right)+(p+q+1)^2\frac{\left(\frac{\sigma_\nu^2}{\sigma_\nu^2+\sigma_i^2}\right)^3q_{n+1}^{i}}{c}\right]q_n^{i\,2}\\
&\quad+\left[\left(\frac{\sigma_\nu^2}{\sigma_\nu^2+\sigma_i^2}\right)^2+2(p+q+1)\cdot\frac{\left(\frac{\sigma_\nu^2}{\sigma_\nu^2+\sigma_i^2}\right)^4q_{n+1}^{i}}{c}\right]q_n^{i}-\frac{\left(\frac{\sigma_\nu^2}{\sigma_\nu^2+\sigma_i^2}\right)^5q_{n+1}^{i}}{c}=0
\end{aligned}
$$

此即式（2.76），因此，命题 2.3 得证。

有了命题 2.4，则理论上，q_1^i，q_2^i，…，q_{N-1}^i，q_N^i 的值都可以视为确定的常数。我们只需利用 q_1^i，q_2^i，…，q_{N-1}^i，q_N^i 把其他所有均衡变量的值表示出来即可成均衡的求解。

利用式（2.65），我们有：

$$
H_n=\left(\frac{\sigma_\nu^2}{\sigma_\nu^2+\sigma_i^2}-(p+q)\beta_n^i\lambda_n^i\right)\frac{\sigma_\nu^2+\sigma_i^2}{\sigma_\nu^2}H_{n-1}
$$

即

$$
H_n=\left(\frac{\sigma_\nu^2}{\sigma_\nu^2+\sigma_i^2}-(p+q)q_n^i\right)\frac{\sigma_\nu^2+\sigma_i^2}{\sigma_\nu^2}H_{n-1} \qquad (2.88)
$$

由式（2.64）和式（2.65）两式，

$$\lambda_n^2 = \frac{(p+q)\lambda_n \beta_n^i H_n}{\sigma_u^2 \Delta t_n} \tag{2.89}$$

从中可得：

$$\lambda_n = \left(\frac{(p+q) q_n^i H_n}{\sigma_u^2 \Delta t_n}\right)^{\frac{1}{2}} \tag{2.90}$$

其中 H_n 满足：式（2.88），因此 λ_n 最终可表示为 q_n^i 的表达式。

再次利用式（2.65），得：

$$(p+q)^2 \beta_n^i H_{n-1} + \sigma_u^2 \Delta t_n = \frac{\sigma_u^2 \Delta t_n H_{n-1}}{H_n}$$

结合式（2.89），可以获得：

$$\beta_n^i = \frac{\lambda_n \sigma_u^2 \Delta t_n}{(p+q) H_n}$$

再次利用 λ_n 的表达式（2.90），可以获得：

$$\beta_n^i = \left(\frac{\sigma_u^2 \Delta t_n q_n^i}{(p+q) H_n}\right)^{\frac{1}{2}} \tag{2.91}$$

利润函数中的参数 α_n^i，δ_n^i 可以分别由式（2.82）和（2.54）获得。

$$\alpha_n^i = \frac{1}{\lambda_n} \frac{(p+q+1) q_n^i - \dfrac{\sigma_\nu^2}{\sigma_\nu^2 + \sigma_i^2}}{2\left[(p+q)\left(\dfrac{\sigma_\nu^2}{\sigma_\nu^2 + \sigma_i^2}\right)^2 q_n^i - \dfrac{\sigma_\nu^2}{\sigma_\nu^2 + \sigma_i^2}\right]}$$

$$\delta_{n-1}^i = \delta_n^i + \alpha_n \left(\frac{\sigma_\nu^2 + \sigma_i^2}{\sigma_\nu^2}\right) \lambda_n^2 \sigma_u^2 \Delta t_N$$

作为本模型的应用，下面考虑一下过度自信问题。

命题：一般的 N 期模型中，过度自信交易者相对于过度不自信交易者的交易更加激进（aggressively）。

证明：

若考虑过度自信问题，则把 ε_i 换成 $k_i \varepsilon_i$ 即可，其中 $\frac{1}{k_i}$ 表示自信水平，$k_i < 1$ 称之为过度自信，$k_i > 1$ 称之为过度不自信。

极端情况：$k_i = \infty$，表示的含义为：虽然私有信息中包含不确定性干扰因素 ε_i 使得私有信息的精度为 $\frac{1}{\sigma_i^2}$，但是内部交易者如此自信以至于他认为此信息无限准确（即，在这个内部交易者的心中，私有信息的精度为 ∞）。

注意到两件事情：首先，$\widetilde{q_n^i}\text{def} = q_n^i\left(1+\frac{k_i^2\sigma_i^2}{\sigma_\nu^2}\right)$与自信水平$\frac{1}{k_i}$没有任何关系（这可以从 q_n^i 满足的端点值和递推关系式（2.86）看出）；其次，$H_n(k_i)=H_{n-1}(k_i)\left(1-(p+q)q_n^i\left(1+\frac{k_i^2\sigma_i^2}{\sigma_\nu^2}\right)\right)$；于是考虑了自信水平后，设 H_n 用 $H_n(k_i)$ 表示，$\frac{1}{k_i}$表示自信水平，则我们可以得到：

$$H_n = H_{n-1}\left(1-(p+q)q_n^i\left(1+\frac{k_i^2\sigma_i^2}{\sigma_\nu^2}\right)\right) \tag{2.92}$$

从而交易密度参数 β_n^i 满足：

$$\begin{aligned}
\beta_n^i(k_i) &= \left[\frac{\sigma_u^2 q_n^i}{(p+q)H_n(k_i)}\right]^{\frac{1}{2}} \\
&= \left[\frac{\sigma_u^2 q_n^i}{(p+q)\left[\left(1-(p+q)q_n^i\left(\frac{\sigma_\nu^2+k_i^2\sigma_i^2}{\sigma_\nu^2}\right)\right)*\cdots\left(1-(p+q)q_1^i\left(\frac{\sigma_\nu^2+k_i^2\sigma_i^2}{\sigma_\nu^2}\right)\right)\right]H_0(k_i)}\right]^{\frac{1}{2}} \\
&= \left[\frac{\sigma_u^2\,\widetilde{q_n^i}\left(\frac{\sigma_\nu^2}{\sigma_\nu^2+k_i^2\sigma_i^2}\right)}{(p+q)[(1-(p+q)\widetilde{q_n^i})*\cdots(1-(p+q)\widetilde{q_1^i})](\sigma_\nu^2+k_i^2\sigma_i^2)}\right]^{\frac{1}{2}} \\
&= \left[\frac{\sigma_u^2\,\widetilde{q_n^i}}{(p+q)[(1-(p+q)\widetilde{q_n^i})*\cdots(1-(p+q)\widetilde{q_1^i})]}\left(\frac{\sigma_\nu^2}{(\sigma_\nu^2+k_i^2\sigma_i^2)^2}\right)\right]^{\frac{1}{2}}
\end{aligned} \tag{2.93}$$

为 k_i 的减函数。

综合以上所有的结果，我们有 N 期离散模型的均衡定理：

一般 N 期模型的均衡结果：在 N 期离散模型的假设下，当市场上存在 p 个准确的信息的内部交易者和 q 个非准确信息的内部交易者，他们的信息结构如本章开始的假设，则市场中存在唯一的子博弈精炼纳什均衡，而且这个博弈具有递推的形式，表达如下：对第 i 个内部交易者（$i=1, 2, \cdots, p, p+1, \cdots, p+q$），此均衡中存在常数，$\beta_n^i$，$\lambda_n$，$\alpha_n^i$，$H_n^i$，$\sum_n^i$，使得对 $n=1, 2, \cdots, N$ 有：

$$x_n^i = \beta_n^i(\tilde{\nu}_{n-1}(\varepsilon_i)) \tag{2.94}$$

$$P_n - P_{n-1} = \lambda_n \tilde{z}_n \tag{2.95}$$

$$\sum\nolimits_n^i = var(\nu \mid P_1, P_2, \cdots, P_n) \tag{2.96}$$

$$E(\prod\nolimits_n^i \mid P_1, P_2, \cdots, P_n, \nu + \varepsilon_i) = \alpha_n^i \widetilde{\nu_{n-1}^i}(\varepsilon_i)^2 + \delta_n^i \tag{2.97}$$

$$H_n^i = var(\widetilde{\nu_{n-1}^i}(\varepsilon_i)) = E(\widetilde{\nu_{n-1}^i}(\varepsilon_i))^2 \tag{2.98}$$

其中，$\widetilde{\nu_{n-1}^i}(\varepsilon_i) = \nu + \varepsilon_i - \dfrac{\sigma_\nu^2 + \sigma_i^2}{\sigma_\nu^2} P_{n-1}$。

给定端点值：$\sum_0 = \sigma_\nu^2$，初始价格 $P_0 = E\nu$，初始私有信息含量 $H_0^i = \sigma_\nu^2 + \sigma_i^2$，设 $q_n^i def = \lambda_n \beta_n^i$，则序列 q_n^i 的值如此给出：端点值 $q_N^i = \dfrac{1}{p+q+1} \dfrac{\sigma_\nu^2}{\sigma_\nu^2 + \sigma_i^2}$，递推关系：给定 q_{n+1}^i，q_n^i 由如下递推方程的唯一的位于区间 $\left(0, \dfrac{1}{p+q+1}\dfrac{\sigma_\nu^2}{\sigma_\nu^2+\sigma_i^2}\right)$根决定：

$$(p+q)^2 q_n^{i3} - \left[2(p+q)\left(\frac{\sigma_\nu^2}{\sigma_\nu^2+\sigma_i^2}\right) \right.$$

$$\left. + (p+q+1)^2 \frac{\left(\dfrac{\sigma_\nu^2}{\sigma_\nu^2+\sigma_i^2}\right)^3 q_{n+1}^i}{\left(\dfrac{\sigma_\nu^2}{\sigma_\nu^2+\sigma_i^2} - (p+q)q_{n+1}^i\right)\left((p+q)q_{n+1}^i - q_{n+1}^i - \dfrac{\sigma_\nu^2}{\sigma_\nu^2+\sigma_i^2}\right)^2} \right] q_n^{i2}$$

$$+ \left[\left(\frac{\sigma_\nu^2}{\sigma_\nu^2+\sigma_i^2}\right)^2 + 2(p+q+1) \right.$$

$$\left. \cdot \frac{\left(\dfrac{\sigma_\nu^2}{\sigma_\nu^2+\sigma_i^2}\right)^4 q_{n+1}^i}{\left(\dfrac{\sigma_\nu^2}{\sigma_\nu^2+\sigma_i^2} - (p+q)q_{n+1}^i\right)\left((p+q)q_{n+1}^i - q_{n+1}^i - \dfrac{\sigma_\nu^2}{\sigma_\nu^2+\sigma_i^2}\right)^2} \right] q_n^i$$

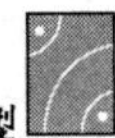

$$
-\frac{\left(\frac{\sigma_\nu^2}{\sigma_\nu^2+\sigma_i^2}\right)^5 q_{n+1}^i}{\left(\frac{\sigma_\nu^2}{\sigma_\nu^2+\sigma_i^2}-(p+q)q_{n+1}^i\right)\left((p+q)q_{n+1}^i-q_{n+1}^i-\frac{\sigma_\nu^2}{\sigma_\nu^2+\sigma_i^2}\right)^2}
$$

$$
=0 \tag{2.99}
$$

与历史信息正交的私有信息 $\tilde{\nu}_{n-1}(\varepsilon_i)$ 的信息量 H_n^i 的值如此给出：初始端点值为

$$
H_0^i = E\tilde{\nu}_0(\varepsilon_i)^2 = \sigma_\nu^2 + \sigma_i^2 \tag{2.100}
$$

其余值由递推关系给出：即给定 H_{n-1}^i，

$$
H_n^i = H_{n-1}^i\left(1-(p+q)\frac{\sigma_\nu^2+\sigma_i^2}{\sigma_\nu^2}q_n^i\right) \tag{2.101}
$$

内部交易者 i 认为的未释放信息量 $\sum_n^i$ 满足：

$$
\sum\nolimits_n^i = \left(\frac{\sigma_\nu^2}{\sigma_\nu^2+\sigma_i^2}\right)\left(\sigma_i^2+\frac{\sigma_\nu^2}{\sigma_\nu^2+\sigma_i^2}H_n\right) \tag{2.102}
$$

市场流动性参数 λ_n 可以由 q_n^i 给出①：

$$
\lambda_n = \left[\frac{(p+q)q_n^i H_n^i}{\sigma_u^2}\right]^{\frac{1}{2}} \tag{2.103}
$$

第 i 个内部交易者的交易系数 β_n^i 也可以由 q_n^i 给出：

$$
\beta_n^i = \left(\frac{q_n^i\sigma_u^2}{(p+q)H_n}\right)^{\frac{1}{2}} \tag{2.104}
$$

内部交易者 i 的利润函数的参数

$$
\alpha_n^i = \frac{1}{\lambda_n}\frac{(p+q+1)q_n^i-\frac{\sigma_\nu^2}{\sigma_\nu^2+\sigma_i^2}}{2\left[(p+q)\left(\frac{\sigma_\nu^2}{\sigma_\nu^2+\sigma_i^2}\right)^2 q_n^i-\frac{\sigma_\nu^2}{\sigma_\nu^2+\sigma_i^2}\right]} \tag{2.105}
$$

$$
\delta_{n-1}^i = \delta_n^i + \alpha_n\left(\frac{\sigma_\nu^2+\sigma_i^2}{\sigma_\nu^2}\right)\lambda_n^2\sigma_u^2\Delta t_N \tag{2.106}
$$

若考虑过度自信问题，则可以发现 β_n^i 是过度自信水平$\frac{1}{k}$的增函数，即：

---

① λ_n 是与 i 无关的，这可以两个事实中得出：其一 $q_n^i\frac{\sigma_\nu^2+\sigma_i^2}{\sigma_\nu^2}$所满足的方程与 σ_i^2 无关；其二，$\frac{H_n^i}{\sigma_\nu^2+\sigma_i^2}$与 σ_i^2 无关。

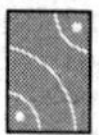

$$|x_n^i(k_1)| > |x_n^i(k_2)| \tag{2.107}$$

当且仅当 $k_1 < k_2$，即过度自信者相对于较不自信者的交易更加激进，并且在每个交易事件中（即 $n=1, 2, \cdots, N$）都是如此。

2.5 极限结果以及渐近连续化

2.5.1 垄断情形①

为了获得连续化结果，我们令 $\Delta t_n = \frac{1}{N}$，对任意的 $t \in (0, 1)$，定义逼近 t 的序列为：

$$\frac{N(t)}{N}, N = 1, 2, \cdots, \infty \tag{2.108}$$

其中：

$$N(t) = \max_n \left\{ n, \frac{n}{N} \leqslant t \right\} \tag{2.109}$$

注意到当 $N \to \infty$ 时，

$$N(t) \to \infty \text{ 并且} \frac{N(t)}{N} \to t$$

在意以后的各章节中，$N(t)$ 的定义都如（2.109）所示。

为了与凯尔（1985）模型作比较，本章节假设市场中仅有一名内部交易者，即内部信息垄断者，内部信息垄断者所拥有的信息既可以为不完全信息拥有者，也可以为完全信息拥有者，一般情况下，设内部信息垄断者拥有信息：

$$\nu + \varepsilon_i \tag{2.110}$$

其中，

$$\varepsilon_i \sim N(0, \sigma_i^2) \tag{2.111}$$

特别的，如果 $\sigma_i^2 = 0$，ε_i 退化为常数 0，$\nu + \varepsilon_i$ 即为 ν，则此模型与凯尔（1985）相同，内部信息拥有者即为完全信息拥有者，因此凯尔

① 我们发现信息垄断模型（即 $p+q=1$）与信息竞争模型（即 $p+q>1$）的连续化结果差别非常大，因此有必要分两章来叙述。

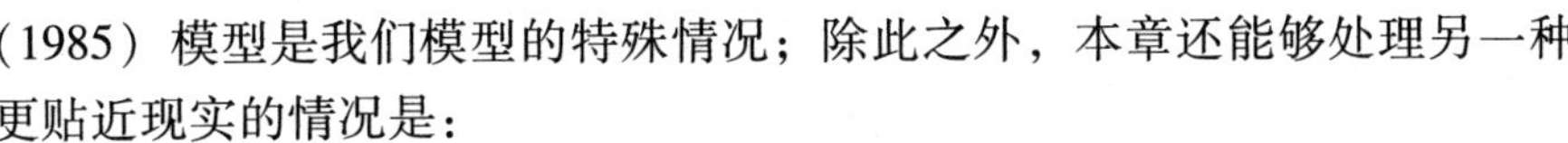

（1985）模型是我们模型的特殊情况；除此之外，本章还能够处理另一种更贴近现实的情况是：

$$\sigma_i^2 > 0$$

即当私有信息是不完全的情况。

$p+q=1$ 时，定理 5.2 中重要的递推关系式（2.99）变得比较简单，为：

$$q_n^{i3} - \left[2\left(\frac{\sigma_\nu^2}{\sigma_\nu^2+\sigma_i^2}\right) + 4\frac{\left(\frac{\sigma_\nu^2}{\sigma_\nu^2+\sigma_i^2}\right)^3 q_{n+1}^i}{\left(\frac{\sigma_\nu^2}{\sigma_\nu^2+\sigma_i^2} - q_{n+1}^i\right)\left(\frac{\sigma_\nu^2}{\sigma_\nu^2+\sigma_i^2}\right)^2}\right] q_n^{i\,2} + \left[\left(\frac{\sigma_\nu^2}{\sigma_\nu^2+\sigma_i^2}\right)^2 + 4\cdot\frac{\left(\frac{\sigma_\nu^2}{\sigma_\nu^2+\sigma_i^2}\right)^4 q_{n+1}^i}{\left(\frac{\sigma_\nu^2}{\sigma_\nu^2+\sigma_i^2} - q_{n+1}^i\right)\left(\frac{\sigma_\nu^2}{\sigma_\nu^2+\sigma_i^2}\right)^2}\right] q_n^i - \frac{\left(\frac{\sigma_\nu^2}{\sigma_\nu^2+\sigma_i^2}\right)^5 q_{n+1}^i}{\left(\frac{\sigma_\nu^2}{\sigma_\nu^2+\sigma_i^2} - q_{n+1}^i\right)\left(\frac{\sigma_\nu^2}{\sigma_\nu^2+\sigma_i^2}\right)^2} = 0 \tag{2.112}$$

式（2.112）经过整理可得 q_n^i 的三次递归方程：

$$\left(1 - \left(\frac{\sigma_\nu^2}{\sigma_\nu^2+\sigma_i^2}\right) q_{n+1}^i\right) q_n^{i\,3} - 2\left(\frac{\sigma_\nu^2}{\sigma_\nu^2+\sigma_i^2} + q_{n+1}^i\right) q_n^{i\,2} + \left[\left(\frac{\sigma_\nu^2}{\sigma_\nu^2+\sigma_i^2}\right)^2 + 3\left(\frac{\sigma_\nu^2}{\sigma_\nu^2+\sigma_i^2}\right) q_{n+1}^i\right] q_n^i - \left(\frac{\sigma_\nu^2}{\sigma_\nu^2+\sigma_i^2}\right)^2 q_{n+1}^i = 0 \tag{2.113}$$

同时，当 $p+q=1$ 时，其他的表达式也会有简化的表达，对应于式（2.101），式（2.102），式（2.103），我们分别有：

$$H_n^i = H_{n-1}^i\left(1 - \frac{\sigma_\nu^2+\sigma_i^2}{\sigma_\nu^2} q_n^i\right) \tag{2.114}$$

$$\lambda_n = \left[\frac{q_n^i H_n}{\sigma_u^2}\right]^{\frac{1}{2}} \tag{2.115}$$

$$\beta_n^i = \left(\frac{q_n^i \sigma_u^2}{H_n}\right)^{\frac{1}{2}} \tag{2.116}$$

下面证明一个为连续化做准备的重要结论：

垄断模型的单调性命题：当 $p+q=1$ 时，q_n^i 为 q_{n+1}^i 的增函数，并且：

$$q_1^i < q_2^i <, \cdots, < q_n^i < q_{n+1}^i < q_{N-1}^i < q_N^i$$

证明：

由式（2.113）可知：

$$q_{n+1}^{i}=\frac{q_{n}^{i\,3}-2\left(\frac{\sigma_{\nu}^{2}}{\sigma_{\nu}^{2}+\sigma_{i}^{2}}\right)q_{n}^{i\,2}+\left(\frac{\sigma_{\nu}^{2}}{\sigma_{\nu}^{2}+\sigma_{i}^{2}}\right)^{2}q_{n}^{i}}{\left(\frac{\sigma_{\nu}^{2}+\sigma_{i}^{2}}{\sigma_{\nu}^{2}}\right)q_{n}^{i\,3}+2q_{n}^{i\,2}-3\left(\frac{\sigma_{\nu}^{2}}{\sigma_{\nu}^{2}+\sigma_{i}^{2}}\right)q_{n}^{i}+\left(\frac{\sigma_{\nu}^{2}}{\sigma_{\nu}^{2}+\sigma_{i}^{2}}\right)^{2}} \tag{2.117}$$

直接计算可得：

$$\begin{aligned}\frac{\partial q_{n+1}^{i}}{\partial q_{n}^{i}}&=\frac{4q_{n}^{i\,4}-8\left(\frac{\sigma_{\nu}^{2}}{\sigma_{\nu}^{2}+\sigma_{i}^{2}}\right)q_{n}^{i\,3}+7\left(\frac{\sigma_{\nu}^{2}}{\sigma_{\nu}^{2}+\sigma_{i}^{2}}\right)^{2}q_{n}^{i\,2}-4\left(\frac{\sigma_{\nu}^{2}}{\sigma_{\nu}^{2}+\sigma_{i}^{2}}\right)^{3}q_{n}^{i}+\left(\frac{\sigma_{\nu}^{2}}{\sigma_{\nu}^{2}+\sigma_{i}^{2}}\right)^{4}}{\left[\left(\frac{\sigma_{\nu}^{2}+\sigma_{i}^{2}}{\sigma_{\nu}^{2}}\right)q_{n}^{i\,3}+2q_{n}^{i\,2}-3\left(\frac{\sigma_{\nu}^{2}}{\sigma_{\nu}^{2}+\sigma_{i}^{2}}\right)q_{n}^{i}+\left(\frac{\sigma_{\nu}^{2}}{\sigma_{\nu}^{2}+\sigma_{i}^{2}}\right)^{2}\right]^{2}}\\&=\left(\frac{\sigma_{\nu}^{2}}{\sigma_{\nu}^{2}+\sigma_{i}^{2}}\right)^{4}\frac{4\left(\frac{\sigma_{\nu}^{2}+\sigma_{i}^{2}}{\sigma_{\nu}^{2}}\right)q_{n}^{i4}-8\left(\frac{\sigma_{\nu}^{2}+\sigma_{i}^{2}}{\sigma_{\nu}^{2}}\right)^{3}q_{n}^{i\,3}+7\left(\frac{\sigma_{\nu}^{2}+\sigma_{i}^{2}}{\sigma_{\nu}^{2}}\right)^{2}q_{n}^{i\,2}-4\left(\frac{\sigma_{\nu}^{2}+\sigma_{i}^{2}}{\sigma_{\nu}^{2}}\right)q_{n}^{i}+1}{\left[\left(\frac{\sigma_{\nu}^{2}+\sigma_{i}^{2}}{\sigma_{\nu}^{2}}\right)q_{n}^{i\,3}+2q_{n}^{i\,2}-3\left(\frac{\sigma_{\nu}^{2}}{\sigma_{\nu}^{2}+\sigma_{i}^{2}}\right)q_{n}^{i}+\left(\frac{\sigma_{\nu}^{2}}{\sigma_{\nu}^{2}+\sigma_{i}^{2}}\right)^{2}\right]^{2}}\\&=\left(\frac{\sigma_{\nu}^{2}}{\sigma_{\nu}^{2}+\sigma_{i}^{2}}\right)^{4}\frac{\left(\left(\frac{\sigma_{\nu}^{2}+\sigma_{i}^{2}}{\sigma_{\nu}^{2}}\right)q_{n}^{i}-1\right)*\left(2\left(\frac{\sigma_{\nu}^{2}+\sigma_{i}^{2}}{\sigma_{\nu}^{2}}\right)q_{n}^{i}-1\right)*\left(2\left(\frac{\sigma_{\nu}^{2}+\sigma_{i}^{2}}{\sigma_{\nu}^{2}}\right)^{2}q_{n}^{i\,2}-\left(\frac{\sigma_{\nu}^{2}+\sigma_{i}^{2}}{\sigma_{\nu}^{2}}\right)q_{n}^{i}+1\right)}{\left[\left(\frac{\sigma_{\nu}^{2}+\sigma_{i}^{2}}{\sigma_{\nu}^{2}}\right)q_{n}^{i\,3}+2q_{n}^{i\,2}-3\left(\frac{\sigma_{\nu}^{2}}{\sigma_{\nu}^{2}+\sigma_{i}^{2}}\right)q_{n}^{i}+\left(\frac{\sigma_{\nu}^{2}}{\sigma_{\nu}^{2}+\sigma_{i}^{2}}\right)^{2}\right]^{2}}\end{aligned} \tag{2.118}$$

令 $x\overset{def}{=}\left(\frac{\sigma_{\nu}^{2}+\sigma_{i}^{2}}{\sigma_{\nu}^{2}}\right)q_{n}^{i}$，则$\frac{\partial q_{n+1}^{i}}{\partial q_{n}^{i}}$的分子为：

$$f(x)\overset{def}{=}\left(\frac{\sigma_{\nu}^{2}}{\sigma_{\nu}^{2}+\sigma_{i}^{2}}\right)^{4}\left[(x-1)*(2x-1)*(2x^{2}-x+1)\right] \tag{2.119}$$

利用 $q_{n}^{i}\in\left(0,\ \frac{1}{p+q+1}\frac{\sigma_{\nu}^{2}}{\sigma_{\nu}^{2}+\sigma_{i}^{2}}\right)$知：

$$x\in\left(0,\ \frac{1}{p+q+1}\right)$$

由于本章节只考虑垄断情形，故 $x\in\left(0,\ \frac{1}{2}\right)$。

利用 $x\in\left(0,\ \frac{1}{2}\right)$易知：$\frac{\partial q_{n+1}^{i}}{\partial q_{n}^{i}}$的分子满足：

$$f(x)=\left(\frac{\sigma_{\nu}^{2}}{\sigma_{\nu}^{2}+\sigma_{i}^{2}}\right)^{4}\left[(x-1)*(2x-1)*(2x^{2}-x+1)\right]>0 \tag{2.120}$$

于是，结合$\frac{\partial q_{n+1}^{i}}{\partial q_{n}^{i}}$的分子为正的事实，可以得：

$$\frac{\partial q_{n+1}^{i}}{\partial q_{n}^{i}}>0$$

若把 q_n^i 看作 q_{n+1}^i 的函数，即：

$$q_n^i = q_n^i(q_{n+1}^i)$$

则：

$$q_n^i(q_{n+1}^i) = \left(\frac{\partial q_{n+1}^{i}}{\partial q_{n}^{i}}\right)^{-1} > 0 \tag{2.121}$$

从而在递推关系形成的函数中，q_n^i 为 q_{n+1}^i 的增函数。

另一方面：

由于 $\alpha_N = 0$，于是：

$$\begin{aligned} q_N^i &= \lambda_N \beta_N^i \\ &= \left(\frac{\sigma_\nu^2}{\sigma_\nu^2+\sigma_i^2}\right)\frac{1-2\alpha_N\lambda_N\left(\frac{\sigma_\nu^2+\sigma_i^2}{\sigma_\nu^2}\right)^2}{2-2\alpha_N\lambda_N\left(\frac{\sigma_\nu^2+\sigma_i^2}{\sigma_\nu^2}\right)^2} \\ &= \frac{1}{2}\frac{\sigma_\nu^2}{\sigma_\nu^2+\sigma_i^2} \end{aligned} \tag{2.122}$$

此外，利用式（2.113）可以直接计算得：

$$q_{N-1}^i \approx 0.307979\,\frac{\sigma_\nu^2}{\sigma_\nu^2+\sigma_i^2}$$

或者：

$$q_{N-1}^i \approx 0.643104\,\frac{\sigma_\nu^2}{\sigma_\nu^2+\sigma_i^2}$$

或者：

$$q_{N-1}^i \approx 5.04892\,\frac{\sigma_\nu^2}{\sigma_\nu^2+\sigma_i^2}$$

利用 q_n^i 的限制知：

$$q_{N-1}^i \approx 0.307979\,\frac{\sigma_\nu^2}{\sigma_\nu^2+\sigma_i^2} \tag{2.123}$$

于是：

$$q_{N-1}^i < q_N^i$$

结合事实：q_n^i 为 q_{n+1}^i 的增函数，知：

$$q_1^i < q_2^i <, \cdots, < q_n^i < q_{n+1}^i < q_{N-1}^i < q_N^i$$

即命题 2.6 得证。

有了命题 2.6，我们就可以对序列 q_n^i 进行连续化了，而其他重要的经济变量可通过 q_n^i 的连续化变量间接或直接表示出来。

在不引起歧义的情况下，把 N 期模型中的离散变量 q_n^i，记为 $q_n^{i,N}$，我们求变量序列的极限（存在性也需要证明）为：

$$\lim_{N\to\infty} q_{N(t)}^{i,N}$$

其中，$N(t)$ 定义如本章节开始的定义式（2.109）。

注意，递推关系式（2.113）具有特点：对固定的 n，递推表达式（2.113）与 Δt_N 无关，因此我们发现一个重要结论：$q_n^{i,N}$ 的值仅仅依赖于端点值和倒推步长 $N-n$。换言之，对任意的 $k=1, 2, \cdots, \infty$ 我们有：

$$q_n^{i,N} = q_{n+k}^{i,N+k} \tag{2.124}$$

于是对不同的 $q_n^{i,N}$，（N，n 变化），我们具有它们的大小关系示意图 2－1 如下：

$$\left(\begin{array}{ccccccccc}
q_N^{i,N} < & q_{N-1}^{i,N} < & \cdots < & q_n^{i,N} < & q_{n-1}^{i,N} & \cdots < & q_1^{i,N} & & \\
\| & \| & \cdots & \| & \| & \cdots & \| & & \\
q_{N+1}^{i,N+1} < & q_N^{i,N+1} < & \cdots < & q_{n+1}^{i,N+1} < & q_n^{i,N+1} & \cdots < & q_2^{i,N+1} < & q_1^{i,N+1} & \\
\| & \| & \cdots & \| & \| & \cdots & \| & \| & \\
\cdots & \cdots & \cdots & & & & & & \\
\| & \| & \cdots & \| & \| & \cdots & \| & \| & \\
q_{N+k}^{i,N+k} < & q_{N+k-1}^{i,N+k} < & \cdots < & q_{n+k}^{i,N+k} < & q_{n+k-1}^{i,N+k} & \cdots < & q_{k+1}^{i,N+k} < & q_{k+2}^{i,N+k} < & \cdots \quad q_1^{i,N+k}
\end{array}\right)$$

图 2－1　对于不同的 N 和 n，$q_n^{i,N}$ 的大小关系示意图

注：此关系矩阵为可数行可数列矩阵，每一列元素相等，每一行元素按照由小到大的关系排列。

从图 2－1 中可以看出，$q_n^{i,N}$ 可以看作 $N-n$ 的增函数，且它只与 $N-n$ 有关系。

选定 $t\in(0, 1)$。对 1，2，…，∞ 的任意一个子列，选取子子列 $N_1 < N_2 < \cdots < N_j < \cdots \to +\infty$ 满足 $1+(1-t)N_j < (1-t)N_{j+1}$，$j=1, 2, \cdots$。由此易得 $N_{j+1}-N_{j+1}(t) \geq N_j - N_j(t)$。

结合已知事实：$q_n^{i,N}$ 可以看作 $N-n$ 的增函数，知：$q_{N_{j+1}(t)}^{i,N_{j+1}} \leqslant q_{N_j(t)}^{(i,N_j)}$。于是，$q_{N_j(t)}^{(N_j)}$ 在 $j\to\infty$ 时极限存在，设其极限为 q_t，同理可证：$q_{N_j(t)+1}^{N_j}$ 在 $j\to\infty$ 时的极限存在，设之为 q'_t，

断言：

$$q_t = q'_t$$

此断言的证明如下：固定 n_0，由于 $q_{n_0}^{N}$ 关于 N 单调递增，又有界，从而极限存在，于是 $\{q_{n_0}^{N+k}\}_{k=1}^{\infty}$ 为 cauchy 序列，对任意的 $\varepsilon>0$，存在 N_0，当 $N>N_0$ 时，

$$|q_{n_0}^{i,N+k}-q_{n_0}^{i,N}|<\varepsilon \tag{2.125}$$

对任意的 $k>0$ 成立。

于是当 j 充分大，以致满足：①

$$N_j>N_0+N_j(t)-n_0+1 \tag{2.126}$$

时根据式（2.125），

$$|q_{N_j(t)+1}^{i,N_j}-q_{N_j(t)}^{i,N_j}|=|q_{n_0}^{i,N_j-N_j(t)+n_0}-q_{n_0}^{i,N_j-N_j(t)+n_0+1}|<\varepsilon$$

由 ε 的任意性知：

$$\lim_{j\to\infty}q_{N_j(t)}^{i,N_j}=\lim_{j\to\infty}q_{N_j(t)+1}^{i,N_j}$$

即 $q_t=q_t'$ 于是断言得证。

有了此断言，并且注意递推关系式（2.113）可以简单写为：

$$q_{N_j(t)}^{i,N_j}=f(q_{N_j(t)+1}^{i,N_j})$$

其中，f 由式（2.113）决定，利用上述分析知：

$$\lim_{j\to\infty}q_{N_j(t)}^{i,N_j}\text{ 以及 }\lim_{N\to\infty}q_{N_j(t)+1}^{i,N_j}$$

极限存在且相等，设为 q_t，于是 q_t 满足：

$$q_t=f(q_t) \tag{2.127}$$

即把递推关系式（2.113）中的 q_n^i 以及 q_{n+1}^i 都换为 q_t 利用 q_n 的范围限制，我们可以获得：

$$q_t\overset{def}{=}\lim_{j\to\infty}q_{N_j(t)}^{i,N_j}=0$$

由于所选子列 $N_1<N_2<$，…，$<N_j<N_{j+1}<\cdots<\infty$ 为 1，2，…，∞ 的任一子列的子子列，因此：

$$\begin{aligned}q_t&=\lim_{N\to\infty}q_{N(t)}^{i,N}\\&=0\end{aligned} \tag{2.128}$$

从而由前述分析可知：

$$\alpha_t\lambda_t\text{def}=\lim_{N\to\infty}\alpha_{N(t)}^{N}\lambda_{N(t)}^{N}$$

---

① 式（2.126）可以做到，是因为 $N_j-N_j(t)$ 的极限（$j\to\infty$）是 ∞，因此当 j 足够大时，一定可以满足 $N_j-N_j(t)=N_j\left(1-\frac{N_j(t)}{N_j}\right)>N_0-n_0+1$。

$$= \lim_{N\to\infty} \left. \frac{1-(p+q+1)q_{N(t)}^{i,N}\left(\frac{\sigma_i^2+\sigma_\nu^2}{\sigma_\nu^2}\right)}{2\left(\frac{\sigma_i^2+\sigma_\nu^2}{\sigma_\nu^2}\right)^2-2(p+q)q_{N(t)}^{i,N}\left(\frac{\sigma_i^2+\sigma_\nu^2}{\sigma_\nu^2}\right)^3} \right|_{p+q=1}$$

$$= \frac{1}{2}\left(\frac{\sigma_i^2+\sigma_\nu^2}{\sigma_\nu^2}\right)^2 \tag{2.129}$$

下面我们要求的是 $q_{N(t)}^{N}$ 趋于零的速度的阶，这是很有经济含义的工作，并且可以为其他经济变量的求解做准备，为此，设：

$$\widetilde{q_n^{i,N}} \text{def} = \frac{q_n^{i,N}}{\Delta t_N} \tag{2.130}$$

利用式（2.117），两边同时除以 Δt_n，我们可以得到：

$$\frac{q_{N(t)+1}^{i,N}}{\Delta t_N} = \frac{q_{N(t)}^{i,N\ 3}-2\left(\frac{\sigma_\nu^2}{\sigma_\nu^2+\sigma_i^2}\right)q_{N(t)}^{i,N\ 2}+\left(\frac{\sigma_\nu^2}{\sigma_\nu^2+\sigma_i^2}\right)^2 q_{N(t)}^{i,N}}{\left[\left(\frac{\sigma_\nu^2}{\sigma_\nu^2+\sigma_i^2}\right)q_{N(t)}^{i,N\ 3}+2q_{N(t)}^{i,N\ 2}-3\left(\frac{\sigma_\nu^2}{\sigma_\nu^2+\sigma_i^2}\right)q_{N(t)}^{i,N}+\left(\frac{\sigma_\nu^2}{\sigma_\nu^2+\sigma_i^2}\right)^2\right]\Delta t_N} \tag{2.131}$$

继续计算得：

$$\frac{q_{N(t)+1}^{i,N}-q_{N(t)}^{i,N}}{q_{N(t)}^{i,N}\Delta t_N} = \left(\frac{\sigma_\nu^2+\sigma_i^2}{\sigma_\nu^2}\right)\frac{-q_{N(t)}^{i,N\ 3}-\left(\frac{\sigma_\nu^2}{\sigma_\nu^2+\sigma_i^2}\right)q_{N(t)}^{i,N\ 2}+\left(\frac{\sigma_\nu^2}{\sigma_\nu^2+\sigma_i^2}\right)^2 q_{N(t)}^{i,N}}{\left[\left(\frac{\sigma_\nu^2+\sigma_i^2}{\sigma_\nu^2}\right)q_{N(t)}^{i,N\ 3}+2q_{N(t)}^{i,N\ 2}-3\left(\frac{\sigma_\nu^2}{\sigma_\nu^2+\sigma_i^2}\right)q_{N(t)}^{i,N}+\left(\frac{\sigma_\nu^2}{\sigma_\nu^2+\sigma_i^2}\right)^2\right]\Delta t_N}$$

$$= \left(\frac{\sigma_\nu^2+\sigma_i^2}{\sigma_\nu^2}\right)\frac{-\left(\frac{\sigma_\nu^2+\sigma_i^2}{\sigma_\nu^2}\right)^3 q_{N(t)}^{i,N\ 3}-\left(\frac{\sigma_\nu^2+\sigma_i^2}{\sigma_\nu^2}\right)^2 q_{N(t)}^{i,N\ 2}+\left(\frac{\sigma_\nu^2+\sigma_i^2}{\sigma_\nu^2}\right)q_{N(t)}^{i,N}}{\left[1+2\left(\frac{\sigma_\nu^2+\sigma_i^2}{\sigma_\nu^2}\right)^2 q_{N(t)}^{i,N\ 2}-3\left(\frac{\sigma_\nu^2+\sigma_i^2}{\sigma_\nu^2}\right)q_{N(t)}^{i,N}+\left(\frac{\sigma_\nu^2+\sigma_i^2}{\sigma_\nu^2}\right)^3\right]\Delta t_N} \tag{2.132}$$

替换 $\frac{q_{N(t)+1}^{i,N}}{\Delta t_N}$ 为 $\widetilde{q_{N(t)+1}^{i,N}}$，$\frac{q_{N(t)}^{i,N}}{\Delta t_N}$ 为 $\widetilde{q_{N(t)}^{i,N}}$ 可以得：

$$\frac{\widetilde{q_{N(t)+1}^{i,N}}-\widetilde{q_{N(t)}^{i,N}}}{\widetilde{q_{N(t)}^{i,N}}\Delta t_N} = \frac{-\left(\frac{\sigma_\nu^2+\sigma_i^2}{\sigma_\nu^2}\right)^3 q_{N(t)}^{i,N}\widetilde{q_{N(t)}^{i,N}}^{\,2}-\left(\frac{\sigma_\nu^2+\sigma_i^2}{\sigma_\nu^2}\right)^2 \widetilde{q_{N(t)}^{i,N}}q_{N(t)}^{i,N}+\left(\frac{\sigma_\nu^2+\sigma_i^2}{\sigma_\nu^2}\right)\widetilde{q_{N(t)}^{i,N}}}{\left[1+2\left(\frac{\sigma_\nu^2+\sigma_i^2}{\sigma_\nu^2}\right)^2 q_{N(t)}^{i,N\ 2}-3\left(\frac{\sigma_\nu^2+\sigma_i^2}{\sigma_\nu^2}\right)q_{N(t)}^{i,N}+\left(\frac{\sigma_\nu^2+\sigma_i^2}{\sigma_\nu^2}\right)^3\right]\Delta t_N} \tag{2.133}$$

由于端点取值：

$$\widetilde{q_{N(t)}^{i,N}} = \frac{N}{2}\frac{\sigma_\nu^2 + \sigma_i^2}{\sigma_\nu^2} \to \infty \quad N \to \infty \tag{2.134}$$

并且注意到：式（2.133）右端中 $q_{N(t)}^{i,N}$ 满足：

$$q_{N(t)}^{i,N} \to \infty \quad N \to 0 \tag{2.135}$$

令 $N\to\infty$，由式（2.133）、式（2.134）、式（2.135）可知连续时间的微分方程：

$$\frac{d\ln\left(\frac{\sigma_\nu^2 + \sigma_i^2}{\sigma_\nu^2}\tilde{q}_t\right)}{dt} = \frac{\sigma_\nu^2 + \sigma_i^2}{\sigma_\nu^2}\tilde{q}_t$$

$$\text{并且} \quad \tilde{q}_t \big|_{t=1} = \infty \tag{2.136}$$

解之得：

$$\frac{\sigma_\nu^2 + \sigma_i^2}{\sigma_\nu^2}\tilde{q}_t = \frac{1}{1-t}$$

即：

$$\tilde{q}_t = \frac{\sigma_\nu^2}{\sigma_\nu^2 + \sigma_i^2}\frac{1}{1-t} \tag{2.137}$$

利用，式（2.138）以及 H_n（记为 $H_{N(t)}^{i,N}$）满足的关系式：

$$H_{N(t)}^{i,N} = \left(1 - q_{N(t)}^{i,N}\frac{\sigma_\nu^2 + \sigma_i^2}{\sigma_\nu^2}\right)H_{N(t)-1}^{i,N}$$

于是：

$$\frac{\sigma_\nu^2}{\sigma_\nu^2 + \sigma_i^2}(H_{N(t)}^{i,N} - H_{N(t)-1}^{i,N}) = -\widetilde{q_{N(t)}^{N}}H_{N(t)-1}^{i,N}\Delta t_N \tag{2.138}$$

对式（2.138）两边取极限，我们可以得到 $H_{N(t)-1}^{i,N}$ 的对应的连续变量 H_t^i 满足：

$$\frac{\sigma_\nu^2}{\sigma_\nu^2 + \sigma_i^2}dH_t^i = -\tilde{q}_t H_t^i dt \tag{2.139}$$

利用 $\tilde{q}_t$ 满足的递推关系式（2.137），求解微分方程（2.139）可得：

$$H_t^i = c_0\frac{\sigma_\nu^2 + \sigma_i^2}{\sigma_\nu^2}(1-t)$$

其中，c_0 为常数，利用 $H_0^i = \sigma_\nu^2 + \sigma_i^2$ 可以确定 $c_0 = \sigma_\nu^2$。从而：

$$H_t^i = (\sigma_\nu^2 + \sigma_i^2)(1-t) \tag{2.140}$$

其余变量的值可以由 H_t 的结果获得，其中资产 ν 的未释放信息含量 $\sum_n^i$

满足：

$$\sum_n = \left(\frac{\sigma_\nu^2}{\sigma_\nu^2 + \sigma_i^2}\right)\left(\sigma_i^2 + \frac{\sigma_\nu^2}{\sigma_\nu^2 + \sigma_i^2}H_n\right)$$

详细的，于是：

$$\begin{aligned}\sum_t &= \lim_{N\to\infty}\sum_{N(t)}^N \\ &= \lim_{N\to\infty}\left(\frac{\sigma_\nu^2}{\sigma_\nu^2 + \sigma_i^2}\right)\left(\sigma_i^2 + \frac{\sigma_\nu^2}{\sigma_\nu^2 + \sigma_i^2}H_{N(t)}^N\right) \\ &= \left(\frac{\sigma_\nu^2}{\sigma_\nu^2 + \sigma_i^2}\right)(\sigma_i^2 + \sigma_\nu^2(1 - t))\end{aligned} \tag{2.141}$$

流动性参数 λ_t 满足：

$$\begin{aligned}\lambda_t &= \lim_{N\to\infty}\lambda_{N(t)}^N \\ &= \lim_{N\to\infty}\left(\frac{q_{N(t)}^{i,N}H_{N(t)}^{i,N}}{\sigma_u^2\Delta t_N}\right)^{\frac{1}{2}} \\ &= \left(\frac{\widetilde{q_t^i}H_t^i}{\sigma_u^2}\right) \\ &= \left(\frac{\sigma_\nu^2}{\sigma_u^2}\right)^{\frac{1}{2}}\end{aligned} \tag{2.142}$$

交易系数 β_t^i 满足：

$$\begin{aligned}\beta_t^i &= \lim_{N\to\infty}\beta_{N(t)}^{i,N} \\ &= \lim_{N\to\infty}\left(\frac{\sigma_u^2 q_{N(t)}^{i,N}}{H_{N(t)}^{i,N}}\right)^{\frac{1}{2}} \\ &= 0\end{aligned} \tag{2.143}$$

但若令 $\widetilde{\beta_t^i} = \lim_{N\to\infty}\frac{\beta_{N(t)}^{i,N}}{\Delta t_N}$，则：

$$\begin{aligned}\widetilde{\beta_t^i} &= \lim_{N\to\infty}\frac{\beta_{N(t)}^{i,N}}{\Delta t_N} \\ &= \lim_{N\to\infty}\left(\frac{\sigma_u^2 q_{N(t)}^{i,N}}{H_{N(t)}^{i,N}\Delta t_N}\right)^{\frac{1}{2}} \\ &= \lim_{N\to\infty}\left(\frac{\sigma_u^2\,\widetilde{q_{N(t)}^{i,N}}}{H_{N(t)}^{i,N}}\right)^{\frac{1}{2}}\end{aligned}$$

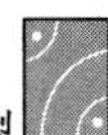

$$= \frac{\sigma_\nu \sigma_u}{(1-t)(\sigma_\nu^2+\sigma_i^2)} \tag{2.144}$$

由 δ_n 的递推关系式可得：（δ_n 记为 $\delta_n^{i,N}$，α_n 记为 $\alpha_n^{i,N}$）

$$\delta_{N(t)}^{i,N} - \delta_{N(t)-1}^{i,N} = -\alpha_n^{i,N} {\lambda^{i,N}}^2_{N(t)} \sigma_u^2 \Delta t_N \tag{2.145}$$

令 $N\to\infty$，可以得到与离散差分方程相对应的连续时间的微分方程：

$$\begin{aligned} d\delta_t &= \alpha_s^i \lambda_s^2 \sigma_u^2 dt \\ &= \int_t^1 \frac{1}{2}\left(\frac{\sigma_\nu^2}{\sigma_\nu^2+\sigma_i^2}\right)\left(\frac{\sigma_\nu}{\sigma_u}\right)^2 \\ &= \frac{1}{2}(1-t)\frac{\sigma_v^5\sigma_u}{(\sigma_\nu^2+\sigma_i^2)^2} \end{aligned}$$

于是：

$$\begin{aligned} \delta_t &= \int_t^1 \alpha_s^i \lambda_s^2 \sigma_u^2 dt \\ &= \int_t^1 \frac{1}{2}\left(\frac{\sigma_\nu^2}{\sigma_\nu^2+\sigma_i^2}\right)\left(\frac{\sigma_\nu}{\sigma_u}\right)^2 \\ &= \frac{1}{2}(1-t)\frac{\sigma_v^5\sigma_u}{(\sigma_\nu^2+\sigma_i^2)^2} \end{aligned} \tag{2.146}$$

利用式（2.71）可以得：

$$\begin{aligned} \alpha_t^i &= \lim_{N\to\infty} \alpha_{N(t)}^{i,N} \\ &= \lim_{N\to\infty}\left[\frac{1-(p+q+1)\left(\frac{\sigma_\nu^2+\sigma_i^2}{\sigma_\nu^2}\right)q_{N(t)}^N}{2\left(\frac{\sigma_\nu^2+\sigma_i^2}{\sigma_\nu^2}\right)^2-2(p+q)q_{N(t)}^{i,N}\left(\frac{\sigma_\nu^2+\sigma_i^2}{\sigma_\nu^2}\right)}\right]\Bigg|_{p+q=1}\frac{1}{\lambda_{N(t)}^{i,N}} \\ &= \frac{1}{2}\frac{\sigma_v^3\sigma_u}{(\sigma_\nu^2+\sigma_i^2)^2} \end{aligned} \tag{2.147}$$

综上：

垄断模型的连续化定理：在离散模型中，假设 $p+q=1$。内部交易者拥有的信息 $\nu+\varepsilon_i$，其中 $\sigma_i^2=0$（完全信息）或者 $\sigma_i^2>0$（不完全信息），当每次交易时间间隔一致的趋于零的时候，也就是 $N\to+\infty$ 时，定理 2.5 中所刻画的所有的参数都是收敛的。特别地，对任意的 $t\in(0,1)$，内部交易者的私有信息 $\nu+\varepsilon_i$ 中与历史信息正交部分 $\tilde{\nu}_{n-1}(\varepsilon_i)$ 的信息量极限满足：

$$\lim_{N\to\infty} H_{N(t)}^{i,N} = (\sigma_\nu^2+\sigma_i^2)(1-t)\,\mathrm{def} = H_t^i \tag{2.148}$$

资产 ν 的真实值信息未释放到公开市场中的信息量满足：

$$\lim_{N\to\infty}\sum\nolimits_{N(t)}^{N} = \left(\frac{\sigma_\nu^2}{\sigma_\nu^2+\sigma_i^2}\right)(\sigma_i^2+\sigma_\nu^2(1-t))def = \sum\nolimits_t^i \tag{2.149}$$

市场流动性参数：

$$\lim_{N\to\infty}\lambda_{N(t)}^{N} = \left(\frac{\sigma_\nu^2}{\sigma_u^2}\right)^{\frac{1}{2}} \overset{\text{def}}{=\!=} \lambda_t \tag{2.150}$$

交易系数：

$$\lim_{N\to\infty}\beta_{N(t)}^{i,N} = 0 \overset{\text{def}}{=\!=} \beta_t^i \tag{2.151}$$

交易系数关于时间的平均：

$$\lim_{N\to\infty}\frac{\beta_{N(t)}^{i,N}}{\Delta t_N} = \frac{\sigma_u\sigma_\nu}{(\sigma_\nu^2+\sigma_i^2)} \overset{\text{def}}{=\!=} \widetilde{\beta_t^i} \tag{2.152}$$

内部交易者的未来预期利润：

$$\lim_{N\to\infty}E\left(\prod\nolimits_{N(t)}^{i,N} \mid P_1, P_2, \cdots, P_n, \nu+\varepsilon_i\right) = \alpha_t\widetilde{\nu_t^i}(\varepsilon_i)^2+\delta_t \overset{\text{def}}{=\!=} E\left(\prod\nolimits_t^i \mid P_s, s\leqslant t, \nu+\varepsilon_i\right) \tag{2.153}$$

其中：

$$\lim_{N\to\infty}\alpha_{N(t)}^{i,N} = \frac{1}{2}\frac{\sigma_\nu^3\sigma_u}{(\sigma_\nu^2+\sigma_i^2)^2} \overset{\text{def}}{=\!=} \alpha_t \tag{2.154}$$

$$\lim_{N\to\infty}\delta_{N(t)}^{i,N} = \frac{1}{2}(1-t)\frac{\sigma_\nu^5\sigma_u}{(\sigma_\nu^2+\sigma_i^2)^2} \overset{\text{def}}{=\!=} \delta_t \tag{2.155}$$

为了得出当交易间隔很小时的均衡形式，我们用新的符号把上面问题重新叙述一下，交易在一天之内进行，$t=0$ 时刻开始，$t=1$ 时刻结束。设市场总共进行 N 期交易，第 n 次交易发生时刻记为 t_n，假设：

$$0=t_0<t_1<\cdots<t_N=1。$$

令 $\Delta t_N=\dfrac{1}{N}$为 N 期模型的相邻交易时刻之间的时间间隔，不妨设 $\Delta t_1=\Delta t_2=\cdots=\Delta t_N=\dfrac{1}{N}$，令 X_n^i 表示第 i 个内部交易者在到第 n 期为止它的总交易量，即 $x_n^i=X_n^i-X_{(n-1)}^i$。令 $B(t)$ 表示过程方差为 t 的 Brown 运动。u_n 为第 n 期噪声交易者的交易量，u_n 服从零均值 $\sigma_u^2\Delta t_N$ 为方差的正态分布，且不同的 u_n 是相互独立的。

可以证明：条件方差满足一定条件的 u_n 序列的部分和过程（N 期模型中的 u_n 记作 u_n^N）：

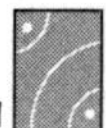

$$\sum_{k=1}^{N(t)} u_k^N$$

弱收敛的极限过程为 Brown 运动。

于是，定理 2.5 中的最优交易量，价格过程，未释放信息含量，利润函数，与历史信息正交的私有信息含量可以重新叙述为：

$$X_n^i - X_{n-1}^i = \widetilde{\beta_n^i}(\tilde{\nu}_{n-1}(\varepsilon_i))^2 \Delta t_N \tag{2.156}$$

$$P_n^i - P_{n-1}^i = \lambda_n(X_n^i - X_{n-1}^i) + \Delta u_n \tag{2.157}$$

$$P_n^i - P_{n-1}^i = \lambda_n(X_n^i - X_{n-1}^i) + \Delta u_n \tag{2.158}$$

$$\sum\nolimits_n^i = var(\nu \mid P_1, P_2, \cdots, P_n) \tag{2.159}$$

$$E(\prod\nolimits_n^i \mid P_1, P_2, \cdots, P_n, \nu + \varepsilon_i) = \alpha_n \widetilde{\nu_{n-1}^i}(\varepsilon_i)^2 + \delta_n \tag{2.160}$$

$$H_n^i = var(\widetilde{\nu_{n-1}^i}(\varepsilon_i)) = E(\widetilde{\nu_{n-1}^i}(\varepsilon_i))^2 \tag{2.161}$$

$n=1, 2, \cdots, N$, $i=1, 2, \cdots, p+q$。

由（2.148）至（2.155）可知：当 $N \to \infty$ 时，

$$H_{N(t)}^{i,N} \to H_t^i = (\sigma_\nu^2 + \sigma_i^2)(1-t)$$

$$\beta_{N(t)}^{i,N} \to \lambda_t = 0$$

$$\frac{\beta_{N(t)}^{i,N}}{\Delta t_N} \to \widetilde{\beta_t^i} = \frac{\sigma_u \sigma_\nu}{(\sigma_\nu^2 + \sigma_i^2)}$$

$$E(\prod\nolimits_{N(t)}^{i,N} \mid P_1, P_2, \cdots, P_n, \nu+\varepsilon_i) \to E(\prod\nolimits_t^i \mid P_s, s \leqslant t, \nu+\varepsilon_i) = \alpha_t \widetilde{\nu_t^i}(\varepsilon_i)^? + \delta_t$$

$$\alpha_{N(t)}^{i,N} \to \alpha_t = \frac{1}{2} \frac{\sigma_\nu^3 \sigma_u}{(\sigma_\nu^2 + \sigma_i^2)^2}$$

$$\delta_{N(t)}^{i,N} \to \delta_t = \frac{1}{2}(1-t)\frac{\sigma_\nu^5 \sigma_u}{(\sigma_\nu^2 + \sigma_i^2)^2}$$

于是，连续时间时，我们有：

$$dX_t^i = \widetilde{\beta_t^i}(\nu - P_t)dt$$

$$dP_t = \lambda_t(dX_t^i) + dB_t$$

$$\sum\nolimits_t = var(\nu \mid z_s, s \leqslant t) = \frac{\sigma_\nu^2 + \sigma_i^2}{\sigma_\nu^2 + \sigma_i^2} + \frac{\sigma_v^4}{(\sigma^2 + \sigma_i^2)}(1-t)$$

$$\begin{aligned} H_t &= var(\tilde{\nu}_t(\varepsilon \mid z_s, s \leqslant t)) \\ &= (\sigma_\nu^2 + \sigma_i^2)(1-t) \end{aligned}$$

从而我们有下列定理：

垄断模型的渐近连续化定理：当 $p+q=1$ 时，固定 σ_ν^2，σ_i^2，σ_u^2 为已知常数，在离散模型的续贯均衡中，当时间间隔 $\Delta t_N \to 0$ 时，定理 2.5 中所描述的内部交易者的交易策略，价格，剩余信息量，市场流动性参数，未来预期利润等都是收敛的，并且满足下列随机微分方程：

$$dP_t = \lambda_t (dX_t^i) + \sigma_u dB_t$$

$$dX_t^i = \widetilde{\beta_t^i}(\nu - P_t)dt$$

$$E(\prod\nolimits_{N(t)}^{i,N} \mid P_1, P_2, \cdots, P_n, \nu+\varepsilon_i) \to E(\prod\nolimits_t^i \mid P_s,\ s \leqslant t,\ \nu+\varepsilon_i) = \alpha_t \widetilde{\nu_t^i}(\varepsilon_i)^2 + \delta_t$$

其中：

$$\lambda_t = \left(\frac{\sigma_\nu^2}{\sigma_u^2}\right)^{\frac{1}{2}}$$

$$\widetilde{\beta_t^i} = \frac{\sigma_u \sigma_\nu}{(\sigma_\nu^2 + \sigma_i^2)}$$

$$\alpha_t = \frac{1}{2}\frac{\sigma_\nu^3 \sigma_u}{(\sigma_\nu^2 + \sigma_i^2)^2}$$

$$\delta_t = \frac{1}{2}(1-t)\frac{\sigma_\nu^5 \sigma_u}{(\sigma_\nu^2 + \sigma_i^2)^2}$$

$B(t)$ 为方差过程为 t 的 Brown 运动，内部交易者选择 x_t^i，使得：

$$\max_{x^i(t)} E\left\{-\left(\int_t^1 d\prod(t) \mid P_s,\ s \leqslant t\right)\right\} \tag{2.162}$$

成立，其中 $\prod(t)$ 为 t 到 1 时刻的利润之和。特别的，当内部交易者 i 选自完全信息内部交易者时，本模型的所有结果与凯尔（1985）模型一致。

连续时间模型的均衡定义：

当 $p+q=1$ 时，由于以 $N(t)$ 为脚标的离散均衡结果的极限存在，且此极限为非平凡的，因此可以直接定义此极限为连续时间模型的均衡结果。于是，在这个意义上，命题 2.8 给出了连续时间模型的均衡结果。

2.5.2 竞争情形

为了获得博弈情况的连续结果，如同垄断情形所做的那样，我们仍然令 Δt_N，以及随 N 趋于无穷大而同样趋于无穷大的数列：

$$N(t) = \max_n \left\{n,\ \frac{n}{N} \leqslant t\right\}$$

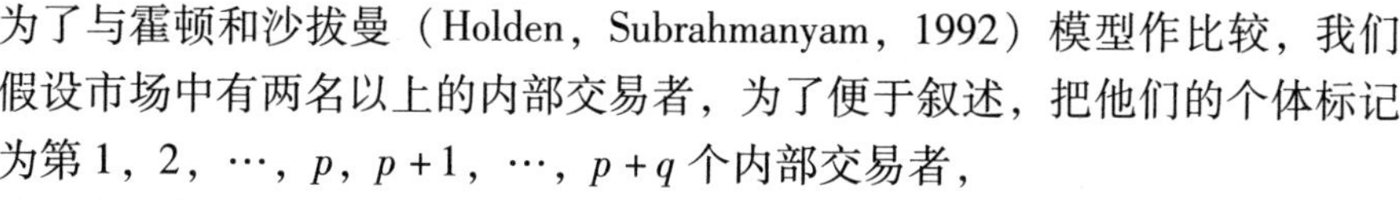

为了与霍顿和沙拔曼（Holden，Subrahmanyam，1992）模型作比较，我们假设市场中有两名以上的内部交易者，为了便于叙述，把他们的个体标记为第 1，2，…，p，$p+1$，…，$p+q$ 个内部交易者，
第 i 个内部交易者拥有信息：

$$\nu + \varepsilon_i$$

其中，

$$\varepsilon_i \sim N(0,\ \sigma_i^2)$$

前 p 个内部交易者为完全的私有信息持有者，即当 $i \leqslant p$ 时，$\sigma^i = 0$，这表示他拥有准确的私有信息：ν。

第 p 到第 $p+q$ 个内部交易者为不完全信息持有者，即当 $p < i \leqslant p+q$ 时，$\sigma^i > 0$，此种内部交易者拥有私有信息：

$$\nu + \varepsilon_i$$

并且 ε_i 为非退化的随机变量。

设 $p+q=M$，$M>1$，则一般 N 期模型的均衡结果定理中重要的递推关系式（2.99）变为：

$$M^2 q_n^{i\,3} - \left[2M\left(\frac{\sigma_\nu^2}{\sigma_\nu^2+\sigma_i^2}\right) + (M+1)^2 \frac{\left(\frac{\sigma_\nu^2}{\sigma_\nu^2+\sigma_i^2}\right)^3 q_{n+1}^i}{\left(\frac{\sigma_\nu^2}{\sigma_\nu^2+\sigma_i^2} - Mq_{n+1}^i\right)\left(Mq_{n+1}^i - q_{n+1}^i - \frac{\sigma_\nu^2}{\sigma_\nu^2+\sigma_i^2}\right)^2} \right] q_n^{i\,2}$$

$$+ \left[\left(\frac{\sigma_\nu^2}{\sigma_\nu^2+\sigma_i^2}\right)^2 + 2(M+1)\cdot \frac{\left(\frac{\sigma_\nu^2}{\sigma_\nu^2+\sigma_i^2}\right)^4 q_{n+1}^i}{\left(\frac{\sigma_\nu^2}{\sigma_\nu^2+\sigma_i^2} - Mq_{n+1}^i\right)\left(Mq_{n+1}^i - q_{n+1}^i - \frac{\sigma_\nu^2}{\sigma_\nu^2+\sigma_i^2}\right)^2} \right] q_n^i$$

$$- \frac{\left(\frac{\sigma_\nu^2}{\sigma_\nu^2+\sigma_i^2}\right)^5 q_{n+1}^i}{\left(\frac{\sigma_\nu^2}{\sigma_\nu^2+\sigma_i^2} - Mq_{n+1}^i\right)\left(Mq_{n+1}^i - q_{n+1}^i - \frac{\sigma_\nu^2}{\sigma_\nu^2+\sigma_i^2}\right)^2}$$

$$=0 \tag{2.163}$$

为了使得连续化过程能够顺利进行，如同垄断情形即 $p+q=1$ 的情况一样，我们必须首先证明单调性命题：

竞争模型的单调性命题：当内部交易市场为竞争市场时，设 $q_n^i = \lambda_n \beta_n^i$，则：$q_n^i$ 为 q_{n+1}^i 的增函数，并且：

$$q_1^i < q_2^i <,\cdots,< q_n^i < q_{n+1}^i < q_{N\ 1}^i < q_N^i$$

证明：把 q_{n+1}^{i} 看作 q_{n+1}^{i} 的函数，为了证明：q_{n}^{i} 为 q_{n+1}^{i} 的增函数，我们只需利用式（2.163）证明：

$$\frac{\partial q_{n}^{i}}{\partial q_{n+1}^{i}}>0 \tag{2.164}$$

即可。

直接利用式（2.163）计算出$\frac{\partial q_{n}^{i}}{\partial q_{n+1}^{i}}$，然后证明$\frac{\partial q_{n}^{i}}{\partial q_{n+1}^{i}}>0$，极其复杂。因此，我们用其他方法给出证明，观察式（2.163），我们发现，如果设：

$$c_{n+1}=\frac{\left(\frac{\sigma_{\nu}^{2}}{\sigma_{\nu}^{2}+\sigma_{i}^{2}}\right)^{2}q_{n+1}^{i}}{\left(\frac{\sigma_{\nu}^{2}}{\sigma_{\nu}^{2}+\sigma_{i}^{2}}-Mq_{n+1}^{i}\right)\left(Mq_{n+1}^{i}-q_{n+1}^{i}-\frac{\sigma_{\nu}^{2}}{\sigma_{\nu}^{2}+\sigma_{i}^{2}}\right)^{2}} \tag{2.165}$$

则可以把它重新整理为下列形式：

$$M^{2}q_{n}^{i\,3}-\left[2M\left(\frac{\sigma_{\nu}^{2}}{\sigma_{\nu}^{2}+\sigma_{i}^{2}}\right)+(M+1)^{2}\left(\frac{\sigma_{\nu}^{2}}{\sigma_{\nu}^{2}+\sigma_{i}^{2}}\right)c_{n+1}\right]q_{n}^{i\,2}+\left[\left(\frac{\sigma_{\nu}^{2}}{\sigma_{\nu}^{2}+\sigma_{i}^{2}}\right)^{2}\right.$$
$$\left.+2(M+1)*\left(\frac{\sigma_{\nu}^{2}}{\sigma_{\nu}^{2}+\sigma_{i}^{2}}\right)^{2}c_{n+1}\right]q_{n}^{i}-\left(\frac{\sigma_{\nu}^{2}}{\sigma_{\nu}^{2}+\sigma_{i}^{2}}\right)^{3}c_{n+1}=0 \tag{2.166}$$

应用链式法则可得：

$$\frac{\partial q_{n}^{i}}{\partial q_{n+1}^{i}}=\frac{\partial q_{n}^{i}}{\partial c_{n+1}}\frac{\partial c_{n+1}}{\partial q_{n+1}^{i}} \tag{2.167}$$

于是，要证明$\frac{\partial q_{n}^{i}}{\partial q_{n+1}^{i}}>0$，只需证明：

$$\frac{\partial q_{n}^{i}}{\partial c_{n+1}}>0 \tag{2.168}$$

$$\frac{\partial c_{n+1}}{\partial q_{n+1}^{i}}>0 \tag{2.169}$$

注意：通过对比可以发现，应用这个小技巧，可以把复杂得无法直接计算的证明大大简化！

首先，证明式（2.168），由式（2.166）可得：

$$c_{n+1}=\frac{M^{2}q_{n}^{i\,3}-2M\frac{\sigma_{\nu}^{2}}{\sigma_{\nu}^{2}+\sigma_{i}^{2}}q_{n}^{i\,2}+\left(\frac{\sigma_{\nu}^{2}}{\sigma_{\nu}^{2}+\sigma_{i}^{2}}\right)^{2}q_{n}^{i}}{(M+1)^{2}\frac{\sigma_{\nu}^{2}}{\sigma_{\nu}^{2}+\sigma_{i}^{2}}q_{n}^{i\,2}-2(M+1)\left(\frac{\sigma_{\nu}^{2}}{\sigma_{\nu}^{2}+\sigma_{i}^{2}}\right)^{2}q_{n}^{i}+\left(\frac{\sigma_{\nu}^{2}}{\sigma_{\nu}^{2}+\sigma_{i}^{2}}\right)^{3}}$$

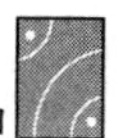

$$
=\frac{M^2\left(\frac{\sigma_\nu^2+\sigma_i^2}{\sigma_\nu^2}\right)^2 q_n^{i\,3}-2M\left(\frac{\sigma_\nu^2+\sigma_i^2}{\sigma_\nu^2}\right)^2 q_n^{i\,2}+\frac{\sigma_\nu^2+\sigma_i^2}{\sigma_\nu^2}q_n^i}{(M+1)^2\left(\frac{\sigma_\nu^2+\sigma_i^2}{\sigma_\nu^2}\right)^2 q_n^{i\,2}-2\left(\frac{\sigma_\nu^2+\sigma_i^2}{\sigma_\nu^2}\right)q_n^i+1} \tag{2.170}
$$

于是：

$$
\frac{\partial c_{n+1}}{\partial q_n^i}=\frac{\partial c_{n+1}}{\partial\left(\frac{\sigma_\nu^2+\sigma_i^2}{\sigma_\nu^2}\right)q_n^i}\left(\frac{\sigma_\nu^2+\sigma_i^2}{\sigma_\nu^2}\right)
$$

$$
=\left(\frac{\sigma_\nu^2+\sigma_i^2}{\sigma_\nu^2}\right)
$$

$$
*\frac{1-4M\left(\frac{\sigma_\nu^2+\sigma_i^2}{\sigma_\nu^2}\right)q_n^i+(6M^2+2M-1)\left(\frac{\sigma_\nu^2+\sigma_i^2}{\sigma_\nu^2}\right)^2 q_n^{i\,2}-(4M^2+4M^3)\left(\frac{\sigma_\nu^2+\sigma_i^2}{\sigma_\nu^2}\right)^3 q_n^{i\,3}+(M^4+2M^3+M^2)\left(\frac{\sigma_\nu^2+\sigma_i^2}{\sigma_\nu^2}\right)^4 q_n^{i\,4}}{\left[(M+1)^2\left(\frac{\sigma_\nu^2+\sigma_i^2}{\sigma_\nu^2}\right)^2 q_n^{i\,2}-2\left(\frac{\sigma_\nu^2+\sigma_i^2}{\sigma_\nu^2}\right)q_n^i+1\right]^2}
$$

$$
=\left(\frac{\sigma_\nu^2+\sigma_i^2}{\sigma_\nu^2}\right)\cdot\frac{\left[-1+M\left(\frac{\sigma_\nu^2+\sigma_i^2}{\sigma_\nu^2}\right)q_n^i\right]*\left[-1+\left(\frac{\sigma_\nu^2+\sigma_i^2}{\sigma_\nu^2}\right)q_n^i+M\left(\frac{\sigma_\nu^2+\sigma_i^2}{\sigma_\nu^2}\right)q_n^i\right]*\left[1+(1-2M)\left(\frac{\sigma_\nu^2+\sigma_i^2}{\sigma_\nu^2}\right)q_n^i+(M+M^2)\left(\frac{\sigma_\nu^2+\sigma_i^2}{\sigma_\nu^2}\right)^2 q_n^{i\,2}\right]}{\left[(M+1)^2\left(\frac{\sigma_\nu^2+\sigma_i^2}{\sigma_\nu^2}\right)^2 q_n^{i\,2}-2\left(\frac{\sigma_\nu^2+\sigma_i^2}{\sigma_\nu^2}\right)q_n^i+1\right]^2} \tag{2.171}
$$

分析式（2.171）中$\frac{\partial c_{n+1}}{\partial q_n^i}$的分子：

$$
f\left(\frac{\sigma_\nu^2+\sigma_i^2}{\sigma_\nu^2}q_n^i\right)=\left[-1+M\left(\frac{\sigma_\nu^2+\sigma_i^2}{\sigma_\nu^2}\right)q_n^i\right]*\left[-1+\left(\frac{\sigma_\nu^2+\sigma_i^2}{\sigma_\nu^2}\right)q_n^i+M\left(\frac{\sigma_\nu^2+\sigma_i^2}{\sigma_\nu^2}\right)q_n^i\right]
$$

$$
*\left[1+(1-2M)\left(\frac{\sigma_\nu^2+\sigma_i^2}{\sigma_\nu^2}\right)q_n^i+(M+M^2)\left(\frac{\sigma_\nu^2+\sigma_i^2}{\sigma_\nu^2}\right)^2 q_n^{i\,2}\right]
$$

设：$\frac{\sigma_\nu^2+\sigma_i^2}{\sigma_\nu^2}q_n^i=x$，则$\frac{\partial c_{n+1}}{\partial q_n^i}$的分子即式（2.172）可以写为：

$$
f(x)=[-1+Mx]*[-1+x+Mx]*[1+(1-2M)x+(M+M^2)x^2] \tag{2.172}
$$

注意 $x=\frac{\sigma_\nu^2+\sigma_i^2}{\sigma_\nu^2}q_n^i\in\left(0,\ \frac{1}{M+1}\right)$

于是易证：$f(x)$ 中三项因子满足：

$$-1+Mx<0$$

$$-1+(M+1)x<0$$

$$1+(1-2M)x+(M+M^2)x^2>0$$

从而$\frac{\partial c_{n+1}}{\partial q_n^i}$的分子$f(x)>0$，又由于

$\frac{\partial c_{n+1}}{\partial q_n^i}$的分母也为正，即：

$$\left[(M+1)^2\left(\frac{\sigma_\nu^2+\sigma_i^2}{\sigma_\nu^2}\right)^2 q_n^{i\,2}-2\left(\frac{\sigma_\nu^2+\sigma_i^2}{\sigma_\nu^2}\right)q_n^i+1\right]^2>0 \tag{2.173}$$

因此：

$$\frac{\partial q_{n+1}^i}{\partial k_{n+1}}=\left(\frac{\partial k_{n+1}}{\partial q_{n+1}^i}\right)^{-1}>0 \tag{2.174}$$

其次，我们要证明式（2.169），即$\frac{\partial c_{n+1}}{\partial q_{n+1}^i}>0$沿用上面的 x 符号，我们可以把中间变量 c_{n+1}表示为：

$$c_{n+1}(x)=\frac{x}{(1-Mx)((M-1)x-1)^2} \tag{2.175}$$

于是：

$$\begin{aligned}
\frac{\partial c_{n+1}}{\partial q_{n+1}^i}&=\frac{\partial c_{n+1}}{\partial x}\frac{\partial x}{\partial q_{n+1}^i}\\
&=\frac{\partial c_{n+1}}{\partial x}\frac{\sigma_\nu^2+\sigma_i^2}{\sigma_\nu^2}\\
&=\left(1+\frac{\sigma_i^2}{\sigma_\nu^2}\right)\frac{1+(-1+4M-3M^2)x^2+(2M-4M^2)x^2+2M^3x^3}{(1-Mx)^2[(M-1)x-1]^4}\\
&=\left(1+\frac{\sigma_i^2}{\sigma_\nu^2}\right)\frac{(-1-x+Mx)[-1+(1-M)x+(-2+2M^2)x^2]}{(1-Mx)^2[(M-1)x-1]^4}
\end{aligned} \tag{2.176}$$

注意：在式（2.176）中，把$\frac{\partial c_{n+1}}{\partial q_{n+1}^i}$的分子设为：

$$f(x)=\left(1+\frac{\sigma_i^2}{\sigma_\nu^2}\right)(-1-x+mx)[-1+(1-M)x+(-2+2M^2)x^2]$$

易证：其中各项满足：

$$1+\frac{\sigma_i^2}{\sigma_\nu^2}<0$$

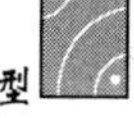

$$-1+(1-M)x+(-2+2M^2)x^2<0 \tag{2.177}$$

因此$\dfrac{\partial c_{n+1}}{\partial q_{n+1}^i}$的分子$f(x)>0$。又由于：$\dfrac{\partial c_{n+1}}{\partial q_{n+1}^i}$的分母满足：

$$(1-Mx)^2[(M-1)x-1]^4>0 \tag{2.178}$$

于是：$\dfrac{\partial c_{n+1}}{\partial q_{n+1}^i}>0$，即（2.169）得证，

结合式（2.168）和式（2.169）可知：

$$\frac{\partial q_n^i}{\partial q_{n+1}^i}=\frac{\partial q_n^i}{\partial c_{n+1}}\frac{\partial c_{n+1}}{\partial q_{n+1}^i}>0 \tag{2.179}$$

从而 q_n^i 为 q_{n+1}^i的增函数。

下面证明命题2.9的后半部：由于 $\alpha_N^{i,N}=0$，于是：

$$q_N^{i,N}=\lambda_N^{i,N}\beta_N^{i,N}=\frac{\sigma_\nu^2}{\sigma_\nu^2+\sigma_i^2}\frac{1-2\alpha_N^{i,N}\lambda_N^{i,N}\left(\dfrac{\sigma_\nu^2+\sigma_i^2}{\sigma_\nu^2}\right)^2}{(M+1)-2M\alpha_N^{i,N}\lambda_N^{i,N}\left(\dfrac{\sigma_\nu^2+\sigma_i^2}{\sigma_\nu^2}\right)^2}$$

$$=\frac{1}{M+1}\frac{\sigma_\nu^2}{\sigma_\nu^2+\sigma_i^2} \tag{2.180}$$

利用式（2.165）和式（2.166），倒推一步，过程如下：

由式（2.165）可得：

$$c_N=\frac{\left(\dfrac{\sigma_\nu^2}{\sigma_\nu^2+\sigma_i^2}\right)^2 q_N^{i,N}}{\left(\dfrac{\sigma_\nu^2}{\sigma_\nu^2+\sigma_i^2}-Mq_N^i\right)\left(Mq_N^{i,N}-q_N^i-\dfrac{\sigma_\nu^2}{\sigma_\nu^2+\sigma_i^2}\right)^2}$$

$$=\frac{(M+1)^2}{4} \tag{2.181}$$

把式（2.181）代入式（2.166）可得关于 $q_{N-1}^{i,N}$的三次方程，

$$M^2{q_{N-1}^{i,N}}^3-\left[2M\left(\frac{\sigma_\nu^2}{\sigma_\nu^2+\sigma_i^2}\right)+\frac{(M+1)^3}{4}\left(\frac{\sigma_\nu^2}{\sigma_\nu^2+\sigma_i^2}\right)\right]{q_{N-1}^{i,N}}^2+\left[\left(\frac{\sigma_\nu^2}{\sigma_\nu^2+\sigma_i^2}\right)^2\right.$$

$$\left.+\frac{(M+1)^2}{2}\left(\frac{\sigma_\nu^2}{\sigma_\nu^2+\sigma_i^2}\right)^2\right]q_{N-1}^{i,N}-\frac{(M+1)^2}{4}\left(\frac{\sigma_\nu^2}{\sigma_\nu^2+\sigma_i^2}\right)^3=0 \tag{2.182}$$

设 $x=q_{N-1}^N\left(1+\dfrac{\sigma_i^2}{\sigma_\nu^2}\right)$，可以获得关于 x 的三次方程：

$$M^2x^3-\left[2M\left(\frac{\sigma_\nu^2}{\sigma_\nu^2+\sigma_i^2}\right)+\frac{(M+1)^4}{4}\left(\frac{\sigma_\nu^2}{\sigma_\nu^2+\sigma_i^2}\right)\right]x^2+\left[\left(\frac{\sigma_\nu^2}{\sigma_\nu^2+\sigma_i^2}\right)^2\right.$$

$$+\frac{(M+1)^3}{2}\left(\frac{\sigma_\nu^2}{\sigma_\nu^2+\sigma_i^2}\right)^2\Bigg]x-\frac{(M+1)^2}{4}\left(\frac{\sigma_\nu^2}{\sigma_\nu^2+\sigma_i^2}\right)^3=0 \tag{2.183}$$

解之可得位于 $\left[0, \frac{1}{M+1}\right]$ 的唯一的解 x^*，x^* 的表达式极其复杂，故略去，但是我们可以证明：

$$x^*<\frac{1}{M+1} \tag{2.184}$$

(2.184) 成立是因为：设：

$$f(x)=M^2x^3-\left[2M\left(\frac{\sigma_\nu^2}{\sigma_\nu^2+\sigma_i^2}\right)+\frac{(M+1)^4}{4}\left(\frac{\sigma_\nu^2}{\sigma_\nu^2+\sigma_i^2}\right)\right]x^2+\Bigg[\left(\frac{\sigma_\nu^2}{\sigma_\nu^2+\sigma_i^2}\right)^2$$

$$+\frac{(M+1)^3}{2}\left(\frac{\sigma_\nu^2}{\sigma_\nu^2+\sigma_i^2}\right)^2\Bigg]x-\frac{(M+1)^2}{4}\left(\frac{\sigma_\nu^2}{\sigma_\nu^2+\sigma_i^2}\right)^3=0$$

则：

$$f(0)=-\frac{(M+1)^2}{4}<0$$

$$f\left(\frac{1}{M+1}\right)=M^2\left(\frac{1}{M+1}\right)^3-\left[2M+\frac{(M+1)^4}{4}\right]\frac{1}{(M+1)^2}+\left(1+\frac{(M+1)^3}{2}\right)\frac{1}{(M+1)}$$

$$-\frac{(M+1)^2}{4}=\frac{1}{(M+1)^3}$$

$$>0 \tag{2.185}$$

由式 (2.185) 可知 $x^*<\frac{1}{M+1}$，也即：

$$q_{N-1}^N<\frac{1}{M+1}\frac{\sigma_\nu^2}{\sigma_\nu^2+\sigma_i^2}=q_N^N \tag{2.186}$$

又由于前半部分的结论知：q_n^i 为 q_{n+1}^i 的增函数，因此，$q_n^N<q_{n+1}^N$ 等价于 $q_{n-1}^N<q_n^N$，从而我们有：

$$q_1^i<q_2^i<, \cdots, <q_n^i<q_{n+1}^i<q_{N-1}^i<q_N^i$$

命题2.9证毕。

此外，由递推关系式 (2.165) 和式 (2.166) 的特点可以发现：N 期模型中的 $q_n^{i,N}$ 的值仅仅依赖于端点值和步长 $N-n$，由于端点值满足，对不同的 N，均有：

$$q_N^{i,N}=\frac{\sigma_\nu^2}{(M+1)(\sigma^2+\sigma_i^2)}$$

于是对 $k=1, 2, \cdots, \infty$，我们都会有：

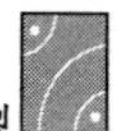

$$q_N^{i,N} = q_{N+k}^{i,N+k}$$

于是，完全仿照 2.5.2 节中定理 2.7 的证明，我们证明：$q_{N(t)}^{i,N}$ 当 $N\to\infty$ 时极限存在，设：

$$\lim_{N\to\infty} q_{N(t)}^{i,N} = q_t^i$$

把重要的递推关系式（2.163）写为：

$$M^2 q_{N(t)}^{i,N\;3} - \left[2M\left(\frac{\sigma_\nu^2}{\sigma_\nu^2+\sigma_i^2}\right) + (M+1)^2 \frac{\left(\frac{\sigma_\nu^2}{\sigma_\nu^2+\sigma_i^2}\right)^3 q_{N(t)+1}^{i,N}}{\left(\frac{\sigma_\nu^2}{\sigma_\nu^2+\sigma_i^2} - Mq_{N(t)+1}^{i,N}\right)\left(Mq_{N(t)+1}^{i,N} - q_{N(t)+1}^{i,N} - \frac{\sigma_\nu^2}{\sigma_\nu^2+\sigma_i^2}\right)^2}\right] q_{N(t)}^{i,N\;2}$$

$$+ \left[\left(\frac{\sigma_\nu^2}{\sigma_\nu^2+\sigma_i^2}\right)^2 + 2(M+1) \cdot \frac{\left(\frac{\sigma_\nu^2}{\sigma_\nu^2+\sigma_i^2}\right)^4 q_{N(t)+1}^{i,N}}{\left(\frac{\sigma_\nu^2}{\sigma_\nu^2+\sigma_i^2} - Mq_{N(t)+1}^{i,N}\right)\left(Mq_{N(t)+1}^{i,N} - q_{N(t)+1}^{i,N} - \frac{\sigma_\nu^2}{\sigma_\nu^2+\sigma_i^2}\right)^2}\right] q_{N(t)}^{i,N}$$

$$- \frac{\left(\frac{\sigma_\nu^2}{\sigma_\nu^2+\sigma_i^2}\right)^5 q_{N(t)+1}^{i,N}}{\left(\frac{\sigma_\nu^2}{\sigma_\nu^2+\sigma_i^2} - Mq_{N(t)+1}^{i,N}\right)\left(Mq_{N(t)+1}^{i,N} - q_{N(t)+1}^{i,N} - \frac{\sigma_\nu^2}{\sigma_\nu^2+\sigma_i^2}\right)^2}$$

$$=0 \tag{2.187}$$

设 $\widetilde{q_n^{i,N}} = q_n^{i,N}\left(1+\frac{\sigma_\nu^2}{\sigma_i^2}\right)$，则 $\widetilde{q_n^{i,N}}$ 由端点值 $\widetilde{q_N^{i,N}} = \frac{1}{M+1}$ 和倒推递归方程决定：

$$M^2 \widetilde{q_{N(t)}^{i,N}}^3 - \left[2M + (M+1)^2 \frac{\widetilde{q_{N(t)+1}^{i,N}}}{(1-M\widetilde{q_{N(t)+1}^{i,N}})(M\widetilde{q_{N(t)+1}^{i,N}} - \widetilde{q_{N(t)+1}^{i,N}} - 1)^2}\right]\widetilde{q_{N(t)}^{i,N}}^2$$

$$+ \left[1 + 2(M+1)\frac{\widetilde{q_{N(t)+1}^{i,N}}}{(1-M\widetilde{q_{N(t)+1}^{i,N}})(M\widetilde{q_{N(t)+1}^{i,N}} - \widetilde{q_{N(t)+1}^{i,N}} - 1)^2}\right]\widetilde{q_{N(t)}^{i,N}}$$

$$- \frac{\widetilde{q_{N(t)+1}^{i,N}}}{(1-M\widetilde{q_{N(t)+1}^{i,N}})(M\widetilde{q_{N(t)+1}^{i,N}} - \widetilde{q_{N(t)+1}^{i,N}} - 1)^2}$$

$$=0 \tag{2.188}$$

注意：$\widetilde{q_n^{i,N}}$与 i 无关，因此，$\widetilde{q_n^{i,N}}$在下文中写为$\widetilde{q_n^{N}}$。

令 $N\to\infty$ 可知 $q_{N(t)}^{i,N}$ 的极限 q_t^i 满足：

$$M^2 q_t^{i3} - \left[2M\left(\frac{\sigma_\nu^2}{\sigma_\nu^2+\sigma_i^2}\right) + (M+1)^2 \frac{\left(\frac{\sigma_\nu^2}{\sigma_\nu^2+\sigma_i^2}\right)^3 q_t^i}{\left(\frac{\sigma_\nu^2}{\sigma_\nu^2+\sigma_i^2} - Mq_t^i\right)\left(Mq_t^i - q_t^i - \frac{\sigma_\nu^2}{\sigma_\nu^2+\sigma_i^2}\right)^2}\right] q_t^{i2}$$

$$+\left[\left(\frac{\sigma_\nu^2}{\sigma_\nu^2+\sigma_i^2}\right)^2 + 2(M+1)\cdot\frac{\left(\frac{\sigma_\nu^2}{\sigma_\nu^2+\sigma_i^2}\right)^4 q_t^i}{\left(\frac{\sigma_\nu^2}{\sigma_\nu^2+\sigma_i^2} - Mq_t^i\right)\left(Mq_t^i - q_t^i - \frac{\sigma_\nu^2}{\sigma_\nu^2+\sigma_i^2}\right)^2}\right] q_t^i$$

$$-\frac{\left(\frac{\sigma_\nu^2}{\sigma_\nu^2+\sigma_i^2}\right)^5 q_t^i}{\left(\frac{\sigma_\nu^2}{\sigma_\nu^2+\sigma_i^2} - Mq_t^i\right)\left(Mq_t^i - q_t^i - \frac{\sigma_\nu^2}{\sigma_\nu^2+\sigma_i^2}\right)^2} = 0 \tag{2.189}$$

经过复杂的整理可以得到 6 次方程：

$$q_t^{i2}\left[M^3(M-1)^2 q_t^{i4} - M^2(5M-3)(M-1)\left(\frac{\sigma_\nu^2}{\sigma_\nu^2+\sigma_i^2}\right) q_t^{i3}\right.$$
$$+M(10M^2-12M+3)\left(\frac{\sigma_\nu^2}{\sigma_\nu^2+\sigma_i^2}\right)^2 q_t^{i2}$$
$$\left.+(M(10-9M))\left(\frac{\sigma_\nu^2}{\sigma_\nu^2+\sigma_i^2}\right)^3 q_t^i + (3M-4)\left(\frac{\sigma_\nu^2}{\sigma_\nu^2+\sigma_i^2}\right)^4\right] = 0 \tag{2.190}$$

其中，我们要寻找的 q_t^i 为满足式（2.190）的位于$\left[0,\ \frac{1}{M+1}\frac{\sigma_\nu^2}{\sigma_\nu^2+\sigma_i^2}\right]$的根。

若我们把式（2.190）两端同时除以$\left(\frac{\sigma_\nu^2}{\sigma_\nu^2+\sigma_i^2}\right)^6$并且设：

$$\widetilde{q_t} def = q_t\left(1+\frac{\sigma_i^2}{\sigma_\nu^2}\right)$$

则我们可以获得只含有未知量$\widetilde{q_t}$的 6 次方程：

$$\widetilde{q_t}^2[M^3(M-1)^2\widetilde{q_t}^4 - M^2(5M-3)(M-1)\widetilde{q_t}^3 + M(10M^2-12M+3)\widetilde{q_t}^2$$
$$+(M(10-9M))\widetilde{q_t} + (3M-4)] = 0 \tag{2.191}$$

并且，易知$\widetilde{q_t}$为$\widetilde{q_{N(t)}^N}$当 $N\to\infty$ 时的极限。

容易证明式（2.191）只有一个根位于$\left(0, \frac{1}{M+1}\right)$区间内，考虑到这个范围限制，利用Matlab求解可得到近似解，举例如下：

当$M=1$时，$\widetilde{q_t}=\frac{1}{2}$，从而$q_t^i=\frac{1}{2}\frac{\sigma_\nu^2}{\sigma_\nu^2+\sigma_i^2}$。

当$M=2$时，$\widetilde{q_t}\approx 0.234817$，从而$q_t^i\approx 0.234817\frac{\sigma_\nu^2}{\sigma_\nu^2+\sigma_i^2}$。

当$M=3$时，$\widetilde{q_t}\approx 0.224137$，从而$q_t^i\approx 0.224137\frac{\sigma_\nu^2}{\sigma_\nu^2+\sigma_i^2}$。

下面利用q_t的值计算其他变量的极限值：

利用式（2.101），

$$\frac{H_n}{H_{n-1}}=\left(1-Mq_n\left(1+\frac{\sigma_i^2}{\sigma_\nu^2}\right)\right)$$

于是对任意的$t\in(0,1)$，我们有：

$$\begin{aligned}H_{N(t)}^{i,N}&=\frac{H_{N(t)}^{i,N}}{H_{N(t)-1}^{i,N}}*\frac{H_{N(t)-1}^{i,N}}{H_{N(t)-2}^{i,N}}\cdots\frac{H_2^{i,N}}{H_1^{i,N}}*\frac{H_1^{i,N}}{H_0^{i,N}}H_0^{i,N}\\&=\left(1-Mq_{N(t)}^{i,N}\left(1+\frac{\sigma_\nu^2}{\sigma_i^2}\right)\right)*\left(1-Mq_{N(t)-1}^{i,N}\left(1+\frac{\sigma_\nu^2}{\sigma_i^2}\right)\right)*\cdots,\left(1-Mq_2^{i,N}\left(1+\frac{\sigma_\nu^2}{\sigma_i^2}\right)\right)\\&\quad*\left(1-Mq_1^{i,N}\left(1+\frac{\sigma_\nu^2}{\sigma_i^2}\right)\right)(\sigma_\nu^2+\sigma_i^2)\\&=(1-M\widetilde{q_{N(t)}^N})*(1-M\widetilde{q_{N(t)-1}^N})*\cdots,(1-M\widetilde{q_2^N})*(1-M\widetilde{q_1^N})(\sigma_\nu^2+\sigma_i^2)\end{aligned}\tag{2.192}$$

由于$q_n^{i,N}$为$N-n$的增函数，而$q_{N(t)}^N$在取极限时$N-N(t)=N\left(1-\frac{N(t)}{N}\right)\to\infty$，于是对任意的$N$，$n$：

$$q_t^i\leqslant q_n^{i,N}\text{ 从而 }\widetilde{q_t^i}\leqslant\widetilde{q_n^{i,N}}\tag{2.193}$$

利用式（2.193）可以估计出式（2.192）的值满足：

$$H_{N(t)}^{i,N}<(1-M\widetilde{q_t^i})^{N(t)}(\sigma_\nu^2+\sigma_i^2)$$

利用1，$N\to\infty$时，$N-N(t)=N\left(1-\frac{N(t)}{N}\right)\to\infty$；以及2，当$p+q=M>2$时，$q_n\leqslant\frac{1}{M+1}\leqslant\frac{1}{2}$从而：

$q_t^i < \frac{1}{2}$；我们可知：当 $N \to \infty$ 时，$H_{N(t)}^{i,N} \to 0$。为了表示 $H_{N(t)}^{i,N} \to 0$ 的速度，我们把 $H_{N(t)}^{i,N}$ 除以一个随 $N \to \infty$ 而趋于 0 的无穷小量得：

$$\frac{H_{N(t)}^{i,N}}{(1-M\widetilde{q_{N(t)}^N})*(1-M\widetilde{q_{N(t)-1}^N})*\cdots,(1-M\widetilde{q_2^N})*(1-M\widetilde{q_1^N})} \to \sigma_\nu^2+\sigma_i^2 \quad (N\to\infty) \tag{2.194}$$

其中，

$$(1-M\widetilde{q_{N(t)}^N})*(1-M\widetilde{q_{N(t)-1}^N})*\cdots,(1-M\widetilde{q_2^N})*(1-M\widetilde{q_1^N})<(1-M\widetilde{q_t^i})^{N(t)} \to 0 \quad (N\to\infty) \tag{2.195}$$

利用式（2.103），我们知道：

$$\begin{aligned}
\lambda_{N(t)} &= \left(\frac{M\lambda_{N(t)}\beta_{N(t)}^{i,N}H_{N(t)}^{i,N}}{\sigma_u^2\Delta t_N}\right)^{\frac{1}{2}} \\
&= \left(\frac{Mq_{N(t)}^{i,N}H_{N(t)}^{i,N}}{\sigma_u^2\Delta t_N}\right)^{\frac{1}{2}} \\
&= \left(\frac{Mq_{N(t)}^{i,N}}{\sigma_u^2\Delta t_N}\right)^{\frac{1}{2}}\left(\frac{H_{N(t)}^{i,N}}{H_{N(t)-1}^{i,N}}\right)^{\frac{1}{2}}*\left(\frac{H_{N(t)-1}^{i,N}}{H_{N(t)-2}^{i,N}}\right)^{\frac{1}{2}}\cdots\left(\frac{H_2^{i,N}}{H_1^{i,N}}\right)^{\frac{1}{2}}*\left(\frac{H_1^{i,N}}{H_0^{i,N}}\right)^{\frac{1}{2}}H_0^{i,N\frac{1}{2}} \\
&= \left(\frac{Mq_{N(t)}^{i,N}}{\sigma_u^2\Delta t_N}\right)^{\frac{1}{2}}(1-M\widetilde{q_{N(t)}^N})^{\frac{1}{2}}*(1-M\widetilde{q_{N(t)-1}^N})^{\frac{1}{2}}*\cdots,(1-M\widetilde{q_2^N})^{\frac{1}{2}} \\
&\quad *(1-M\widetilde{q_1^N})^{\frac{1}{2}}(\sigma_\nu^2+\sigma_i^2)^{\frac{1}{2}} \\
&= \left(\frac{M\sigma_\nu^2\widetilde{q_{N(t)}^N}}{\sigma_u^2\Delta t_N}\right)^{\frac{1}{2}}(1-M\widetilde{q_{N(t)}^N})^{\frac{1}{2}}*(1-M\widetilde{q_{N(t)-1}^N})^{\frac{1}{2}}*\cdots,(1-M\widetilde{q_2^N})^{\frac{1}{2}} \\
&\quad *(1-M\widetilde{q_1^N})^{\frac{1}{2}} \quad \to 0 \quad (N\to\infty)
\end{aligned} \tag{2.196}$$

从而，流动性参数 $\lambda_{N(t)}$ 随着 N 趋于无穷大而趋于 0，并且从式（2.196）中，我们还可以看出 $\lambda_{N(t)}$ 趋于 0 的“速度”满足①：

① 此速度公式的时间单位并非 Δt_N，而是 $f(\Delta t_N)=(1-M\widetilde{q_{N(t)}^N})^{\frac{1}{2}}*(1-M\widetilde{q_{N(t)-1}^N})^{\frac{1}{2}}*\cdots,(1-M\widetilde{q_2^N})^{\frac{1}{2}}*(1-M\widetilde{q_1^N})^{\frac{1}{2}}\left(\frac{1}{\Delta t_N}\right)^{\frac{1}{2}}$。

$$\frac{\lambda_{N(t)}}{(1-M\widetilde{q^N_{N(t)}})^{\frac{1}{2}} * (1-M\widetilde{q^N_{N(t)-1}})^{\frac{1}{2}} * \cdots, (1-M\widetilde{q^N_2})^{\frac{1}{2}} * (1-M\widetilde{q^N_1})^{\frac{1}{2}}\left(\frac{1}{\Delta t_N}\right)^{\frac{1}{2}}} \rightarrow \left(\frac{M\sigma_\nu^2 q_t}{\sigma_u^2}\right)^{\frac{1}{2}} \tag{2.197}$$

其中：

$$\begin{aligned}(1-M\widetilde{q^N_{N(t)}})^{\frac{1}{2}} * (1-M\widetilde{q^N_{N(t)-1}})^{\frac{1}{2}} * \cdots, (1-M\widetilde{q^N_2})^{\frac{1}{2}} * (1-M\widetilde{q^N_1})^{\frac{1}{2}}\left(\frac{1}{\Delta t_N}\right)^{\frac{1}{2}} \\ < (1-M\tilde{q}_t)^{\frac{N(t)}{2}}\left(\frac{1}{\Delta t_N}\right)^{\frac{1}{2}} \\ \rightarrow 0 \qquad (N\rightarrow\infty)\end{aligned} \tag{2.198}$$

交易系数 $\beta^{i,N}_{N(t)}$ 满足：

$$\beta^{i,N}_{N(t)} = \left(\frac{\sigma_u^2 \Delta t_N q^{i,N}_{N(t)}}{MH^{i,N}_{N(t)}}\right)^{\frac{1}{2}} \tag{2.199}$$

由 $H^{i,N}_{N(t)}$ 的极限性质知：

$$\beta^{i,N}_{N(t)} \rightarrow \infty \tag{2.200}$$

而且：

$$\beta^{i,N}_{N(t)}(1-M\widetilde{q^N_{N(t)}})^{\frac{1}{2}} * (1-M\widetilde{q^N_{N(t)-1}})^{\frac{1}{2}} * \cdots, (1-M\widetilde{q^N_2})^{\frac{1}{2}} * (1-M\widetilde{q^N_1})^{\frac{1}{2}}\left(\frac{1}{\Delta t_N}\right)^{\frac{1}{2}} \rightarrow \left(\frac{\sigma_u^2 q_t}{M(\sigma_\nu^2+\sigma_i^2)}\right)^{\frac{1}{2}} \tag{2.201}$$

由于：

$$\begin{aligned}\alpha^{i,N}_{N(t)} &= \frac{1}{\lambda^{i,N}_{N(t)}} * \frac{(M+1)q^{i,N}_{N(t)} - \dfrac{\sigma_\nu^2}{\sigma_\nu^2+\sigma_i^2}}{2M\left(\dfrac{\sigma_\nu^2}{\sigma_\nu^2+\sigma_i^2}\right)\left(\dfrac{\sigma_\nu^2}{\sigma_\nu^2+\sigma_i^2}\right)^2 q^{i,N}_{N(t)} - \dfrac{\sigma_\nu^2}{\sigma_\nu^2+\sigma_i^2}} \\ &= \frac{1}{\lambda^{i,N}_{N(t)}} * \frac{(M+1)\widetilde{q^N_{N(t)}} - 1}{2M\widetilde{q^N_{N(t)}} - 1}\end{aligned}$$

利用 $\lambda^{i,N}_{N(t)}$ 的极限性质知：

$$\alpha^{i,N}_{N(t)} \rightarrow \infty \tag{2.202}$$

而且：

$$\alpha_{N(t)}^{i,N}(1-M\widetilde{q_{N(t)}^{N}})^{\frac{1}{2}}*(1-M\widetilde{q_{N(t)-1}^{N}})^{\frac{1}{2}}*\cdots,(1-M\widetilde{q_{2}^{N}})^{\frac{1}{2}}*(1-M\widetilde{q_{1}^{N}})^{\frac{1}{2}}\left(\frac{1}{\Delta t_{N}}\right)^{\frac{1}{2}}$$

$$\rightarrow\left(\frac{\sigma_{u}^{2}}{M\sigma_{\nu}^{2}\tilde{q}_{t}}\right)^{\frac{1}{2}}\frac{(M+1)\tilde{q}_{t}-1}{2M\tilde{q}_{t}-1}\qquad N\rightarrow\infty \tag{2.203}$$

由 $\delta_{n-1}-\delta_{n}=\alpha_{n}^{i}\lambda_{n}^{2}\sigma_{u}^{2}\Delta t_{N}$，可以得到：

$$\delta_{N(t)}^{N}\rightarrow 0 \tag{2.204}$$

而且：

$$\frac{\delta_{N(t)}^{i,N}}{(1-M\widetilde{q_{N(t)}^{N}})^{\frac{1}{2}}*(1-M\widetilde{q_{N(t)-1}^{N}})^{\frac{1}{2}}*\cdots,(1-M\widetilde{q_{2}^{N}})^{\frac{1}{2}}*(1-M\widetilde{q_{1}^{N}})^{\frac{1}{2}}\left(\frac{1}{\Delta t_{N}}\right)^{\frac{1}{2}}}$$

$$\rightarrow(M\sigma_{\nu}^{2}\tilde{q}_{t})\frac{(M+1)\tilde{q}_{t}-1}{2M\tilde{q}_{t}-1}(1-t) \tag{2.205}$$

综上：

竞争模型的连续化定理：在离散模型中，假设 $p+q>1$，当每次交易时间间隔一致的趋于零的时候，也就是 $N\rightarrow+\infty$ 时，定理2.5中所刻画的所有的参数都是收敛的。特别地，对任意的 $t\in(0,1)$，内部交易者：

$$i=1,2,\cdots,p,p+1,p+2,\cdots,p+q,$$

当 $N\rightarrow\infty$ 时：内部交易者的私有信息 $\nu+\varepsilon_{i}$ 中与历史信息正交部分 $\tilde{\nu}_{n-1}(\varepsilon_{i})$ 的信息量极限满足：

$$H_{N(t)}^{i,N}\rightarrow 0 \tag{2.206}$$

而且：

$$\frac{H_{N(t)}^{i,N}}{(1-M\widetilde{q_{N(t)}^{N}})*(1-M\widetilde{q_{N(t)-1}^{N}})*\cdots,(1-M\widetilde{q_{2}^{N}})*(1-M\widetilde{q_{1}^{N}})}$$

$$\rightarrow\sigma_{\nu}^{2}+\sigma_{i}^{2} \tag{2.207}$$

其中：$\widetilde{q_{n}^{N}}=q_{n}^{N}\left(1+\frac{\sigma_{\nu}^{2}}{\sigma_{i}^{2}}\right)$，由端点值 $\widetilde{q_{N}^{N}}=\frac{1}{M+1}$ 和位于 $\left(0,\frac{1}{M+1}\right)$ 的三次倒推递归方程的根决定：

$$M^{2}\widetilde{q_{n}^{N3}}-\left[2M+(M+1)^{2}\frac{\widetilde{q_{n+1}^{N}}}{(1-M\widetilde{q_{n+1}^{N}})(M\widetilde{q_{n+1}^{N}}-\widetilde{q_{n+1}^{N}}-1)^{2}}\right]\widetilde{q_{n}^{N2}}$$

$$+\left[1+2(M+1)\frac{\widetilde{q_{n+1}^{N}}}{(1-M\widetilde{q_{n+1}^{N}})(M\widetilde{q_{n+1}^{N}}-\widetilde{q_{n+1}^{N}}-1)^{2}}\right]\widetilde{q_{n}^{N}}$$

$$
-\frac{\widetilde{q_{n+1}^{N}}}{(1-M\widetilde{q_{n+1}^{N}})(M\widetilde{q_{n+1}^{N}}-\widetilde{q_{n+1}^{N}}-1)^{2}}
$$

$$
=0 \tag{2.208}
$$

市场流动性参数：

$$
\lambda_{N(t)}^{N}\to 0 \tag{2.209}
$$

而且：

$$
\frac{\lambda_{N(t)}}{(1-M\widetilde{q_{N(t)}^{N}})^{\frac{1}{2}}*(1-M\widetilde{q_{N(t)-1}^{N}})^{\frac{1}{2}}*\cdots,(1-M\widetilde{q_{2}^{N}})^{\frac{1}{2}}*(1-M\widetilde{q_{1}^{N}})^{\frac{1}{2}}\left(\frac{1}{\Delta t_{N}}\right)^{\frac{1}{2}}}
$$

$$
\to\left(\frac{M\sigma_{\nu}^{2}\widetilde{q_{t}}}{\sigma_{u}^{2}}\right)^{\frac{1}{2}} \tag{2.210}
$$

内部交易者 i 的交易系数：

$$
\beta_{N(t)}^{i,N}\to\infty \tag{2.211}
$$

而且：

$$
\beta_{N(t)}^{i,N}(1-M\widetilde{q_{N(t)}^{N}})^{\frac{1}{2}}*(1-M\widetilde{q_{N(t)-1}^{N}})^{\frac{1}{2}}*\cdots,(1-M\widetilde{q_{2}^{N}})^{\frac{1}{2}}*(1-M\widetilde{q_{1}^{N}})^{\frac{1}{2}}\left(\frac{1}{\Delta t_{N}}\right)^{\frac{1}{2}}
$$

$$
\to\left(\frac{\sigma_{u}^{2}q_{t}}{M(\sigma_{\nu}^{2}+\sigma_{i}^{2})}\right)^{\frac{1}{2}} \tag{2.212}
$$

内部交易者 i 的未来预期利润：

$$
\begin{aligned}
E\left(\prod\nolimits_{N(t)}^{i,N}\mid P_{1},P_{2},\cdots,P_{n},\nu+\varepsilon_{i}\right)&\to\alpha_{t}\widetilde{\nu_{t}^{i}}(\varepsilon_{i})^{2}+\delta_{t}def\\
&=E\left(\prod\nolimits_{t}^{i}\mid P_{s},s\leqslant t,\nu+\varepsilon_{i}\right)
\end{aligned} \tag{2.213}
$$

其中：

$$
\alpha_{N(t)}^{i,N}\to\infty \tag{2.214}
$$

而且：

$$
\alpha_{N(t)}^{i,N}(1-M\widetilde{q_{N(t)}^{N}})^{\frac{1}{2}}*(1-M\widetilde{q_{N(t)-1}^{N}})^{\frac{1}{2}}*\cdots,(1-M\widetilde{q_{2}^{N}})^{\frac{1}{2}}*(1-M\widetilde{q_{1}^{N}})^{\frac{1}{2}}\left(\frac{1}{\Delta t_{N}}\right)
$$

$$
\to\left(\frac{\sigma_{u}^{2}}{M\sigma_{\nu}^{2}\tilde{q}_{t}}\right)^{\frac{1}{2}}\frac{(M+1)\widetilde{q_{t}}-1}{2M\widetilde{q_{t}}-1}\qquad N\to\infty \tag{2.215}
$$

$$
\delta_{N(t)}^{N}\to 0 \tag{2.216}
$$

而且：

$$\frac{\delta_{N(t)}^{i,N}}{(1-M\widetilde{q_{N(t)}^{N}})^{\frac{1}{2}} * (1-M\widetilde{q_{N(t)-1}^{N}})^{\frac{1}{2}} * \cdots, (1-M\widetilde{q_2^N})^{\frac{1}{2}} * (1-M\widetilde{q_1^N})^{\frac{1}{2}}\left(\frac{1}{\Delta t_N}\right)^{\frac{1}{2}}}$$

$$\to (M\sigma_\nu^2 \tilde{q}_t)\frac{(M+1)\tilde{q}_t - 1}{2M\tilde{q}_t - 1}(1-t) \tag{2.217}$$

以上各式中：

$$(1-M\widetilde{q_{N(t)}^{N}}) * (1-M\widetilde{q_{N(t)-1}^{N}}) * \cdots, (1-M\widetilde{q_2^N}) * (1-M\widetilde{q_1^N}) < (1-M\tilde{q}_t)^{N(t)} \to 0,$$
$$(N\to\infty) \tag{2.218}$$

其中式（2.118）中的$\widetilde{q_t}$为6次方程：

$$\widetilde{q_t}^2[M^3(M-1)^2\widetilde{q_t}^4 - M^2(5M-3)(M-1)\widetilde{q_t}^3 + M(10M^2-12M+3)\widetilde{q_t}^2$$
$$+(M(10-9M))\widetilde{q_t} + (3M-4)] = 0 \tag{2.219}$$

的位于$\left(0, \frac{1}{M+1}\right)$的根。

为了把连续时间均衡结果表达出来，设：

$$\frac{\lambda_n^N}{(1-M\widetilde{q_{N(t)}^{N}})^{\frac{1}{2}} * (1-M\widetilde{q_{N(t)-1}^{N}})^{\frac{1}{2}} * \cdots, (1-M\widetilde{q_2^N})^{\frac{1}{2}} * (1-M\widetilde{q_1^N})^{\frac{1}{2}}\left(\frac{1}{\Delta t_N}\right)} = \widetilde{\lambda_n^N} \tag{2.220}$$

$$\frac{P_{N(t)}^N}{1-M\widetilde{q_{N(t)}^{N}})^{\frac{1}{2}} * (1-M\widetilde{q_{N(t)-1}^{N}})^{\frac{1}{2}} * \cdots, (1-M\widetilde{q_2^N})^{\frac{1}{2}} * (1-M\widetilde{q_1^N})^{\frac{1}{2}}\left(\frac{1}{\Delta t_N}\right)} = \widetilde{P_{N(t)}^N} \tag{2.221}$$

$$\beta_{N(t)}^{i,N}(1-M\widetilde{q_{N(t)}^{N}})^{\frac{1}{2}} * (1-M\widetilde{q_{N(t)-1}^{N}})^{\frac{1}{2}} * \cdots, (1-M\widetilde{q_2^N})^{\frac{1}{2}} * (1-M\widetilde{q_1^N})^{\frac{1}{2}}\left(\frac{1}{\Delta t_N}\right)^{\frac{1}{2}} = \widetilde{\beta_{N(t)}^{i,N}} \tag{2.222}$$

$$x_{N(t)}^{i,N}(1-M\widetilde{q_{N(t)}^{N}})^{\frac{1}{2}} * (1-M\widetilde{q_{N(t)-1}^{N}})^{\frac{1}{2}} * \cdots, (1-M\widetilde{q_2^N})^{\frac{1}{2}} * (1-M\widetilde{q_1^N})^{\frac{1}{2}}\left(\frac{1}{\Delta t_N}\right)^{\frac{1}{2}} = \widetilde{x_{N(t)}^{i,N}} \tag{2.223}$$

并且$\widetilde{X_n^i}$定义为$\widetilde{x_n^i}$的时间累加。

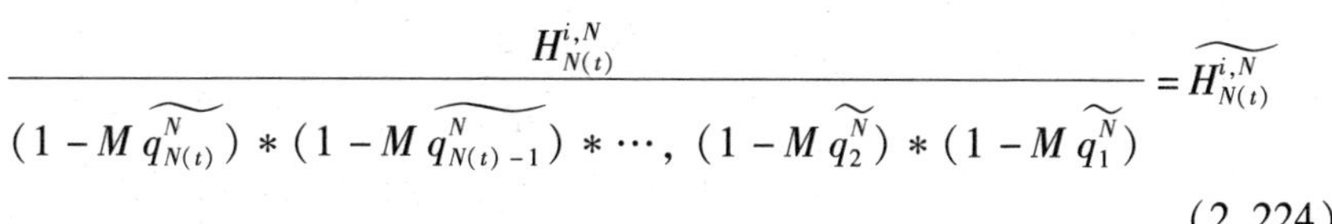

$$\frac{H_{N(t)}^{i,N}}{(1-M\widetilde{q_{N(t)}^{N}})*(1-M\widetilde{q_{N(t)-1}^{N}})*\cdots,(1-M\widetilde{q_{2}^{N}})*(1-M\widetilde{q_{1}^{N}})}=\widetilde{H_{N(t)}^{i,N}} \tag{2.224}$$

$$\frac{\prod_{N(t)}^{i,N}}{(1-M\widetilde{q_{N(t)}^{N}})^{\frac{1}{2}}*(1-M\widetilde{q_{N(t)-1}^{N}})^{\frac{1}{2}}*\cdots,(1-M\widetilde{q_{2}^{N}})^{\frac{1}{2}}*(1-M\widetilde{q_{1}^{N}})^{\frac{1}{2}}(\Delta t_N)}=\widetilde{\prod_{N(t)}^{i,N}} \tag{2.225}$$

$$\alpha_{N(t)}^{i,N}(1-M\widetilde{q_{N(t)}^{N}})^{\frac{1}{2}}*(1-M\widetilde{q_{N(t)-1}^{N}})^{\frac{1}{2}}*\cdots,(1-M\widetilde{q_{2}^{N}})^{\frac{1}{2}}*(1-M\widetilde{q_{1}^{N}})^{\frac{1}{2}}(\Delta t_N)=\widetilde{\alpha_{N(t)}^{i,N}} \tag{2.226}$$

$$\frac{\delta_{N(t)}^{i,N}}{(1-M\widetilde{q_{N(t)}^{N}})^{\frac{1}{2}}*(1-M\widetilde{q_{N(t)-1}^{N}})^{\frac{1}{2}}*\cdots,(1-M\widetilde{q_{2}^{N}})^{\frac{1}{2}}*(1-M\widetilde{q_{1}^{N}})^{\frac{1}{2}}(\Delta t_N)}=\widetilde{\delta_{N(t)}^{i,N}} \tag{2.227}$$

其中：当 $N\to\infty$ 时：

$$\widetilde{\lambda_{N(t)}^{N}}\to\tilde{\lambda}_t def=\left(\frac{M\sigma_{\nu}^{2}\widetilde{q_t}}{\sigma_u^2}\right)^{\frac{1}{2}} \tag{2.228}$$

$$\widetilde{H_{N(t)}^{i,N}}\to\widetilde{H_t^i} def=\sigma_{\nu}^{2}+\sigma_{i}^{2} \tag{2.229}$$

$$\widetilde{\beta_{N(t)}^{i,N}}\to\left(\frac{\sigma_u^2\widetilde{q_t}}{M(\sigma_{\nu}^{2}+\sigma_{i}^{2})}\right)^{\frac{1}{2}} \tag{2.230}$$

$$\widetilde{\alpha_{N(t)}^{i,N}}\to\widetilde{\alpha_t^i}\left(\frac{\sigma_u^2}{M\sigma_{\nu}^{2}\widetilde{q_t}}\right)^{\frac{1}{2}}\frac{(M+1)\widetilde{q_t}-1}{2M\widetilde{q_t}-1} \tag{2.231}$$

离散差分方程：

$$\begin{aligned}P_{N(t)}^{N}-P_{N(t)-1}^{N}&=\lambda_{N(t)}^{N}\left(\sum_{j=1}^{M}x_{N(t)}^{i,N}+u_n\right)\\&=\lambda_{N(t)}^{N}\left(\sum_{j=1}\beta_{N(t)}^{j,N}\tilde{\nu}_{n-1}(\varepsilon_i)+u_n\right)\\&=\lambda_{N(t)}^{N}\left(\sum_{j=1}\beta_{N(t)}^{j,N}\sqrt{H_n^i}\,\widetilde{\omega_{n-1}}(\varepsilon_i)+u_n\right)\\&=\lambda_{N(t)}^{N}\left(\sum_{j=1}\widetilde{\beta_{N(t)}^{j,N}}\sqrt{\Delta t_N}\sqrt{\widetilde{H_n^i}}\,\widetilde{\omega_{n-1}}(\varepsilon_i)+u_n\right)\end{aligned} \tag{2.232}$$

其中：

$$\widetilde{\omega_{n-1}}(\varepsilon_i)=\frac{\tilde{\nu}_{n-1}(\varepsilon_i)}{\sqrt{H_n^i}}$$

为 $\tilde{\nu}_{n-1}(\varepsilon_i)$ 的方差归一化变量。把式（2.232）的两端同时除以

$$(1-M\widetilde{q_n^i})^{\frac{1}{2}}*(1-M\widetilde{q_{n-1}^i})^{\frac{1}{2}}*\cdots,(1-M\widetilde{q_2^i})^{\frac{1}{2}}*(1-M\widetilde{q_1^i})^{\frac{1}{2}}\left(\frac{1}{\Delta t_N}\right),$$

我们可以得到：

$$\widetilde{P_{N(t)}^N}-\widetilde{P_{N(t)-1}^N}=\widetilde{\lambda_{N(t)}^N}\Big(\sum_{j=1}\widetilde{\beta_{N(t)}^{j,N}}\sqrt{\Delta t_N}\sqrt{\widetilde{H_n^i}}\,\widetilde{\omega_{N(t)-1}}(\varepsilon_i)+u_n\Big)\tag{2.233}$$

两边同时令 $N\to\infty$，可得：

$$d\widetilde{P_t}=\widetilde{\lambda_t}\Big(\sum_{j=1}\widetilde{\beta_t^j}(dt)^{\frac{1}{2}}\sqrt{\widetilde{H_t^i}}\,\widetilde{\omega_t}(\varepsilon_i)+u_n\Big)\tag{2.234}$$

其中，

$$\begin{aligned}\widetilde{\lambda_t}&=\lim_{N\to\infty}\widetilde{\lambda_{N(t)}^N}\\&=\lim_{N\to\infty}\frac{\lambda_{N(t)}^N}{(1-M\widetilde{q_{N(t)}^N})^{\frac{1}{2}}*(1-M\widetilde{q_{N(t)-1}^N})^{\frac{1}{2}}*\cdots,(1-M\widetilde{q_2^N})^{\frac{1}{2}}*(1-M\widetilde{q_1^N})^{\frac{1}{2}}\left(\frac{1}{\Delta t_N}\right)}\\&=\left(\frac{M\sigma_\nu^2\tilde{q}_t}{\sigma_u^2}\right)^{\frac{1}{2}}\end{aligned}\tag{2.235}$$

并且：

$$\begin{aligned}\widetilde{\beta_t^i}&=\lim_{N\to\infty}\widetilde{\beta_{N(t)}^{i,N}}\\&=\lim_{N\to\infty}\beta_{N(t)}^{i,N}(1-M\widetilde{q_{N(t)}^N})^{\frac{1}{2}}*(1-M\widetilde{q_{N(t)-1}^N})^{\frac{1}{2}}*\cdots,(1-M\widetilde{q_2^N})^{\frac{1}{2}}*(1-M\widetilde{q_1^N})^{\frac{1}{2}}\left(\frac{1}{\Delta t_N}\right)^{\frac{1}{2}}\\&=\left(\frac{\sigma_u^2\widetilde{q_t}}{M(\sigma_\nu^2+\sigma_i^2)}\right)^{\frac{1}{2}}\end{aligned}\tag{2.236}$$

$$\begin{aligned}\widetilde{H_t^i}&=\lim_{N\to\infty}\widetilde{H_{N(t)}^{i,N}}\\&=\lim_{N\to\infty}\frac{H_{N(t)}^{i,N}}{(1-M\widetilde{q_{N(t)}^N})*(1-M\widetilde{q_{N(t)-1}^N})*\cdots,(1-M\widetilde{q_2^N})*(1-M\widetilde{q_1^N})}\\&=\sigma_\nu^2+\sigma_i^2\end{aligned}\tag{2.237}$$

离散方程：

$$x_{N(t)}^{i,N}=\beta_{N(t)}^{i,N}\tilde{\nu}_{n-1}(\varepsilon_i)$$

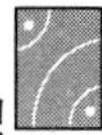

$$=\beta_{N(t)}^{i,N}\sqrt{H_{N(t)}^{i,N}}\widetilde{\omega_{n-1}}(\varepsilon_i) \tag{2.238}$$

可以写为离散差分方程：

$$dX_{N(t)}^{i,N}=\beta_{N(t)}^{i,N}\sqrt{H_{N(t)}^{i,N}}\widetilde{\omega_{n-1}}(\varepsilon_i)$$
$$=\widetilde{\beta_{N(t)}^{i,N}}\sqrt{\widetilde{H_{N(t)}^{i,N}}}(\Delta t_N)^{\frac{1}{2}}$$

方程两边同时令 $N\to\infty$ 可以得：dX_t^i 的方差可表示为：$\widetilde{\beta_t^i}\sqrt{\widetilde{H_t^i}}(dt)^{\frac{1}{2}}$。因此 X_t^i 过程可以用布朗运动来刻画，即：

$$dX_t^i=\widetilde{\beta_t^i}\sqrt{\widetilde{H_t^i}}dB_t \tag{2.239}$$

其中，$\widetilde{\beta_t^i}$，以及$\widetilde{H_t^i}$分别满足式（2.236）和式（2.236）。

同理，由于在连续时间时的内部交易者交易量 dX_t^i 与噪声交易者的交易量 $\sigma_u dB_t$ 是独立的，因此，连续时间时的总交易量过程可以用布朗运动来表示，即：

$$d\tilde{z}_t=\sqrt{\sum_j \beta_t^{j2}H_t^i+\sigma_u^2}dB_t \tag{2.240}$$

通过以上分析知：变形后的离散价格差，交易量增量等都是收敛的而且收敛的极限是非平凡的微分方程①，又由于交易系数，流动性参数，利润函数等变形后具有非平凡极限结果，因此根据连续时间均衡的定义知，我们有下列重要命题：

竞争模型的渐近连续化定理：当市场中内部交易者存在竞争，即 $p+q=M>1$ 时，对应于离散均衡定理 2.5 的连续均衡的结果为：变形后的资产价格，第 i 个内部交易者的交易量分别满足随机微分方程：

$$d\widetilde{P_t}=\lambda_t\left(\sqrt{\sum_j \beta_t^{j2}H_t^i+\sigma_u^2}dB_t\right)$$

$$dX_t^i=\widetilde{\beta_t^i}\sqrt{\widetilde{H_t^i}}(dt)^{\frac{1}{2}}$$

其中，

$$\widetilde{\lambda_t}=\left(\frac{M\sigma_v^2 q_t}{\sigma_u^2}\right)^{\frac{1}{2}}$$

① 即极限非零而且非无穷，由于平凡的极限包含的信息不足，因此，连续化中我们偏好使用非平凡的极限，如果一个序列的极限为平凡的，我们就求出此极限趋于 0 或无穷大的速度。

$$\widetilde{\beta_t^i} = \left(\frac{\sigma_u^2 q_t}{M(\sigma_\nu^2 + \sigma_i^2)}\right)^{\frac{1}{2}}$$

$$\widetilde{H_t^i} = \sigma_\nu^2 + \sigma_i^2$$

$\widetilde{P_t}$为：

$$\widetilde{P_{N(t)}^N} = \frac{P_{N(t)}^N}{(1-M\widetilde{q_{N(t)}^N})^{\frac{1}{2}} * (1-M\widetilde{q_{N(t)-1}^N})^{\frac{1}{2}} * \cdots, (1-M\widetilde{q_2^N})^{\frac{1}{2}} * (1-M\widetilde{q_1^N})^{\frac{1}{2}}\left(\frac{1}{\Delta t_N}\right)}$$

的连续化。X_t^i 为：

$$\sum_{j=1}^{N(t)} \widetilde{x_j^{i,N}} = \sum_{j=1}^{N(t)} x_{N(t)}^{i,N}(1 - M\widetilde{q_{N(t)}^N})^{\frac{1}{2}} * (1 - M\widetilde{q_{N(t)-1}^N})^{\frac{1}{2}} * \cdots,$$

$$(1 - M\widetilde{q_2^N})^{\frac{1}{2}} * (1 - M\widetilde{q_1^N})^{\frac{1}{2}}\left(\frac{1}{\Delta t_N}\right)^{\frac{1}{2}}$$

的连续化。并且

$$(1-M\widetilde{q_{N(t)}^N})^{\frac{1}{2}} * (1-M\widetilde{q_{N(t)-1}^N})^{\frac{1}{2}} * \cdots, (1-M\widetilde{q_2^N})^{\frac{1}{2}} *$$

$$(1-M\widetilde{q_1^N})^{\frac{1}{2}} < (1-M\tilde{q}_t)^{N(t)} \to 0, (N\to\infty) \qquad (2.241)$$

式（2.241）中$\widetilde{q_t}$为6次方程：

$$\widetilde{q_t}^2[M^3(M-1)^2\widetilde{q_t}^4 - M^2(5M-3)(M-1)\widetilde{q_t}^3 + M(10M^2-12M+3)\widetilde{q_t}^2$$

$$+(M(10-9M))\widetilde{q_t} + (3M-4)] = 0 \qquad (2.242)$$

的位于$\left(0, \frac{1}{M+1}\right)$的根。

$\sigma_u dB_t$ 为瞬时方差为 σ_u^2 的 Brown 运动，第 i 个内部交易者选择（X_t^i）$_{0\leqslant t\leqslant 1}$ 使得 $E(\int_t^1 (v-P_t)dX_t^i \mid P_s, s\leqslant t)$ 达到最大。

有了以上的渐近连续化定理 2.11，下面我们定义：

连续时间均衡：

如果当 $\Delta t_N \to 0$ 时，N 期离散模型均衡结果 d_1，d_2，…，d_N 的极限存在，即 $d_{N(t)} \to d_t$，（$N\to\infty$）如果 $d_t \neq 0 \mid d_t \mid \neq \infty$ 则可以直接定义此极限结果 d_t，$t\in(0, 1)$ 为连续模型的结果，否则按照如下定义：

若存在某个 $\alpha>0$，使得对任意的 $t\in(0,\ 1)$，[①] 当 $\Delta t_N\to 0$ 时 $\frac{d_{N(t)}}{f(\Delta t_N)}\to d_t\in(0,\ \infty)$，其中 $f(\Delta t_N)$ 以某种速度比如指数速度，或者多项式速度收敛到 0。如果 N 期离散模型均衡结果用 d_n，$n=1,\ 2,\ \cdots,\ N$ 来表示，则连续模型均衡结果可以用 d_t，$t\in(0,\ 1)$ 来定义。

此时的 d_t 可以理解为 $d_{N(t)}$ 趋于极限过程的"速度"，但是注意此计算此速度的时间尺度可能不是原来的时间长度 t，而是广义的时间长度比如 t^{α}，e^{t}。如此刻划的连续时间变量可以近似模拟离散模型的结果，比如，假设 $f(\Delta t_N)=c\Delta t_N$，则当 N 很大时，前 $N(t)$ 项部分和 $\sum_{k=1}^{N(t)} d_k^N$ 可以近似利用 Rimman 积分 $\int_0^t cd_t dt$ 来逼近，误差随 $N\to\infty$ 可以无限小。

综上，竞争模型的渐近连续化定理 2.11 可以视为竞争模型的连续时间均衡。

2.6　数值模拟和经济意义的分析

2.6.1　垄断情形

为了与凯尔（1985）模型作比较，我们假设内部交易者只有一个人，拥有信息 $\nu+\varepsilon_i$，特别的，当 $\sigma_i^2=var(\varepsilon_i)=0$ 时，本模型退化为凯尔（1985）模型，观察本模型的连续化结果定理 2.7 发现：本模型的所有结果与凯尔（1985）模型相同，因此我们可以说：凯尔（1985）模型是本书的特殊情形。

此外，从 $p+q=1$ 模型的连续化定理 2.7 可以看出以下结论：

首先注意，由于内部信息：

$$\nu+\varepsilon_i$$

其中 $\nu\sim N(0,\ \sigma_i^2)$，则内部信息的不完全程度可用 σ_i^2 表示；内部信息的精度则可以用 $\frac{1}{\sigma_i^2}$ 来表示。

---

① 随机变量的端点值往往会有自然规定，不需定义，比如离散模型命题 1 中 $\alpha_N=0$，$r_N=\frac{1}{\eta}$。

结论1. 由（2.152）可以看出：若内部交易者的信息是比较不完全的，即 $\sigma_i^2 \neq 0$ 比较大，则交易系数关于时间的平均：

$$\widetilde{\beta_t^i} = \frac{\sigma_u \sigma_\nu}{(\sigma_\nu^2 + \sigma_i^2)}$$

变得比较小，经济含义为：私有信息越不完全，则内部交易者的交易行为越谨慎。特别的，在我们的模型中，内部交易者的交易行为比凯尔（1985）模型（私有信息是最完全的）更谨慎。

结论2. 资产 ν 的真实值信息未释放到公开市场中的信息量满足：

$$\lim_{N\to\infty} \sum\nolimits_{N(t)}^{N} = \left(\frac{\sigma_\nu^2}{\sigma_\nu^2 + \sigma_i^2}\right)(\sigma_i^2 + \sigma_\nu^2(1-t))def = \sum\nolimits_t^i \quad (2.243)$$

从中容易求出连续时间的资产 ν 的真实值的信息释放速度为：

$$-\frac{d\sum_t^i}{dt} = \frac{\sigma_\nu^4}{\sigma_\nu^2 + \sigma_i^2} \quad (2.244)$$

此为信息不完全程度 σ_ν^2 的减函数，从而，我们发现：私有信息的信息不完全程度越高，则资产 ν 的真实值的信息释放速度越慢。

结论3. 从未来预期利润表达式（2.76）未来预期利润：

$$\begin{aligned}\lim_{N\to\infty} E\left(\prod\nolimits_{N(t)}^{i,N} \mid P_1, P_2, \cdots, P_n, \nu + \varepsilon_i\right) &= \alpha_t \widetilde{\nu_t^i}(\varepsilon_i)^2 + \delta_t def \\ &= E\left(\prod\nolimits_t^i \mid P_s, s \leqslant t, \nu + \varepsilon_i\right)\end{aligned} \quad (2.245)$$

其中：

$$\lim_{N\to\infty} \alpha_{N(t)}^{i,N} = \frac{1}{2} \frac{\sigma_\nu^3 \sigma_u}{(\sigma_\nu^2 + \sigma_i^2)^2} def = \alpha_t \quad (2.246)$$

$$\lim_{N\to\infty} \delta_{N(t)}^{i,N} = \frac{1}{2}(1-t) \frac{\sigma_\nu^5 \sigma_u}{(\sigma_\nu^2 + \sigma_i^2)^2} def = \delta_t \quad (2.247)$$

我们可以看出：如果固定内部信息中与历史信息正交的信息 $\widetilde{\nu_t}$，则通过观察未来预期利润的参数 α_t 和 δ_t，有：

内部信息越不完全，则未来利润越小。凯尔（1985）相当于在我们模型中，把内部信息的信息不完全程度满足 $\sigma_i^2 = 0$，因此，可以说：凯尔（1985）模型中内部交易者由于精度最高，获利最大。

下面通过数值模拟展示离散模型的其余的重要性质：

为了与凯尔（1985）模型作比较，我们设 $p + q = 1$，$\sigma_\nu^2 = 1$，$\sigma_\varepsilon^2 =$

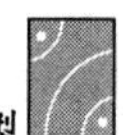

0.5，下面给出图形2-1～图形2-3。首先，图形2-1展示了资产ν的真实值信息以一个常数速度释放到公开市场中，然而，不同于凯尔（1985）模型由$\left(\sum_n, \frac{n}{N}\right)_{n=1,2,\cdots,N}$连接而成的折现的末端值随着$N\to\infty$而趋于0的情形，我们的模型中，资产价值$\nu$的真实值信息始终不会被全部揭示出来，从图2-2中可以发现：即使$N=400$，资产价值ν真实值的未释放信息仍然具有0.3357的规模。而在凯尔（1985）模型中，它非常接近于0。这种显著差异源于我们所做的更一般的假设：即私有信息可能是不完全的，因此在揭示ν真实值时效果可能是不充分的，见图2-1所示：

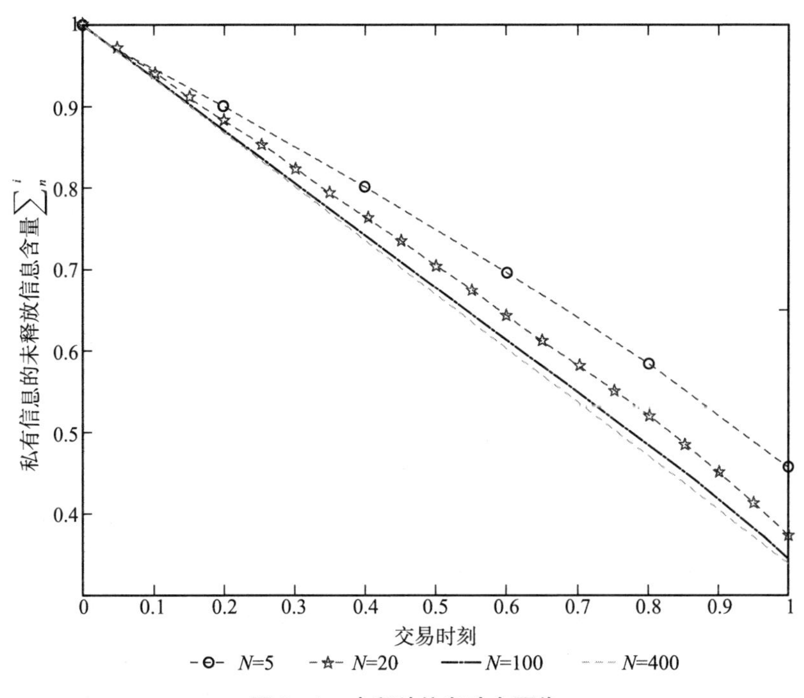

图2-1　未释放信息动态图像

（此图描述了私有信息ν的未释放信息含量（$\sum_n^i$）随时间的变动，其中$M=1$，不同的曲线表示不同的N期模型。）

为了表示不同完全程度的信号对内部交易者策略的影响，我们在模型假设中固定$N=20$，$\sigma_\nu^2=1$，而取不同的信息完全程度$\sigma_i^2=\{0.5,0.25,$

0.75，1，1.25｝$\sigma_{\nu}^{2}=1$ 越大，表示内部交易者所拥有的信息越完全。σ_{i}^{2} 越大表示内部交易者拥有的信息越完全，图 2－2 是不同的信息完全程度的内部交易者的交易系数动态变化图像，我们发现：一方面，固定 σ_{i}^{2}，即固定信息完全程度，我们发现，一开始，内部交易者抑制自己的交易系数，但随着时间后移，交易越来越激进，交易结束前时刻的交易最为激进。另一方面，我们发现：对不同的 σ_{i}^{2}，即对不同的信息完全程度，信息越完全，内部交易者的交易越激进，这与直观相吻合，但是从图象中还可以看出一点从直观上不一定能看出来的结论：内部交易者的交易自始至终都是激进的，见图 2－2 所示：

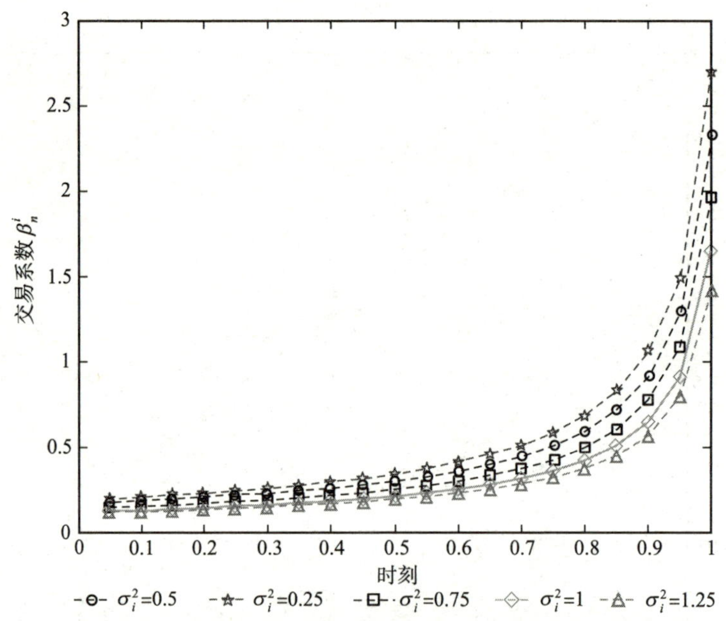

图 2－2　内部交易者的交易系数动态图像

（其中 $M=1$，不同的曲线表示不同的信息完全程度模型中的交易系数动态。）

图 2－2 显示流动性参数一开始取得较大值，并且持续了很长的时间，这表示开始阶段作为市场主导者的做市商面临着较大的逆向选择问题，（注：λ_n 越大，表示做市商调整价格的力度越大，即逆向选择问题越严重，因此 λ_n 可用于衡量逆向选择问题的强弱，最早见霍顿等人的文章），但是当时间趋于 1 时，λ_n 急剧下降，这表示大部分可以被释放的私有信息已经被释放，信息不对称问题变得较弱。

从图 2 - 3 中还可以看出：在内部信息比较完全的内部交易者所在的模型中，信息完全的内部交易者使得市场具有更严重的逆向选择问题，即市场流动性参数折线取值越大，这是由市场的信息不对称问题随着信息精度的提高而变得越来越严重，见图 2 - 3 所示：

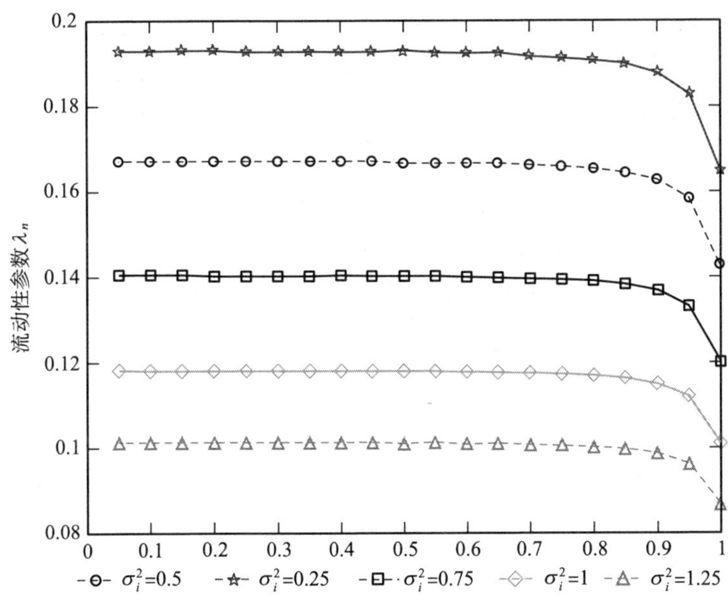

图 2 - 3　流动性参数动态图像

（其中，$M=1$，不同的曲线表示不同的信息完全程度模型中的流动性参数。）

2.6.2　竞争情形

竞争情形即市场中不止有一个内部交易者，他们之间存在信息竞争关系，由 $p+q>1$ 模型的连续化定理 2.10，2.6.1 的三个结论仍然成立，此外，在凯尔（1985）及霍顿和沙拔曼模型中，不同时期的总交易量（或者称之为“未平衡交易量”即 order-imbalanced）是不相关的，证明如下：对 $m<n$，我们有：

$$\begin{aligned} cov(z_n, z_m) &= cov(M\beta_n(\nu - P_{n-1}) + u_n, z_m) \\ &= cov(u_n, z_m) = 0 \end{aligned} \tag{2.248}$$

这是由于凯尔（1985）模型中以及霍顿和沙拔曼模型中，$\nu - P_{n-1}$与历史信息正交从而独立。同样的，在本模型中，在每个交易者 i 的信念下，不同时期的信息交易也是正交从而独立的。但是内部交易者的认识是与真实的情况有偏差的，这会导致不同时期的交易量可能是相关的。大量文献已经证明了：市场中的不同时期的交易量是相关的（Albert Wang F.，1998；Sankaraguruswamy and Jianfeng，2006；Foster F. D. Viswanathan，S.，1993；Wang，J.，1994；Harris and Raviv，1993；He，H. and Wang，J.，1995；Covrig V. etc.，2004）。因此，我们的内部交易模型是更加符合实际市场的。

下面通过数值模拟展示离散模型的其余的重要性质：

为了给出我们的模型与霍顿和沙拔曼（Holden，Subrahmanyam，1992）模型的比较，我们取 $\sum_0=\sigma_\nu^2=1$ 为常数，取 N 来自集合 {5，20，100，400}，由图 2－4 可以发现资产 ν 信息的未释放信息的图像随着 N 趋于无穷而趋于非零常数，这显著不同于霍顿和沙拔曼模型中资产 ν 信息的未释放信息的图像随着 N 趋于无穷而趋于 0 的情形，见图 2－4 ~ 图 2－7 所示：

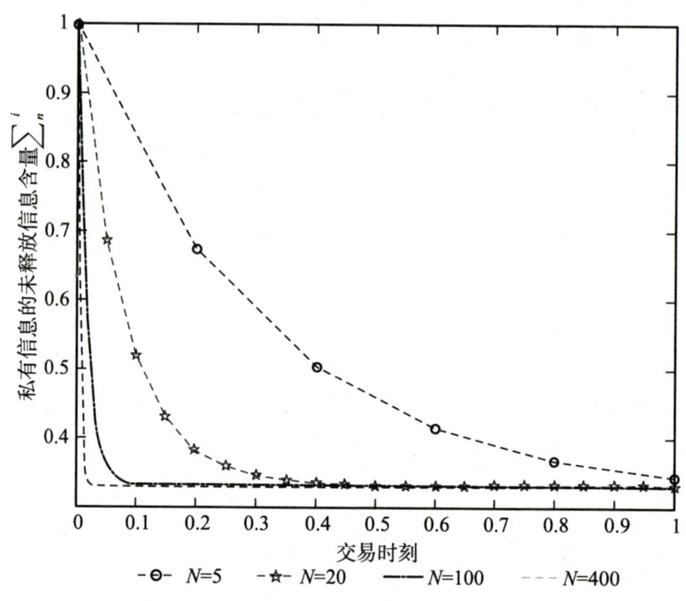

图 2－4　私有信息 ν 的未释放信息含量图像

（其中，私有信息 ν 的未释放信息含量（$\sum_n^i$）随时间的变动，其中 $M=2$，不同的曲线表示不同的 N 期模型。）

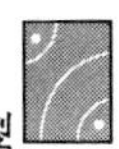

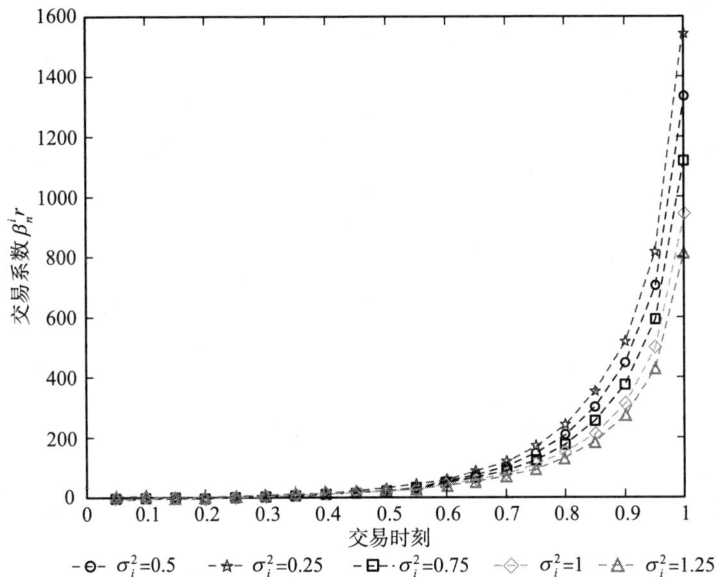

图 2-5　内部交易者的交易系数动态图像

（其中 $M=2$，不同的曲线表示不同的信息完全程度模型中的交易系数动态。）

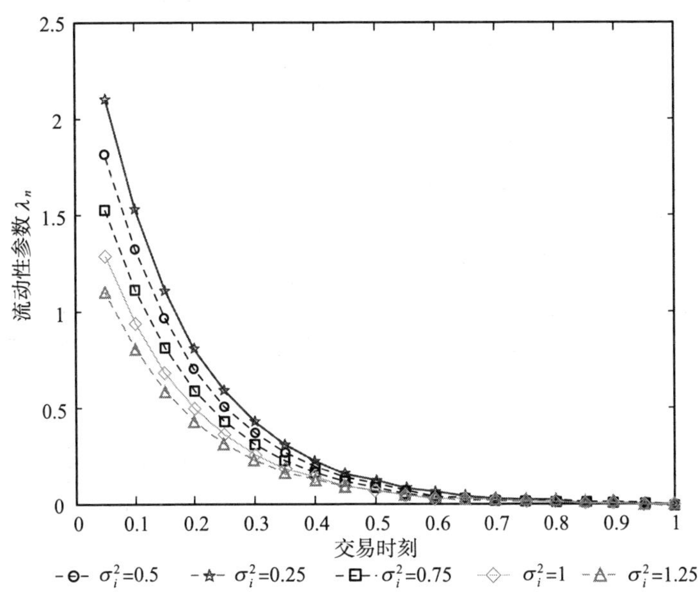

图 2-6　流动性参数动态图像

（其中 $M=2$，不同的曲线表示不同的信息完全程度模型中的流动性参数。）

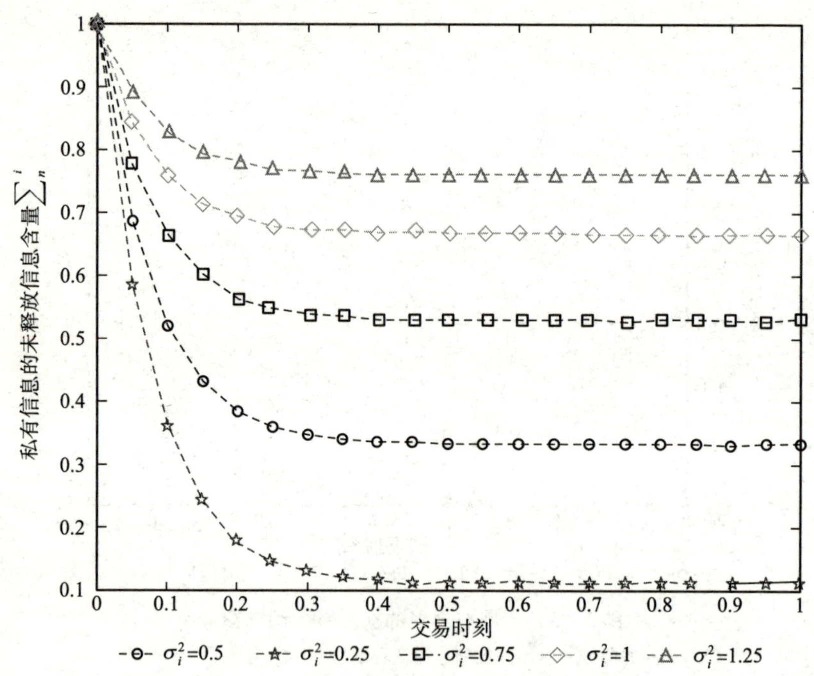

图 2-7　私有信息未释放信息量图像

（此图表示 ν 的未释放信息含量（$\sum_n^i$）随时间的变动，其中 $M=2$，不同的曲线表示拥有不同的信息完全程度的内部交易者模型中的私有信息 ν 的未释放信息含量。）

在图 2-5～图 2-7 三个图像中，我们固定 $N=20$，$\sum_0=\sigma_\nu^2=1$ 为常数，取信息不完全程度 $\sigma_i^2=\{0.5, 0.25, 0.75.1, 1.25\}$，我们从中可以获得与之前类似的结论：内部交易者的内部信息越完全，则内部交易越激进（图 2-5），并且会引起更明显的逆向选择问题（图 2-6），从图 2-7 中还可以发现：在私有信息越完全的内部交易模型中，关于资产 ν 的真实值信息被揭示得越彻底。

2.7　市场总风险以及金融创新对市场总风险的影响

2.7.1　市场总风险定义

市场的总风险，是一个宏观的经济概念，现有的绝大多数文献也是从

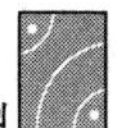

宏观角度给的定义。本章节中，我们试图从微观的个人出发，给出市场总风险的定义，这样有助于更好地刻画市场总风险的特征，因为从本质上讲，市场由各个交易者构成，市场的总风险则由市场中的每笔交易累加组成，因而从微观角度出发定义的市场总风险是一个把宏观和微观结合起来的很好的桥梁，这样的做法也是把宏观经济理论和微观经济理论结合在一起的一个很好的尝试。

个人风险的度量：

个人每笔交易的风险是指交易的收益具有不确定性，可能是盈利，也可能是亏损的，亏损或盈利的幅度也是不一定的，这种交易收益的不确定性构成了个人风险的来源。

由于收益不确定性的大小可以用收益的方差来表示，因此，个人风险的度量比较恰当和直观的定义是收益的方差。

下面给出具体的表达形式。由于交易的利润由交易量与价格和真实价值差决定，固定交易时刻 t_n，以第 i 个内部交易者为例，他的第 n 期交易量为：

$$x_n^i = \beta_n^i \tilde{\nu}_{n-1}(\varepsilon_i)$$

他的第 n 期利润则为：

$$\begin{aligned} & E(\pi_n^i \mid P_1, P_2, \cdots, P_n) \\ & = E(\textstyle\prod_n^i \mid P_1, P_2, \cdots, P_n) - E(\textstyle\prod_{n+1}^i \mid P_1, P_2, \cdots, P_n) r \\ & = E(x_n^i(\nu - P_{n-1}) \mid P_1, P_2, \cdots, P_n) \end{aligned}$$

于是他的风险（标记为 R_i）可以定义为①：

$$\begin{aligned} R_i & = var(E(\pi_n^i \mid P_1, P_2, \cdots, P_n)) \\ & = \beta_n^{i\,2} E(\tilde{\nu}_{n-1}(\varepsilon_i))^4 - (E\beta_n^i \tilde{\nu}_{n-1}(\varepsilon_i)^2)^2 \\ & = \beta_n^{i\,2} [3(E\tilde{\nu}_{n-1}(\varepsilon_i)^2)^2 - (E\tilde{\nu}_{n-1}(\varepsilon_i)^2)^2] \\ & = 2\beta_n^{i\,2} H_{n-1}^{i}{}^2 \end{aligned}$$

进一步计算可知：

$$R_i = 2\left[\frac{\sigma_u^2 q_n^i}{(p+q)H_n^i}\right]\left[\frac{H_{n-1}^{i}{}^2}{H_{n-2}^{i}{}^2}\right] * \left[\frac{H_{n-2}^{i}{}^2}{H_{n-3}^{i}{}^2}\right] * \cdots * \left[\frac{H_{n-k}^{i}{}^2}{H_{n-k-1}^{i}{}^2}\right] * \cdots * \left[\frac{H_2^{i\,2}}{H_1^{i\,2}}\right] * \left[\frac{H_1^{i\,2}}{H_0^{i\,2}}\right] * H_0^{i\,2}$$

$$= 2\left[\frac{\sigma_u^2 q_n^i}{(p+q)}\right]\left(\frac{H_n^i}{H_{n-1}^i}\right)^{-1}\left[\frac{H_{n-1}^i}{H_{n-2}^i}\right] * \left[\frac{H_{n-2}^i}{H_{n-3}^i}\right] * \cdots * \left[\frac{H_{n-k}^i}{H_{n-k-1}^i}\right] * \cdots * \left[\frac{H_2^i}{H_1^i}\right] * \left[\frac{H_1^i}{H_0^i}\right] * H_0^i$$

---

① 注：下面的计算用到正态随机变量的高阶距计算公式：如果 $x \sim N(0, \sigma^2)$ 则：$Ex^4 = 3\sigma^4$。

$$= \left[\frac{\sigma_u^2 q_n^i}{(p+q)}\right]\left(1-(p+q)\left(\frac{\sigma_\nu^2+\sigma_i^2}{\sigma_\nu^2}\right)q_n^i\right)^{-1} * \left(1-(p+q)\left(\frac{\sigma_\nu^2+\sigma_i^2}{\sigma_\nu^2}\right)q_{n-1}^i\right)$$
$$* \left(1-(p+q)\left(\frac{\sigma_\nu^2+\sigma_i^2}{\sigma_\nu^2}\right)q_{n-1}^i\right) * \left(1-(p+q)\left(\frac{\sigma_\nu^2+\sigma_i^2}{\sigma_\nu^2}\right)q_{n-1}^i\right) * \cdots$$
$$* \left(1-(p+q)\left(\frac{\sigma_\nu^2+\sigma_i^2}{\sigma_\nu^2}\right)q_{n-k}^i\right) * \cdots * \left(1-(p+q)\left(\frac{\sigma_\nu^2+\sigma_i^2}{\sigma_\nu^2}\right)q_2^i\right)$$
$$* \left(1-(p+q)\left(\frac{\sigma_\nu^2+\sigma_i^2}{\sigma_\nu^2}\right)q_1^i\right)(\sigma_\nu^2+\sigma_i^2) \tag{2.249}$$

其中，序列 q_n^i 的值由端点值 $q_N^i = \frac{1}{p+q+1}\frac{\sigma_\nu^2}{\sigma_\nu^2+\sigma_i^2}$以及递推关系式（2.99）给出。

市场总风险定义:[1]

t_n 时刻的市场总风险（标记为 S_n）可以用每个内部交易者的风险求和定义:[2]

$$S_n = \sum_{i=1}^{p+q} R_i$$
$$= 2\sum_{i=1}^{p+q} {\beta_n^i}^2 {H_{n-1}^i}^2$$
$$= \left[\frac{\sigma_u^2 q_n^i}{(p+q)}\right]\left(1-(p+q)\left(\frac{\sigma_\nu^2+\sigma_i^2}{\sigma_\nu^2}\right)q_n^i\right)^{-1} * \left(1-(p+q)\left(\frac{\sigma_\nu^2+\sigma_i^2}{\sigma_\nu^2}\right)q_{n-1}^i\right)$$
$$* \left(1-(p+q)\left(\frac{\sigma_\nu^2+\sigma_i^2}{\sigma_\nu^2}\right)q_{n-1}^i\right) * \left(1-(p+q)\left(\frac{\sigma_\nu^2+\sigma_i^2}{\sigma_\nu^2}\right)q_{n-1}^i\right) * \cdots$$
$$* \left(1-(p+q)\left(\frac{\sigma_\nu^2+\sigma_i^2}{\sigma_\nu^2}\right)q_{n-k}^i\right) * \cdots * \left(1-(p+q)\left(\frac{\sigma_\nu^2+\sigma_i^2}{\sigma_\nu^2}\right)q_2^i\right)$$
$$* \left(1-(p+q)\left(\frac{\sigma_\nu^2+\sigma_i^2}{\sigma_\nu^2}\right)q_1^i\right)(\sigma_\nu^2+\sigma_i^2) \tag{2.250}$$

其中，序列 q_n^i 的值如此给出：端点值 $q_N^i = \frac{1}{p+q+1}\frac{\sigma_\nu^2}{\sigma_\nu^2+\sigma_i^2}$，其余的由递推关系式给出：给定 q_{n+1}^i，q_n^i 由如下递推方程的唯一的位于$\left(0, \frac{1}{p+q+1}\frac{\sigma_\nu^2}{\sigma_\nu^2+\sigma_i^2}\right)$的根

① 注：市场总风险未考虑个人风险重叠部分的计算，因此是真实市场总风险的一种近似表达。

② 由于噪声交易者的交易仅仅为内部交易者提供掩护，他们不在乎收益，因此也不在乎收益的风险，于是总风险中并未考虑此项。

决定

$$(p+q)^2 q_n^{i\,3} - \left[2(p+q)\left(\frac{\sigma_\nu^2}{\sigma_\nu^2+\sigma_i^2}\right)\right.$$

$$\left. + (p+q+1)^2 \frac{\left(\frac{\sigma_\nu^2}{\sigma_\nu^2+\sigma_i^2}\right)^3 q_{n+1}^i}{\left(\frac{\sigma_\nu^2}{\sigma_\nu^2+\sigma_i^2} - (p+q)q_{n+1}^i\right)\left((p+q)q_{n+1}^i - q_{n+1}^i - \frac{\sigma_\nu^2}{\sigma_\nu^2+\sigma_i^2}\right)^2}\right] q_n^{i\,2}$$

$$+ \left[\left(\frac{\sigma_\nu^2}{\sigma_\nu^2+\sigma_i^2}\right)^2 + 2(p+q+1)\right.$$

$$\left. \cdot \frac{\left(\frac{\sigma_\nu^2}{\sigma_\nu^2+\sigma_i^2}\right)^4 q_{n+1}^i}{\left(\frac{\sigma_\nu^2}{\sigma_\nu^2+\sigma_i^2} - (p+q)q_{n+1}^i\right)\left((p+q)q_{n+1}^i - q_{n+1}^i - \frac{\sigma_\nu^2}{\sigma_\nu^2+\sigma_i^2}\right)^2}\right] q_n^i$$

$$- \frac{\left(\frac{\sigma_\nu^2}{\sigma_\nu^2+\sigma_i^2}\right)^5 q_{n+1}^i}{\left(\frac{\sigma_\nu^2}{\sigma_\nu^2+\sigma_i^2} - (p+q)q_{n+1}^i\right)\left((p+q)q_{n+1}^i - q_{n+1}^i - \frac{\sigma_\nu^2}{\sigma_\nu^2+\sigma_i^2}\right)^2}$$

$$=0 \tag{2.251}$$

利用渐近连续化方法对市场总风险的简单表示：

由式（2.250）和式（2.251）对市场总风险给出的表达非常复杂，于是，我们借助对连续模型求解时所获得的渐近连续化结果简化市场总风险的表达：

由于当 $N\to\infty$ 时：

$$\beta_{N(t)}^{i,N}(1-M\widetilde{q_{N(t)}^N})^{\frac{1}{2}} * (1-M\widetilde{q_{N(t)-1}^N})^{\frac{1}{2}} * \cdots,\ (1-M\widetilde{q_2^N})^{\frac{1}{2}} * (1-M\widetilde{q_1^N})^{\frac{1}{2}}\left(\frac{1}{\Delta t_N}\right)^{\frac{1}{2}} \to \left(\frac{\sigma_u^2 q_t}{M(\sigma_\nu^2+\sigma_i^2)}\right)^{\frac{1}{2}} \tag{2.252}$$

$$\frac{H_{N(t)}^{i,N}}{(1-M\widetilde{q_{N(t)}^N}) * (1-M\widetilde{q_{N(t)-1}^N}) * \cdots,\ (1-M\widetilde{q_2^N}) * (1-M\widetilde{q_1^N})} \to \sigma_\nu^2 + \sigma_i^2 \tag{2.253}$$

其中：$\widetilde{q_n^N}=q_n^N\left(1+\frac{\sigma_\nu^2}{\sigma_i^2}\right)$，由端点值$\widetilde{q_N^N}=\frac{1}{(p+q)+1}$和位于$\left(0,\ \frac{1}{(p+q)+1}\right)$的三次倒推递归方程的根决定：

$$(p+q)^2\widetilde{q_{N(t)}^N}^3-\left[2(p+q)+((p+q)+1)^2\frac{\widetilde{q_{N(t)+1}^N}}{(1-(p+q)\widetilde{q_{N(t)+1}^N})((p+q)\widetilde{q_{N(t)+1}^N}-\widetilde{q_{N(t)+1}^N}-1)^2}\right]$$

$$\widetilde{q_{N(t)}^N}^2+\left[1+2((p+q)+1)\frac{\widetilde{q_{N(t)+1}^N}}{(1-(p+q)\widetilde{q_{N(t)+1}^N})((p+q)\widetilde{q_{N(t)+1}^N}-\widetilde{q_{N(t)+1}^N}-1)^2}\right]\widetilde{q_{N(t)}^N}$$

$$-\frac{\widetilde{q_{N(t)+1}^N}}{(1-(p+q)\widetilde{q_{N(t)+1}^N})((p+q)\widetilde{q_{N(t)+1}^N}-\widetilde{q_{N(t)+1}^N}-1)^2}=0 \tag{2.254}$$

于是当 $N\to\infty$ 时：

$$\frac{\beta_{N(t)}^{i,N}H_{N(t)}^{i,N}}{(1-M\widetilde{q_{N(t)}^N})^{\frac{1}{2}}*(1-M\widetilde{q_{N(t)-1}^N})^{\frac{1}{2}}*\cdots,(1-M\widetilde{q_2^N})^{\frac{1}{2}}*(1-M\widetilde{q_1^N})^{\frac{1}{2}}(\Delta t_N)^{\frac{1}{2}}}$$

$$\to\left(\frac{\sigma_u^2q_t}{M(\sigma_\nu^2+\sigma_i^2)}\right)^{\frac{1}{2}}(\sigma_\nu^2+\sigma_i^2)$$

$$=\left[\frac{\sigma_u^2q_t(\sigma_\nu^2+\sigma_i^2)}{p+q}\right]$$

$$=\left[\frac{\sigma_u^2\widetilde{q_t}\sigma_\nu^2}{p+q}\right] \tag{2.255}$$

因此市场总风险 S_n（N 期模型中的 S_n 标记为 S_n^N）满足：

$$\widetilde{S_t}def=\lim_{N\to\infty}\frac{S_{N(t)}^N}{(1-M\widetilde{q_{N(t)}^N})*(1-M\widetilde{q_{N(t)-1}^N})*\cdots,\ (1-M\widetilde{q_2^N})*(1-M\widetilde{q_1^N})(\Delta t_N)}$$

$$=[(p+q)\sigma_u^2\sigma_\nu^2\widetilde{q_t}]^{\frac{1}{2}} \tag{2.256}$$

其中，$\widetilde{q_k^N}=q_k^N\frac{\sigma_\nu^2+\sigma_i^2}{\sigma_\nu^2}$；而$\widetilde{q_t}=q_t\frac{\sigma_\nu^2+\sigma_i^2}{\sigma_\nu^2}$为方程：

$$\begin{aligned}\widetilde{q_t}^2[&(p+q)^3((p+q)-1)^2\widetilde{q_t}^4-(p+q)^2(5(p+q)-3)((p+q)-1)\widetilde{q_t}^3\\&+(p+q)(10(p+q)^2-12(p+q)+3)\widetilde{q_t}^2+((p+q)(10-9(p+q)))\widetilde{q_t}\\&+(3(p+q)-4)]=0\end{aligned} \tag{2.257}$$

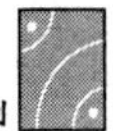

的位于$\left(0,\ \frac{1}{p+q}\right)$的根。

从式（2.256）中可以看出：

$$\widetilde{s_t}(1-M\widetilde{q^N_{N(t)}})*(1-M\widetilde{q^N_{N(t)-1}})*\cdots,\ (1-M\widetilde{q^N_2})*(1-M\widetilde{q^N_1})(\Delta t_N)$$

可以近似来估计总风险 $S^N_{N(t)}$。

当我们只关心市场总风险 $S^N_{N(t)}$ 的相对大小时（比如研究金融创新是否引起总风险的增大问题，成本等变量对总风险的影响），如果用来对比的表观市场总风险随着 $N\rightarrow\infty$ 具有相同的阶，则我们可以利用$\widetilde{S_t}$来表示市场总风险的相对大小。此重要的做法正是使用渐近连续化方法的优点，而直接连续化方法由于只能得到平凡的结果并不具有这个优点。

2.7.2 金融创新对市场总风险的影响

我们此处研究的金融创新是指金融产品的创新，金融创新产品是建立在标的资产基础上的。本章节以资产证券化为例，论述金融创新对市场总风险的影响。

标的资产如土地、房屋等，真实价值为 ν，$p+q$ 个内部交易者，具有信息结构如本章节所述。金融创新产品如土地资产证券化后的证券，房屋证券化后的证券等，它们是出于增加标的资产的流动性等目的被创新出来并引入市场的，这类金融创新产品具有价值是因为它代表的标的资产具有价值，因此，假设一份金融创新产品的清算价值为：

$$\nu-c$$

其中，金融创新产品的研发和发行成本为 c，其中 $\tilde{c}\sim N(0,\ \sigma_c^2)$。并且只有内部交易者知道 $\tilde{\nu}$ 的真实值，因此期购买并一直持有金融创新产品的最终收益为：

$$\nu-c。$$

设金融创新产品市场吸引了 p_2+q_2 个内部交易者参与交易，其中 p_1 个内部完全信息交易者，所属集合设为 A，q_1 个完全信息交易者，所属集合设为 B，则标的资产 ν 市场还剩 p_1+q_1 个内部交易者参与交易，其中 $p_1(=p-p_2)$ 个内部完全信息交易者，所属集合设为 A^c，$q_1(=q-q_2)$ 个完全信息交易者，所属集合设为 B^c。

设引入了金融创新产品后，第 n 期时，资产 ν 市场的噪声交易者交易

量为 $u_{n,1}$，金融创新产品市场的噪声交易量为 $u_{n,2}$，作为对比，引入金融创新产品前，第 n 期时，资产 ν 市场的噪声交易者交易量为 u_n，u_n 与 $u_{n,1}$ 可能不同，因为引入金融创新产品后，金融创新产品可能会吸引原来参与资产 ν 市场的噪声交易者来参与交易，也可能会吸引新的噪声交易者参与金融创新产品市场中来。

金融创新产品市场的定价原则仍然设为理性预期：

$$P_n = E(\nu - c \mid z_1, z_n, \cdots, z_n, \nu + \varepsilon_i, \tilde{c})$$

金融创新产品市场中的内部交易者 i，$i \in A \cup B$ 的最优化目标为未来利润的最优化问题：

$$\prod_n = \max_{x_k^i} E\left(\sum_{k=n}^{N} (\nu - c) x_k^i \mid z_1, \cdots, z_n\right) \tag{2.258}$$

（注意，式（2.258）等价于总利润的最优化问题，因为过去的利润已实现，第 n 期的最大化策略不影响它。）

利用倒推归纳法和正交化方法对金融创新产品的最优交易问题进行求解，设

$$\widetilde{\nu_{n-1}}(\varepsilon_i, c)$$

为私有信息中与历史信息正交的部分，即序列 z_1，z_2，…，z_{n-1}，$\nu + \varepsilon_i$ 的 Hilbert-Schmidt 正交化序列的第 n 项。在最后一期，内部交易者 i，$i \in A \cup B$（即内部交易者 i 为完全信息持有者中参与金融创新产品交易内部交易者或者不完全信息持有者中参与金融创新产品交易的内部交易者）。

完全仿照前面的证明，在最后一期，内部交易者 i，$i \in A \cup B$ 要选择 x_i^N，我们站在第 i 个内部交易者的立场最优化未来利润。

设：

$$L^2_{\sigma(\tilde{z}_1, \cdots, \tilde{z}_{N-1}, \tilde{\nu}_{N-1}(\varepsilon_i)), G} \stackrel{def}{=} \{x;\ x \text{ 为 } L^2 \text{ 可积，关于 } \sigma(\tilde{z}_1, \cdots, \tilde{z}_{N-1}, \tilde{\nu}_{N-1}(\varepsilon_i, c)) \text{ 可测，高斯型随机变量}\}$$

我们发现，$L^2_{\sigma(\tilde{z}_1, \cdots, \tilde{z}_{N-1}, \tilde{\nu}_{N-1}(\varepsilon_i, c)), G}$ 等同于 $N+1$ 维线性空间 $L_{(R, \tilde{z}_1, \cdots, \tilde{z}_{N-1}, \tilde{\nu}_{N-1}(\varepsilon_i, c))}$，其中：

$$L_{(R, \tilde{z}_1, \cdots, \tilde{z}_{N-1}, \tilde{\nu}_{N-1}(\varepsilon_i, c))}$$
$$def = \{x;\ x = a_0 + a_1 \tilde{z}_1 + \cdots + a_j \tilde{z}_j + \cdots + \beta_n^i \tilde{\nu}_{n-1}(\varepsilon_i, c),\ a_j \in R,$$
$$j = 0, 1, 2, \cdots, N-1, \beta_N^i \in R\}$$

同前文的证明完全类似，我们可以证明 $a_j = 0$，$j = 0, 1, 2, \cdots, N-1$。下面利用倒推归纳法求解 β_N^i：最后一期时的未来利润可以表示为：

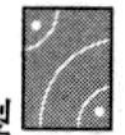

$$
\begin{aligned}
& E[\pi_N^i(x_N^i, P_N, x_N^j, j=1, N, \cdots, i-1, i, i+1, \cdots, \\
& \quad p+q) \mid P_1, \cdots, P_{N-1}, \nu + c + \varepsilon_i] \\
& = \max_{\beta_N^i} E\{\beta_N^i \tilde{\nu}_{N-1}(\varepsilon_i, c)(\nu - P_N) \mid z_1, \cdots, z_{N-1}, \nu + c + \varepsilon_i\} \\
& = \max_{\beta_N^i} E\{\beta_N^i \tilde{\nu}_{N-1}(\varepsilon_i, c)(\nu - P_{N-1} - \lambda_N \tilde{z}_N) \mid \tilde{z}_1, \cdots, \tilde{z}_{N-1}, \tilde{\nu}_{N-1}(\varepsilon_i, c)\} \\
& = \max_{\beta_N^i} E\{\beta_N^i \tilde{\nu}_{N-1}(\varepsilon_i, c)(\nu - P_{N-1} - \lambda_N \widetilde{z_N}) \mid \tilde{\nu}_{N-1}(\varepsilon_i, c)\} \\
& = \max_{\beta_N^i} E\{\beta_N^i \tilde{\nu}_{N-1}(\varepsilon_i, c)(\nu - P_{N-1} - \lambda_N \sum_{j \in A \cup B} \beta_N^j \tilde{\nu}_{N-1}(\varepsilon_i, c))\} \\
& = \max_{\beta_N^i} \left[\beta_N^i \frac{cov(\nu - P_{n-1}, \tilde{\nu}_{N-1}(\varepsilon_i, c))}{E\tilde{\nu}_{N-1}(\varepsilon_i, c)^2} - \lambda_N \beta_N^i \sum_{j \in A \cup B} \beta_N^j\right] \tilde{\nu}_{N-1}(\varepsilon_i, c)^2
\end{aligned}
\tag{2.259}
$$

与定理2.5的证明完全类似：令第 i 个内部交易者在第 N 期期初时刻的未来预期利润的目标函数为：

$$
\begin{aligned}
& f_N^i(\beta_N^i, \beta_N^j, j \neq i) \\
& = \left[\beta_N^i \frac{cov(\nu - P_{n-1}, \tilde{\nu}_{N-1}(\varepsilon_i, c))}{E\tilde{\nu}_{N-1}(\varepsilon_i, c)^2} - \lambda_N \beta_N^i \sum_{j \in A \cup B} \beta_N^j\right] \tilde{\nu}_{N-1}(\varepsilon_i, c)^2
\end{aligned}
$$

利用一阶条件，

$$
\frac{df_N^i(\beta_N^i, \beta_N^j, j \neq i)}{d\beta_i} = 0 \tag{2.260}
$$

可以求出（详细过程略）：

$$
\beta_N^i = \frac{1}{\lambda_N(p_2 + q_2 + 1)} \frac{cov(\nu - c - P_{N-1}, \widetilde{\nu_N}(\varepsilon_i, c))}{E\widetilde{\nu_N}(\varepsilon_i, c)^2} \tag{2.261}
$$

且把式（2.260）看作方程组，我们可以得到：

$$
\beta_N^j = \beta_N^i \qquad j \neq i \tag{2.262}
$$

即：基于自己的信息，内部交易者 i 采取策略：

$$
x_n^i = \frac{1}{\lambda_N(p_2 + q_2 + 1)} \frac{cov(\nu - c - P_{N-1}, \widetilde{\nu_N}(\varepsilon_i, c))}{E\widetilde{\nu_N}(\varepsilon_i, c)^2} \tilde{\nu}_{N-1}(\varepsilon_i, c)
$$

并且内部交易者 i 认为其他内部交易者采取策略 $x_n^j = x_n^i$，$j \neq i$。

可以用倒推归纳法，证明（复杂的证明同前文一样，故全部略去，只写出结果）：一般地，在 t_n 时刻，未来利润函数满足形式：

$$E(\prod_{n+1} | P_1, P_2, \cdots, P_n, \nu+\varepsilon_i, c) = \alpha_n + \widetilde{\nu_{n-1}}(\varepsilon_i, c) + \delta_n \quad (2.263)$$

内部交易者 i 的最优交易量 x_n^i 具有线性形式：

$$x_n^i = \beta_n^i \widetilde{\nu_{n-1}}(\varepsilon_i, c) \quad (2.264)$$

满足理性预期条件的金融创新产品价格 P_n 满足：

$$P_n - P_{n-1} = \lambda_n \tilde{z}_n \quad (2.265)$$

其中 $\tilde{z}_n$ 为总交易量序列 z_1，z_2，…，z_n 的 Hilbert-Schmidt 正交化序列 $\tilde{z}_1$，$\tilde{z}_2$，…，$\tilde{z}_n$ 中的最后一个变量。

设：

$$H_n^i \overset{def}{=} var(\widetilde{\nu_{n-1}}(\varepsilon_i, c),) = E(\widetilde{\nu_{n-1}}(\varepsilon_i, c))^2$$

内部交易者 i 猜测的未释放信息 $\sum_n^i$ 定义：

$$\sum\nolimits_n^i = var(\nu - c | P_1, P_2, \cdots, P_n)$$

设 $q_{n,2}^i def = \lambda_n \beta_n^i$，则：

序列 $q_{n,2}^i$ 的值如此给出：端点值 $q_{N,2}^i = \frac{1}{p_2+q_2+1}\frac{\sigma_\nu^2+\sigma_c^2}{\sigma_\nu^2+\sigma_c^2+\sigma_i^2}$，递推关系：给定 $q_{n+1,2}^i$，$q_{n,2}^i$ 由如下递推方程的唯一的位于区间 $\left(0, \frac{1}{p_2+q_2+1}\frac{\sigma_\nu^2+\sigma_c^2}{\sigma_\nu^2+\sigma_c^2+\sigma_i^2}\right)$ 的根决定：①

$$(p_2+q_2)^2 {q_{n,2}^i}^3 - \left[2(p_2+q_2)\left(\frac{\sigma_\nu^2+\sigma_c^2}{\sigma_\nu^2+\sigma_c^2+\sigma_i^2}\right)\right.$$

$$\left. + (p_2+q_2+1)^2 \frac{\left(\frac{\sigma_\nu^2+\sigma_c^2}{\sigma_\nu^2+\sigma_c^2+\sigma_i^2}\right)^3 q_{n+1,2}^i}{\left(\frac{\sigma_\nu^2+\sigma_c^2}{\sigma_\nu^2+\sigma_c^2+\sigma_i^2} - (p_2+q_2)q_{n+1,2}^i\right)\left((p_2+q_2)q_{n+1,2}^i - q_{n+1,2}^i - \frac{\sigma_\nu^2+\sigma_c^2}{\sigma_\nu^2+\sigma_c^2+\sigma_i^2}\right)^2}\right] {q_{n,2}^i}^2$$

$$+ \left[\left(\frac{\sigma_\nu^2+\sigma_c^2}{\sigma_\nu^2+\sigma_c^2+\sigma_i^2}\right)^2 + 2(p_2+q_2+1)\right.$$

① 给定 $q_{n+1,2}^i$，$q_{n,2}^i$ 的具体表达式详见附录。

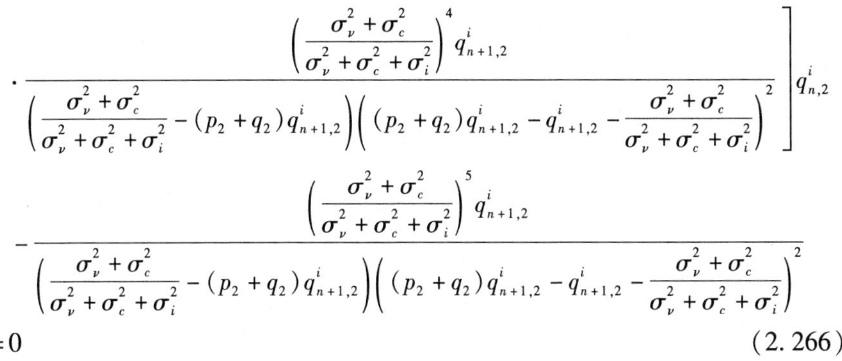

$$
\cdot\frac{\left(\dfrac{\sigma_\nu^2+\sigma_c^2}{\sigma_\nu^2+\sigma_c^2+\sigma_i^2}\right)^4 q_{n+1,2}^i}{\left(\dfrac{\sigma_\nu^2+\sigma_c^2}{\sigma_\nu^2+\sigma_c^2+\sigma_i^2}-(p_2+q_2)q_{n+1,2}^i\right)\left((p_2+q_2)q_{n+1,2}^i-q_{n+1,2}^i-\dfrac{\sigma_\nu^2+\sigma_c^2}{\sigma_\nu^2+\sigma_c^2+\sigma_i^2}\right)^2}\Bigg]q_{n,2}^i
$$

$$
-\frac{\left(\dfrac{\sigma_\nu^2+\sigma_c^2}{\sigma_\nu^2+\sigma_c^2+\sigma_i^2}\right)^5 q_{n+1,2}^i}{\left(\dfrac{\sigma_\nu^2+\sigma_c^2}{\sigma_\nu^2+\sigma_c^2+\sigma_i^2}-(p_2+q_2)q_{n+1,2}^i\right)\left((p_2+q_2)q_{n+1,2}^i-q_{n+1,2}^i-\dfrac{\sigma_\nu^2+\sigma_c^2}{\sigma_\nu^2+\sigma_c^2+\sigma_i^2}\right)^2}
$$

$$
=0 \tag{2.266}
$$

H_n^i 的值如此给出：初始端点值为：

$$
H_0^i=E\tilde{\nu}_0(\varepsilon_i)^2=\sigma_\nu^2+\sigma_c^2+\sigma_i^2 \tag{2.267}
$$

其余值由递推关系给出：即给定 H_{n-1}^i，

$$
H_n^i=H_{n-1}^i\left(1-(p_2+q_2)\frac{\sigma_\nu^2+\sigma_c^2+\sigma_i^2}{\sigma_\nu^2+\sigma_c^2}q_{n,2}^i\right) \tag{2.268}
$$

内部交易者 i 猜测的未释放信息 $\sum_n^i$ 满足：

$$
\sum\nolimits_n=\left(\frac{\sigma_\nu^2+\sigma_c^2}{\sigma_\nu^2+\sigma_c^2+\sigma_i^2}\right)\left(\sigma_i^2+\frac{\sigma_\nu^2+\sigma_c^2}{\sigma_\nu^2+\sigma_c^2+\sigma_i^2}H_n\right) \tag{2.269}
$$

市场流动性参数 λ_n 可以由 $q_{n,2}^i$ 给出：

$$
\lambda_n=\left[\frac{(p_2+q_2)q_{n,2}^iH_n}{\sigma_u^2}\right]^{\frac{1}{2}} \tag{2.270}
$$

第 i 个内部交易者的交易系数 β_n^i 也可以由 $q_{n,2}^i$ 给出：

$$
\beta_n^i=\left(\frac{q_{n,2}^i\sigma_u^2}{(p_2+q_2)H_n}\right)^{\frac{1}{2}} \tag{2.271}
$$

内部交易者 i 的预期利润函数的参数 α_n^i 和 δ_{n-1}^i 分别满足：

$$
\alpha_n^i=\frac{1}{\lambda_n}\frac{(p_2+q_2+1)q_{n,2}^i-\dfrac{\sigma_\nu^2+\sigma_c^2}{\sigma_\nu^2+\sigma_c^2+\sigma_i^2}}{2\left[(p_2+q_2)\left(\dfrac{\sigma_\nu^2+\sigma_c^2}{\sigma_\nu^2+\sigma_c^2+\sigma_i^2}\right)^2q_{n,2}^i-\dfrac{\sigma_\nu^2+\sigma_c^2}{\sigma_\nu^2+\sigma_c^2+\sigma_i^2}\right]} \tag{2.272}
$$

$$
\delta_{n-1}^i=\delta_n^i+\alpha_n\left(\frac{\sigma_\nu^2+\sigma_c^2+\sigma_i^2}{\sigma_\nu^2+\sigma_c^2}\right)\lambda_n^2\sigma_u^2\Delta t_N \tag{2.273}
$$

同标的资产 ν 市场总风险的推导方法类似，经融创新产品市场的总风险 $S_{n,2}$ 满足：

$$S_{n,2}=2\sum_{i=1}^{p_2+q_2}\beta_n^{i\,2}H_{n-1}^{i\;2}$$

$$=\left[\frac{\sigma_u^2 q_{n,2}^i}{(p_2+q_2)}\right]\left(1-(p_2+q_2)\left(\frac{\sigma_\nu^2+\sigma_i^2}{\sigma_\nu^2}\right)q_{n,2}^i\right)^{-1}*\left(1-(p_2+q_2)\left(\frac{\sigma_\nu^2+\sigma_i^2}{\sigma_\nu^2}\right)q_{n-1,2}^i\right)$$

$$*\left(1-(p_2+q_2)\left(\frac{\sigma_\nu^2+\sigma_i^2}{\sigma_\nu^2}\right)q_{n-1,2}^i\right)*\left(1-(p_2+q_2)\left(\frac{\sigma_\nu^2+\sigma_i^2}{\sigma_\nu^2}\right)q_{n-1,2}^i\right)*\cdots$$

$$*\left(1-(p_2+q_2)\left(\frac{\sigma_\nu^2+\sigma_i^2}{\sigma_\nu^2}\right)q_{n-k,2}^i\right)*\cdots*\left(1-(p_2+q_2)\left(\frac{\sigma_\nu^2+\sigma_i^2}{\sigma_\nu^2}\right)q_{2,2}^i\right)$$

$$*\left(1-(p_2+q_2)\left(\frac{\sigma_\nu^2+\sigma_i^2}{\sigma_\nu^2}\right)q_{1,2}^i\right)(\sigma_\nu^2+\sigma_i^2) \tag{2.274}$$

其中，序列 $q_{n,2}^i$的值如此给出：端点值 $q_{N,2}^i=\frac{1}{p_2+q_2+1}\frac{\sigma_\nu^2+\sigma_c^2}{\sigma_\nu^2+\sigma_c^2+\sigma_i^2}$，递推关系式（2.266）。

利用渐近连续化方法，金融创新产品市场的总风险（标记为$\widetilde{S_{t,2}}$）表示为：

$$\widetilde{S_{t,2}}def=\lim_{N\to\infty}\frac{S_{N(t),2}^N}{(1-M\widetilde{q_{N(t),2}^N})*(1-M\widetilde{q_{N(t)-1,2}^N})*\cdots,(1-M\widetilde{q_{2,2}^N})*(1-M\widetilde{q_{1,2}^N})(\Delta t_N)}$$

$$=[(p_2+q_2)\sigma_{u_2}^2(\sigma_\nu^2+\sigma_c^2)\widetilde{q_{t,2}}]^{\frac{1}{2}} \tag{2.275}$$

其中，$\widetilde{q_{t,2}}$为方程：

$$\widetilde{q_{t,2}}^2[(p_2+q_2)^3((p_2+q_2)-1)^2\widetilde{q_{t,2}}^4-(p_2+q_2)^2(5(p_2+q_2)-3)((p_2+q_2)-1)\widetilde{q_{t,2}}^3$$

$$+(p_2+q_2)(10(p_2+q_2)^2-12(p_2+q_2)+3)\widetilde{q_{t,2}}^2$$

$$+((p_2+q_2)(10-9(p_2+q_2)))\widetilde{q_{t,2}}+(3(p_2+q_2)-4)]=0 \tag{2.276}$$

的位于$\left(0,\frac{1}{p_2+q_2}\right)$的根。

从式（2.256）中可以看出：

$$\widetilde{s_{t,2}}(1-M\widetilde{q_{N(t),2}^N})*(1-M\widetilde{q_{N(t)-1,2}^N})*\cdots,(1-M\widetilde{q_{2,2}^N})*(1-M\widetilde{q_{1,2}^N})(\Delta t_N)$$

可以近似来估计总风险 $S_{N(t),2}^N$。

引入金融创新产品后，标的资产 ν 的市场总风险标记为 $S_{n,1}$，则用渐近连续化方法表示的连续时间的市场总风险可以$\widetilde{S_{t,1}}$满足：

$$\widetilde{S_{t,1}} def = \lim_{N\to\infty} \frac{S^N_{N(t),1}}{(1-M\widetilde{q^N_{N(t),1}})*(1-M\widetilde{q^N_{N(t)-1,1}})*\cdots,(1-M\widetilde{q^N_{2,1}})*(1-M\widetilde{q^N_{1,1}})(\Delta t_N)}$$

$$=[(p_1+q_1)\sigma^2_{u_1}(\sigma^2_\nu)\widetilde{q_{t,1}}]^{\frac{1}{2}} \tag{2.277}$$

其中，$\widetilde{q_{t,1}}$为方程：

$$\widetilde{q_{t,1}}^2[(p_1+q_1)^3((p_1+q_1)-1)^2\widetilde{q_{t,1}}^4-(p_1+q_1)^2(5(p_1+q_1)-3)((p_1+q_1)-1)\widetilde{q_{t,1}}^3$$
$$+(p_1+q_1)(10(p_1+q_1)^2-12(p_1+q_1)+3)\widetilde{q_{t,1}}^2$$
$$+((p_1+q_1)(10-9(p_1+q_1)))\widetilde{q_{t,1}}+(3(p_1+q_1)-4)]=0 \tag{2.278}$$

的位于$\left(0, \frac{1}{p_1+q_1}\right)$的根。

从式（2.277）中可以看出：

$$\widetilde{s_{t,1}}(1-M\widetilde{q^N_{N(t),1}})*(1-M\widetilde{q^N_{N(t)-1,1}})*\cdots,(1-M\widetilde{q^N_{2,1}})*(1-M\widetilde{q^N_{1,1}})(\Delta t_N)$$

可以近似来估计总风险 $S^N_{N(t),1}$。

综上所述，固定时刻 t_n，则在金融创新前，标的资产 ν 市场的市场风险 S^N_n，可以近似用：

$$\widetilde{S_t}(1-M\widetilde{q^N_{N(t)}})*(1-M\widetilde{q^N_{N(t)-1}})*\cdots,(1-M\widetilde{q^N_2})*(1-M\widetilde{q^N_1})(\Delta t_N) \tag{2.279}$$

来表示，其中，$\widetilde{s_t}=[(p+q)\sigma^2_u\sigma^2_\nu\widetilde{q_t}]^{\frac{1}{2}}$

在金融创新后，标的资产 ν 市场的市场总风险 $S^N_{n,1}$，可以近似用

$$\widetilde{S_{t,1}}(1-M\widetilde{q^N_{N(t),1}})*(1-M\widetilde{q^N_{N(t)-1},1})*\cdots,(1-M\widetilde{q^N_2,1})*(1-M\widetilde{q^N_1,1})(\Delta t_N) \tag{2.280}$$

来表示，其中，$\widetilde{s_{t,1}}=[(p_1+q_1)\sigma^2_{u_1}(\sigma^2_\nu)\widetilde{q_t}]^{\frac{1}{2}}$。

在金融创新后，金融创新产品市场的市场总风险 $S^N_{n,2}$，可以近似用：

$$\widetilde{S_{t,2}}(1-M\widetilde{q^N_{N(t),2}})*(1-M\widetilde{q^N_{N(t)-1},2})*\cdots,(1-M\widetilde{q^N_2,2})*(1-M\widetilde{q^N_1,2})(\Delta t_N) \tag{2.281}$$

来表示，其中，$\tilde{s}_t=[(p_2+q_2)\sigma^2_{u_2}(\sigma^2_\nu+\sigma^2_c)\widetilde{q_t}]^{\frac{1}{2}}$。

注意：如果设 $p+q=p_1+q_1=p_2+q_2$，即参与三个市场的内部交易者的人数相等，则我们发现，这二个市场中的序列：

$$\widetilde{q_1^N},\ \widetilde{q_2^N},\ \cdots,\ \widetilde{q_n^N},\ \cdots,\ \widetilde{q_N^N}$$

$$\widetilde{q_{1,1}^N},\ \widetilde{q_{2,1}^N},\ \cdots,\ \widetilde{q_{n,1}^N},\ \cdots,\ \widetilde{q_{N,1}^N}$$

$$\widetilde{q_{1,2}^N},\ \widetilde{q_{2,2}^N},\ \cdots,\ \widetilde{q_{n,2}^N},\ \cdots,\ \widetilde{q_{N,2}^N} \tag{2.282}$$

都是这样确定的：

端点值$\widetilde{q_N^N}=\frac{1}{(p+q)+1}$和递推关系：给定$\widetilde{q_{n+1}^N}$，$\widetilde{q_n^N}$由位于$\left(0,\ \frac{1}{(p+q)+1}\right)$的三次倒推递归方程的根决定：

$$(p+q)^2\,\widetilde{q_{N(t)}^N}^3-\left[2(p+q)+((p+q)+1)^2\frac{\widetilde{q_{N(t)+1}^N}}{(1-(p+q)\widetilde{q_{N(t)+1}^N})((p+q)\widetilde{q_{N(t)+1}^N}-\widetilde{q_{N(t)+1}^N}-1)^2}\right]$$

$$\widetilde{q_{N(t)}^N}^2+\left[1+2((p+q)+1)\frac{\widetilde{q_{N(t)+1}^N}}{(1-(p+q)\widetilde{q_{N(t)+1}^N})((p+q)\widetilde{q_{N(t)+1}^N}-\widetilde{q_{N(t)+1}^N}-1)^2}\right]\widetilde{q_{N(t)}^N}$$

$$-\frac{\widetilde{q_{N(t)+1}^N}}{(1-(p+q)\widetilde{q_{N(t)+1}^N})((p+q)\widetilde{q_{N(t)+1}^N}-\widetilde{q_{N(t)+1}^N}-1)^2}=0 \tag{2.283}$$

因此，金融创新前的标的资产 ν 的市场总风险 S_n^N，金融创新后的标的资产 ν 的市场总风险 $S_{n,1}^N$，以及金融创新后的金融创新产品的市场总风险 $S_{n,2}^N$，具有相同的阶：

$$(1-M\,\widetilde{q_{N(t)}^N})*(1-M\,\widetilde{q_{N(t)-1}^N})*\cdots,(1-M\,\widetilde{q_2^N})*(1-M\,\widetilde{q_1^N})(\Delta t_N) \tag{2.284}$$

其中，序列$\widetilde{q_1^N}$，$\widetilde{q_2^N}$，…，$\widetilde{q_n^N}$，…，$\widetilde{q_N^N}$由端点值$\widetilde{q_N^N}=\frac{1}{(p+q)+1}$和递推关系：给定$\widetilde{q_{n+1}^N}$，$\widetilde{q_n^N}$由位于$\left(0,\ \frac{1}{(p+q)\ \ +1}\right)$的三次倒推递归方程（2.283）的根决定。

总之，如果设 $p+q=p_1+q_1=p_2+q_2$，则金融创新前的标的资产市场的市场总风险，金融创新后的标的资产市场的市场总风险，金融创新后金融创新产品的市场总风险：S_n^N，$S_{n,1}^N$，$S_{n,2}^N$都具有相同的阶，于是可以用渐近连续化的简单结果，即使用$\widetilde{S_t}$，$\widetilde{S_{t,1}}$，$\widetilde{S_{t,2}}$来表示各自市场总风险的相对大小。

从而，我们有下面的重要命题：

市场总风险性质命题：在 N 期离散模型中的 t_n 时刻，分别设：金融

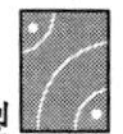

创新前的标的资产市场的总风险为 S_n^N，金融创新后的标的资产市场的市场总风险为 $S_{n,1}^N$，金融创新后的金融创新产品的市场总风险为 $S_{n,2}^N$，如果金融创新前的标的资产市场中内部交易者总人数 $p+q$，金融创新后的标的资产市场中内部交易者总人数 p_1+q_1，金融创新后的金融创新产品市场中内部交易者总人数 p_2+q_2，三者相等，即：

$$p+q=p_1+q_1=p_2+q_2=M$$

则对任意的 $t\in(0,1)$，$S_{N(t)}^N$，$S_{N(t),1}^N$，$S_{N(t),2}^N$具有相同的阶。

$(1-M\widetilde{q_{N(t)}^N})*(1-M\widetilde{q_{N(t)-1}^N})*\cdots,(1-M\widetilde{q_2^N})*(1-M\widetilde{q_1^N})(\Delta t_N)$，其中序列$\widetilde{q_n^N}$由式（2.283）来定义。并且当 $N\to\infty$ 时：

$$\widetilde{S_t}=\lim_{N\to\infty}\frac{S_{N(t)}^N}{(1-M\widetilde{q_{N(t)}^N})*(1-M\widetilde{q_{N(t)-1}^N})*\cdots,(1-M\widetilde{q_2^N})*(1-M\widetilde{q_1^N})(\Delta t_N)}$$

$$=[(p+q)\sigma_u^2\sigma_\nu^2\widetilde{q_t}]^{\frac{1}{2}}$$

$$\widetilde{S_{t,1}}=\lim_{N\to\infty}\frac{S_{N(t)}^N}{(1-M\widetilde{q_{N(t)}^N})*(1-M\widetilde{q_{N(t)-1}^N})*\cdots,(1-M\widetilde{q_2^N})*(1-M\widetilde{q_1^N})(\Delta t_N)}$$

$$=[(p_1+q_1)\sigma_{u_1}^2\sigma_\nu^2\widetilde{q_{t,1}}]^{\frac{1}{2}}$$

$$\widetilde{S_{t,2}}=\lim_{N\to\infty}\frac{S_{N(t)}^N}{(1-M\widetilde{q_{N(t)}^N})*(1-M\widetilde{q_{N(t)-1}^N})*\cdots,(1-M\widetilde{q_2^N})*(1-M\widetilde{q_1^N})(\Delta t_N)}$$

$$=[(p_2+q_2)\sigma_{u_2}^2(\sigma_\nu^2+\sigma_c^2)\widetilde{q_{t,2}}]^{\frac{1}{2}}$$

其中$\widetilde{q_t}=\widetilde{q_{t,1}}=\widetilde{q_{t,2}}$，均为4次方程：

$$\begin{aligned}&\widetilde{q_t}^2[(M)^3((M)-1)^2\widetilde{q_t}^4-(M)^2(5(M)-3)((M)-1)\widetilde{q_t}^3\\&\quad+(M)(10(M)^2-12(M)+3)\widetilde{q_t}^2+((M)(10-9(M)))\widetilde{q_t}\\&\quad+(3(M)-4)]=0\end{aligned}\tag{2.285}$$

的位于$\left(0,\frac{1}{M}\right)$的根。

并且：$S_{N(t)}^N$ $S_{N(t),1}^N$ $S_{N(t),2}^N$趋于0的速度可以用指数阶无穷小量来估计：

$$(1-M\widetilde{q_{N(t)}^N})*(1-M\widetilde{q_{N(t)-1}^N})*\cdots,(1-M\widetilde{q_2^N})*(1-M\widetilde{q_1^N})(\Delta t_N)<$$

$$(1-M\widetilde{q_t})^{N(t)}\to 0$$

于是，在任意的固定时刻 $t_{N(t)}^{N}$，当 N 充分大时，金融创新引起所有市场的总风险变大的充分必要条件是：

$$[(p_1+q_1)\sigma_{u_1}^2(\sigma_\nu^2)\widetilde{q_t}]^{\frac{1}{2}}+[(p_2+q_2)\sigma_{u_2}^2(\sigma_\nu^2+\sigma_c^2)\widetilde{q_t}]^{\frac{1}{2}}>[(p+q)\sigma_u^2(\sigma_\nu^2)\widetilde{q_t}]^{\frac{1}{2}} \tag{2.286}$$

而金融创新引起标的资产市场的总风险增大的充分必要条件可以写为：

$$[(p_1+q_1)\sigma_{u_1}^2(\sigma_\nu^2)\widetilde{q_t}]^{\frac{1}{2}}>[(p+q)\sigma_u^2(\sigma_\nu^2)\widetilde{q_t}]^{\frac{1}{2}} \tag{2.287}$$

金融创新产品的成本 c 引起总风险的增加，而且当 N 很大时，平均单位成本 c 引起金融创新产品总风险增加的比率为：

$$\frac{[(p_2+q_2)\sigma_{u_2}^2(\sigma_\nu^2+\sigma_c^2)\widetilde{q_t}]^{\frac{1}{2}}-[(p_2+q_2)\sigma_{u_2}^2\sigma_\nu^2\widetilde{q_t}]^{\frac{1}{2}}}{[(p_2+q_2)\sigma_{u_2}^2\sigma_\nu^2\widetilde{q_t}]^{\frac{1}{2}}}=\frac{\sigma_\nu^2+\sigma_c^2}{\sigma_\nu^2}-1 \tag{2.288}$$

经济含义：从命题（2.285）可以看出下面有趣而重要的经济含义：

（1）在其他条件不变的情况下，新产品的投入吸引了原有的标的资产 ν 市场的噪声交易者参与，从而为标的资产 ν 市场的噪声交易者提供的掩护变弱（即 $\sigma_{u_1}^2$ 与 σ_u^2 相比较变得很小），于是引入金融创新产品前标的资产的市场总风险与引入金融创新产品后标的资产的市场总风险相比会变小，即：

$$[(p_1+q_1)\sigma_{u_1}^2(\sigma_\nu^2)\widetilde{q_t}]^{\frac{1}{2}}<[(p+q)\sigma_u^2(\sigma_\nu^2)\widetilde{q_t}]^{\frac{1}{2}} \tag{2.289}$$

从而：

$$\widetilde{S_t}>\widetilde{S_{t,1}}$$

于是当 N 很大时，

$$S_{N(t)}^{N}>S_{N(t),1}^{N}$$

反之，在其他条件不变的情况下，新产品的投入增加了原有的标的资产 ν 市场的噪声交易者参与，则会引起相反的效果：增加标的资产市场的总风险。

这样就回答了一个重要的问题：金融衍生产品的引入是否导致了标的资产的波动？对于这个问题，有两种相反的观点：证券交易委员会前任主席约翰（John Shad）持肯定观点，并且 1987 年 10 月股市崩盘后他的观点曾得到广泛的响应。另一种观点则认为：没有任何理由表明金融衍生品给标的资产的波动性带来任何影响，甚至更有人认为：随着金融衍生品的引入，标的资产的波动性将会只降不升。有关金融衍生品的引入对标的资产

的价格波动影响的问题已经争论了 20 多年，但目前仍然难分伯仲。并且两种观点都有自己的理由。

（2）在任何一个市场，信息不完全程度 σ_i^2 竟然不影响市场总风险，这是一个很有趣而重要的结论，很多人可能会说信息越少的交易者会使市场越具有风险性，我们不同意此种观点因为：信息比较不完全（即模糊）的内部交易者交易比较谨慎，从而使得风险不会太大，例如：固定交易量，信息很不完全（即模糊）的交易者参与市场的风险肯定很大，但是考虑到此人会做出明智的选择——很小的交易量，从而引起的风险不至于会很大。信息比较完全的内部交易者交易比较激进，同样的理由使得他们引起的风险不至于很小。因此这种交易策略的最优调整选择使得市场的总风险不受信息不完全程度的影响。

（3）如果存在金融创新，但是无噪声交易者参与购买金融创新产品（即 $\sigma_{u_2}^2=0$），并且参与购买标的资产 ν 的噪声交易者不变，则观察式（2.286）会发现金融创新对标的资产 ν 的市场总风险并没有任何影响，这可以这样解释：虽然引入了金融创新产品，但是并没有噪声交易者为金融创新产品的交易提供"掩护"，从而此金融创新产品的引入形同未引入，从而不会对标的资产市场总风险或者所有市场的总风险产生影响。

（4）在其他条件不变的情况下，新产品的投入吸引了大量噪声交易者参与，他们提供了较大的掩护（即 $\sigma_{u_2}^2$ 比较大），则从式（2.285）可以看出，金融创新会引起所有市场的总风险变大。

（5）金融创新产品成本的不确定性 σ_c^2 比较大，此时金融创新会使得所有市场的总风险：

$$[(p_1+q_1)\sigma_{u_1}^2(\sigma_\nu^2)\widetilde{q_t}]^{\frac{1}{2}}+[(p_2+q_2)\sigma_{u_2}^2(\sigma_\nu^2+\sigma_c^2)\widetilde{q_t}]^{\frac{1}{2}}$$

更容易增大，这样解释：如果金融创新产品的成本的不确定性 σ_c^2 比较大，则由于内部交易者拥有信息 c，因此内部交易者的交易更加活跃，引起的金融创新产品市场的风险也会变得越大。

第 3 章

基于不确定信息的非对称信息交易模型

有大量文献关于内部信息的假设是内部交易者知道清算价值的真实值，即随机性对于内部交易者是确定的，其他人只知道私有信息的分布函数。但是有一种更普遍的情况是内部信息交易者知道私有信息的分布函数，而其他人不知道私有信息的确切的分布函数，即他们面临不确定性问题。

私有信息 ν 设为正态分布的随机变量

$$\nu \sim N(\bar{\nu},\ \sigma_{\nu}^{2})$$

清算价值的分布函数里有参数 $\bar{\nu}$，我们假设把他的值作为私有信息。

3.1 离散模型的均衡

信息假设：

假设：只有内部交易者知道资产的清算价值 ν 服从：

$$\nu \sim N(\bar{\nu},\ \sigma_{\nu}^{2})$$

一般交易者仅仅知道：

$$\nu - \bar{\nu} \sim N(0,\ \sigma_{\nu}^{2})$$

$$\bar{\nu} \sim N(P_0,\ \sigma_{\nu}^{2})$$

且 $\nu - \bar{\nu}$ 与 $\bar{\nu}$ 独立。

因此在一般的交易者看来：

$$\nu = \nu - \bar{\nu} + \bar{\nu} \sim N(P_0,\ \sigma_{\nu}^{2} + \sigma_{\nu}^{2})$$

由于信息少，即不知道 $\bar{\nu}$ 的真实值，一般的交易者认识的 ν 具有更大的不确定性，即 $\sigma_{\nu}^{2} + \sigma_{\nu}^{2} > \sigma_{\nu}^{2}$。

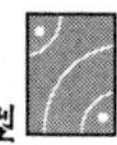

由于正态分布的熵可以用方差来表示，因此本章节中的剩余信息量仍然可以用方差来定义。

注意：不同于随机不确定性的内部信息模型，P_0 不一定等于$\bar{\nu}$，因为做市商一开始并不知道$\bar{\nu}$的值，所以他无法定价 P_0 为 ν 的均值。

价格的理性预期假设：

同论文中所有所有其他章节的假设相同，我们假设资产价格是服从理性预期的，即做市商在确定资产价格时要利用一切可以利用的信息做出最接近真正清算价值的估计：

$$P_n = E(\nu \mid z_1, z_2, \cdots, z_{n-1}, z_n) \tag{3.1}$$

不同于随机不确定性模型，在此概率不确定模型中，当所有的私有信息都被做市商得到时，理性预期的价格可以对资产价值作出的最好的估计是私有信息$\bar{\nu}$的值，而不是 ν 的真实值，这是因为把资产定价到 ν 的真实值是不可能的，市场中不存在这个完全的信息。

内部交易者的最优化目标：

在固定的时间 t_n，内部交易者根据内部信息$\bar{\nu}$及 P_1，…，P_{n-1}对未来预期收益总和进行最优化，即选择 x_n，…，x_N 使得：

$$E[\sum_{k=n}^{N} \pi_k(x_k, P_k) \mid P_1, \cdots, P_{n-1}, \bar{\nu}]$$

最大。其中 $\pi_k(x_k, P_k) = (\nu - P_k)x_k$。

噪声交易者：随机的进行交易，不进行任何最优化决策。

方法介绍：

正交化技巧：

首先设 z_n 为第 n 期交易时内部交易者与噪声交易者总的交易量。由 Hilbert - Schmidt 正交化知，存在由 $\tilde{z}_1$，…，$\tilde{z}_n$，（$1 \leqslant n \leqslant N$）以及唯一的常数 $(a_i^n)_{(1\leqslant i\leqslant N)}$，$1 \leqslant n \leqslant N$ 使得：

$$\tilde{z}_1 = a_0^1 + a_1^1 z_1, \cdots, \tilde{z}_n = a_0^n + \sum_{i=1}^{n} a_i^n z_i, \cdots, \tilde{z}_N = a_0^N + \sum_{i=1}^{N} a_i^N z_i$$

成为零均值的高斯正交系，其中，$a_0^1 = -E(z_1)$，$a_1^1 = 1$ 此时，$\{\tilde{z}_1, \cdots, \tilde{z}_N\}$ 构成零均值的独立高斯随机变量列。定义：

$$\tilde{\nu}_0(\varepsilon) = \nu + \varepsilon - p_0, \cdots, \bar{\nu}_n = \bar{\nu} - \sum_{i=1}^{n} \frac{E(\bar{\nu}, \tilde{z}_i)}{E(\tilde{z}_i^2)} \tilde{z}_i - p_0, \tag{3.2}$$

由此可知，$\{\tilde{z}_1, \tilde{z}_2, \cdots, \tilde{z}_n, \bar{\nu}_n\}$ 为：

$$\{z_1, z_2, \cdots, z_n, \bar{\nu}\}$$

的正交化序列。

我们利用倒向归纳法求解均衡，固定时间 t_{N-1}，我们站在内部交易者 i 的角度考虑最优策略选择问题，在以下的计算中，设 $\varepsilon_j=\varepsilon_i$，即使用内部交易者 i 的信念。首先考虑最后一期的决策问题。假设 x_1，…，x_{N-1}，其中 $i=1$，2，…，p，$p+1$，…，$p+q$ 已经被最优确定，那么：

$$\tilde{z}_1,\ \tilde{z}_2,\ \cdots,\ \tilde{z}_{N-1},\ p_1,\ \cdots,\ p_{N-1}$$

也被确定。设：

$L^2_{\sigma(\tilde{z}_1,\cdots,\tilde{z}_{N-1},\tilde{\tilde{\nu}}_{N-1}),G}\overset{def}{=}\{x$；$x$ 为 L^2 可积。关于 $\sigma(\tilde{z}_1$，…，$\tilde{z}_{N-1}$，$\tilde{\tilde{\nu}}_{N-1})$ 可测，高斯型随机变量$\}$

我们发现，$L^2_{\sigma(\tilde{z}_1,\cdots,\tilde{z}_{N-1},\tilde{\tilde{\nu}}_{N-1}),G}$等同于 $N+1$ 维线性空间 $L_{(R,\tilde{z}_1,\cdots,\tilde{z}_{N-1},\tilde{\tilde{\nu}}_{N-1})}$，其中：

$L_{(R,\tilde{z}_1,\cdots,\tilde{z}_{N-1},\tilde{\tilde{\nu}}_{N-1})}$

def $=\{x$；$x=a_0+a_1\tilde{z}_1+\cdots+a_j\tilde{z}_j+\cdots+\beta_N\tilde{\tilde{\nu}}_{N-1}$，$a_j\in R$，$j=0$，1，2，…，$N-1$，$\beta_N\in R\}$

同前文的证明完全类似，我们可以证明 $a_j=0$，$j=0$，1，2，…，$N-1$。

倒推归纳法求解的第一步是，固定时刻 t_{N-1}，求解最后一期的最优策略。最后一期的利润函数为：

下面利用倒推归纳法求解 β_N：

$$
\begin{aligned}
&E[\pi_N(x_N,\ P_N)\mid P_1,\ \cdots,\ P_{N-1},\ \nu+\varepsilon_i]\\
&=\max_{\beta_N}E\{\beta_N\tilde{\nu}_{N-1}(\nu-P_N)\mid z_1,\ \cdots,\ z_{N-1},\ \nu+\varepsilon_i\}\\
&=\max_{\beta_N}E\{\beta_N\tilde{\nu}_{N-1}(\nu-P_{N-1}-\lambda_N\widetilde{z_N})\mid\tilde{z}_1,\ \cdots,\ \tilde{z}_{N-1},\ \tilde{\nu}_{N-1}\}\\
&=\max_{\beta_N}E\{\beta_N\tilde{\nu}_{N-1}(\nu-P_{N-1}-\lambda_N\widetilde{z_N})\mid\tilde{\nu}_{N-1}\}\\
&=\max_{\beta_N}E\{\beta_N\tilde{\nu}_{N-1}(\nu-P_{N-1}-\lambda_N\beta_N\tilde{\nu}_{N-1})\}\\
&=\max_{\beta_N}\left[\beta_N\frac{cov(\nu-P_{n-1},\ \tilde{\nu}_{N-1})}{E\tilde{\nu}_{N-1}{}^2}-\lambda_N\beta_N{}^2\right]\tilde{\nu}_{N-1}{}^2
\end{aligned}
\tag{3.3}
$$

令第 i 个内部交易者在第 N 期期初时刻的未来预期利润的目标函数为：

$$f_N(\beta_N)=\left[\beta_N\frac{cov(\nu-P_{n-1},\ \tilde{\nu}_{N-1})}{E\tilde{\nu}_{N-1}{}^2}-\lambda_N\beta_N{}^2\right]\tilde{\nu}_{N-1}{}^2\tag{3.4}$$

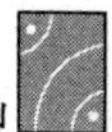

为了求 $f_N(\beta_N)$ 的最优值，利用一阶条件，

$$\frac{df_N(\beta_N)}{d\beta_N}=0$$

使用 2.3 节用过的方法（过程略），可以求得：

$$\beta_N=\frac{1}{2\lambda_N}\frac{cov(\bar{\nu}-P_{N-1},\tilde{\tilde{\nu}}_{N-1})}{E\tilde{\tilde{\nu}}_{N-1}^{\ 2}}$$

于是：

$$x_N=\frac{1}{2\lambda_N}E(\nu-P_{N-1}\mid\tilde{\tilde{\nu}}_{N-1})$$

$$=\frac{1}{2\lambda_N}\frac{cov(\bar{\nu}-P_{N-1},\tilde{\tilde{\nu}}_{N-1})}{E\tilde{\tilde{\nu}}_{N-1}}\tilde{\tilde{\nu}}_{N-1} \tag{3.5}$$

内部交易者的在第 t_{N-1} 时刻的预期未来收益可以写为：

$$E[\prod{}_N(x_N,P_N)\mid P_1,\cdots,P_{N-1},\bar{\nu}]$$

$$=E\{x_N(\nu-P_N)\mid z_1,\cdots,z_{N-1},\bar{\nu}\}$$

$$=E\left\{\frac{1}{\lambda_N}\frac{cov(\bar{\nu}-P_{N-1},\tilde{\tilde{\nu}}_{N-1})}{E\tilde{\tilde{\nu}}_{N-1}^{\ 2}}\tilde{\tilde{\nu}}_{N-1}(\nu-P_{N-1}-\lambda_N\widetilde{z_N})\mid\tilde{z}_1,\cdots,\tilde{z}_{N-1},\tilde{\tilde{\nu}}_{N-1}\right\}$$

$$=E\left\{\frac{1}{\lambda_N}\frac{cov(\bar{\nu}-P_{N-1},\tilde{\tilde{\nu}}_{N-1})}{E\tilde{\tilde{\nu}}_{N-1}^{\ 2}}\tilde{\tilde{\nu}}_{N-1}\left[\nu-P_{N-1}-\lambda_N\frac{1}{2\lambda_N}\frac{cov(\bar{\nu}-P_{N-1},\tilde{\tilde{\nu}}_{N-1})}{E\tilde{\tilde{\nu}}_{N-1}^{\ 2}}\tilde{\tilde{\nu}}_{N-1}\right]\right.$$

$$=\frac{1}{4\lambda_N}\left[\frac{cov(\nu-P_{N-1},\tilde{\tilde{\nu}}_{N-1})}{E\tilde{\tilde{\nu}}_{N-1}^{\ 2}}\right]^2\tilde{\tilde{\nu}}_{N-1}^{\ 2} \tag{3.6}$$

一般地，用倒推数学归纳法，可以设：

$$E(\prod{}_{n+1}\mid P_1,P_2,\cdots,P_n,\bar{\nu})=\alpha_n\tilde{\tilde{\nu}}_n^{\ 2}+\delta_n \tag{3.7}$$

则由式（3.6）可知：

$$\alpha_{N-1}=\frac{1}{4\lambda_N}\left[\frac{cov(\nu-P_{N-1},\tilde{\tilde{\nu}}_{N-1})}{E\tilde{\tilde{\nu}}_{N-1}^{\ 2}}\right]^2\quad 并且\quad \delta_{N-1}=0 \tag{3.8}$$

对于 t_n 时刻，利用 $\prod{}_n=\prod{}_{n+1}+\pi_n$，以及：

$$E(\prod_{n+1} | P_1, \cdots, P_{n-1}, \bar{\nu})$$
$$= E[E(\prod_{n+1} | P_1, \cdots, P_n, \nu + \varepsilon_i) | P_1, \cdots, P_{n-1}, \nu + \varepsilon_i]$$
$$= E[\alpha_n \tilde{\nu}_n(\varepsilon_i)^2 + \delta_n | P_1, \cdots, P_{n-1}, \nu + \varepsilon_i] \tag{3.9}$$

同 t_{N-1} 时刻的情形一样，在第 n 期期初时刻 t_{n-1}，内部交易者的最优策略 x_n 满足：

$$x_n \in L^2_{\sigma(z_1, \cdots, z_{N-1}, \bar{\nu}_{n-1}), G, 0}$$

其中：

$$L^2_{\sigma(z_1, \cdots, z_{N-1}, \bar{\nu}_{n-1}), G, 0} = \{x;\ x \text{ 为 } L^2 \text{ 可积，关于 } z \text{ 可测的正态变量}\}$$

第 n 期时刻 t_n 的利润表达式 $\prod_n$ 可以表达为：

$$E(\prod_n (x_n^i, P_n) | P_1, \cdots, P_{n-1}, \bar{\nu})$$
$$= \max_{x_n + t\eta} E[(x_n + t\eta)(\nu - P_n) + \prod_{n+1} | P_1, \cdots, P_{n-1}, \bar{\nu}]$$
$$= \max_{x_n + t\eta} E[(x_n + t\eta)(\nu - P_{n-1} - \lambda_n \tilde{z}_n) + \alpha_n \tilde{\bar{\nu}}_{n-1}^{\ 2} + \delta_n | P_1, \cdots, P_{n-1}, \bar{\nu}]$$
$$= \max_{x_n + t\eta} E\left[(x_n + t\eta)\left[\nu - P_{n-1} - \lambda_n\left(x_n + t\eta + u_n - \sum_{k=1}^{n-1} \frac{cov(x_n + t\eta, \tilde{z}_k)}{E\tilde{z}_k^{\ 2}} \tilde{z}_k\right)\right] + \right.$$
$$\left. \alpha_n\left(\tilde{\bar{\nu}}_{n-1} - \frac{cov(\bar{\nu}, \tilde{z}_n)}{E\tilde{z}_n^{\ 2}} \tilde{z}_n\right)^2 + \delta_n | P_1, \cdots, P_{n-1}, \bar{\nu}\right]$$
$$= \max_{x_n + t\eta} \left\{(x_n + t\eta) E[\nu - P_{n-1} | \tilde{\bar{\nu}}_{n-1}] - \lambda_n (x_n + t\eta)^2 + \right.$$
$$\lambda_n (x_n + t\eta) \sum_{k=1}^{n-1} \frac{cov(x_n + t\eta, \tilde{z}_k)}{E\tilde{z}_k^{\ 2}} \tilde{z}_k +$$
$$\alpha_n \tilde{\bar{\nu}}_{n-1}^{\ 2} + \alpha_n \left(\frac{cov(\bar{\nu}, \tilde{z}_n)}{E\tilde{z}_n^{\ 2}}\right)^2 \left[\left(x_n + t\eta - \sum_{k=1}^{n-1} \frac{cov(x_n + t\eta, \tilde{z}_k)}{E\tilde{z}_k^{\ 2}} \tilde{z}_k\right)^2 + \sigma_u^2 \Delta t_N\right] -$$
$$\left. 2\alpha_n \tilde{\bar{\nu}}_{n-1} \frac{cov(\bar{\nu}, \tilde{z}_n)}{E\tilde{z}_n^{\ 2}} \left(x_n + t\eta - \sum_{k=1}^{n-1} \frac{cov(x_n + t\eta, \tilde{z}_k)}{E\tilde{z}_k^{\ 2}} \tilde{z}_k\right) + \delta_n \right\} \tag{3.10}$$

令：

$$f(x_n, t\eta) = \max_{x_n + t\eta} \{(x_n + t\eta) E[\nu - P_{n-1} | \tilde{\bar{\nu}}_{n-1}] - \lambda_n (x_n + t\eta)^2$$

$$+\lambda_n(x_n+t\eta)\sum_{k=1}^{n-1}\frac{cov(x_n+t\eta,\widetilde{z_k})}{E\widetilde{z_k}^2}\widetilde{z_k}$$

$$+\alpha_n\bar{\tilde{\nu}}_{n-1}^{\;2}+\alpha_n\left(\frac{cov(\bar{\nu},\tilde{z}_n)}{E\tilde{z}_n^{\;2}}\right)^2\left[\left(x_n+t\eta-\sum_{k=1}^{n-1}\frac{cov(x_n+t\eta,\widetilde{z_k})}{E\widetilde{z_k}^2}\widetilde{z_k}\right)^2+\sigma_u^2\Delta t_N\right]$$

$$-2\alpha_n\bar{\tilde{\nu}}_{n-1}\frac{cov(\bar{\nu},\tilde{z}_n)}{E\tilde{z}_n^{\;2}}\left(x_n+t\eta-\sum_{k=1}^{n-1}\frac{cov(x_n+t\eta,\widetilde{z_k})}{E\tilde{z}_k^{\;2}}\widetilde{z_k}\right)+\delta_n \tag{3.11}$$

由求最优值的一阶条件求$f(x_n, t\eta)$的最大值点x_n：

$$\left.\frac{df(x_n,t\eta)}{dt}\right|_{t=0}=0$$

经过复杂的证明（方法同2.3节，过程全部省略）可以得出：

$$x_n=\beta_n^i\bar{\tilde{\nu}}_{n-1} \tag{3.12}$$

其中：

$$\beta_n^i=\frac{\dfrac{cov(\nu-P_{n-1},\bar{\tilde{\nu}}_{n-1})}{E\bar{\tilde{\nu}}_{n-1}^{\;2}}-2\alpha_n\dfrac{cov(\bar{\nu},\tilde{z}_n)}{E\tilde{z}_n^{\;2}}}{2\lambda_n-2\alpha_n\left(\dfrac{cov(\bar{\nu},\tilde{z}_n)}{E\tilde{z}_n^{\;2}}\right)^2} \tag{3.13}$$

由求最优值的二阶条件流动性参数满足的范围：

$$\left.\frac{d^2f(x_n,t\eta)}{dt^2}\right|_{t=0}<0$$

经过复杂的证明（方法同2.3节，过程全部省略）可以得出：

$$-2\lambda_n+2\alpha_n\left(\frac{cov(\bar{\nu},\tilde{z}_n)}{E\tilde{z}_n^{\;2}}\right)<0 \tag{3.14}$$

把式（3.12）和式（3.13）代入到式（3.10），可以求出第n期内部交易者的利润表达式：

$$E(\prod\nolimits_n|P_1,P_2,\cdots,P_{n-1},\bar{\nu})$$

$$=\frac{cov(\nu-P_{n-1},\bar{\tilde{\nu}}_{n-1})}{E\bar{\tilde{\nu}}_{n-1}^{\;2}}\beta_n\bar{\tilde{\nu}}_{n-1}^{\;2}-\lambda_n\beta_n^{\;2}+\alpha_n\bar{\tilde{\nu}}_{n-1}^{\;2}$$

$$+\alpha_n\left(\frac{cov(\bar{\nu},\tilde{z}_n)}{E\tilde{z}_n^{\;2}}\right)^2(\beta_n^2\bar{\tilde{\nu}}_{n-1}^{\;2}+\sigma_u^2\Delta t_N)+\delta_n-2\alpha_n\frac{cov(\bar{\nu},\tilde{z}_n)}{E\tilde{z}_n^{\;2}}\beta_n\bar{\tilde{\nu}}_{n-1}^{\;2}$$

$$= \beta_n \left[\frac{cov(\nu - P_{n-1}, \bar{\tilde{\nu}}_{n-1})}{E\bar{\tilde{\nu}}_{n-1}^{\ 2}} - \lambda_n \beta_n - 2\alpha_n \frac{cov(\bar{\nu}, \tilde{z}_n)}{E\tilde{z}_n^{\ 2}} \right] \bar{\tilde{\nu}}_{n-1}^{\ 2} +$$

$$\alpha_n \bar{\tilde{\nu}}_{n-1}^{\ 2} + \alpha_n \left(\frac{cov(\bar{\nu}, \tilde{z}_n)}{E\tilde{z}_n^{\ 2}} \right)^2 (\beta_n^{\ 2} \bar{\tilde{\nu}}_{n-1}^{\ 2} + \sigma_u^2 \Delta t_N)$$

$$= \frac{\dfrac{cov(\nu - P_{n-1}, \bar{\tilde{\nu}}_{n-1})}{E\bar{\tilde{\nu}}_{n-1}^{\ 2}} - 2\alpha_n \dfrac{cov(\bar{\nu}, \tilde{z}_n)}{E\tilde{z}_n^{\ 2}}}{2\lambda_n - 2\alpha_n \left(\dfrac{cov(\bar{\nu}, \tilde{z}_n)}{E\tilde{z}_n^{\ 2}} \right)^2} \left[\frac{cov(\nu - P_{n-1}, \bar{\tilde{\nu}}_{n-1})}{E\bar{\tilde{\nu}}_{n-1}^{\ 2}} - \right.$$

$$\left. \lambda_n \frac{\dfrac{cov(\nu - P_{n-1}, \bar{\tilde{\nu}}_{n-1})}{E\bar{\tilde{\nu}}_{n-1}^{\ 2}} - 2\alpha_n \dfrac{cov(\bar{\nu}, \tilde{z}_n)}{E\tilde{z}_n^{\ 2}}}{2\lambda_n - 2\alpha_n \left(\dfrac{cov(\bar{\nu}, \tilde{z}_n)}{E\tilde{z}_n^{\ 2}} \right)^2} - 2\alpha_n \frac{cov(\bar{\nu}, \tilde{z}_n)}{E\tilde{z}_n^{\ 2}} + \alpha_n \right] \bar{\tilde{\nu}}_{n-1}^{\ 2} +$$

$$\alpha_n \left(\frac{cov(\bar{\nu}, \tilde{z}_n)}{E\tilde{z}_n^{\ 2}} \right)^2 \left[\left(\frac{\dfrac{cov(\nu - P_{n-1}, \bar{\tilde{\nu}}_{n-1})}{E\bar{\tilde{\nu}}_{n-1}^{\ 2}} - 2\alpha_n \dfrac{cov(\bar{\nu}, \tilde{z}_n)}{E\tilde{z}_n^{\ 2}}}{2\lambda_n - 2\alpha_n \left(\dfrac{cov(\bar{\nu}, \tilde{z}_n)}{E\tilde{z}_n^{\ 2}} \right)^2} \right)^2 \bar{\tilde{\nu}}_{n-1}^{\ 2} + \sigma_u^2 \Delta t_N \right] \tag{3.15}$$

注意到式（3.15）中 α_n 是假设已知的，（这是倒推数学归纳法的前一步假设），因此由式（3.15）可以求出 α_{n-1}的用 α_n 表示的直接表达式：

$$\alpha_{n-1} = \frac{\dfrac{cov(\nu - P_{n-1}, \bar{\tilde{\nu}}_{n-1})}{E\bar{\tilde{\nu}}_{n-1}^{\ 2}} - 2\alpha_n \dfrac{cov(\bar{\nu}, \tilde{z}_n)}{E\tilde{z}_n^{\ 2}}}{2\lambda_n - 2\alpha_n \left(\dfrac{cov(\bar{\nu}, \tilde{z}_n)}{E\tilde{z}_n^{\ 2}} \right)^2} \left[\frac{cov(\nu - P_{n-1}, \bar{\tilde{\nu}}_{n-1})}{E\bar{\tilde{\nu}}_{n-1}^{\ 2}} - \right.$$

$$\lambda_n \frac{\dfrac{cov(\nu - P_{n-1}, \bar{\tilde{\nu}}_{n-1})}{E\bar{\tilde{\nu}}_{n-1}^{\ 2}} - 2\alpha_n \dfrac{cov(\bar{\nu}, \tilde{z}_n)}{E\tilde{z}_n^{\ 2}}}{2\lambda_n - 2\alpha_n \left(\dfrac{cov(\bar{\nu}, \tilde{z}_n)}{E\tilde{z}_n^{\ 2}} \right)^2} -$$

$$2\alpha_n \frac{cov(\bar{\nu},\ \tilde{z}_n)}{E\tilde{z}_n^{\ 2}} + \alpha_n \Big] \tag{3.16}$$

利用中间步骤，α_{n-1} 还可以写成 β_n 和 α_n 联合表达的简单形式：

$$\alpha_{n-1} = \alpha_n + \beta_n \left[\frac{cov(\nu - P_{n-1},\ \tilde{\bar{\nu}}_{n-1})}{E\,\tilde{\bar{\nu}}_{n-1}^{\ 2}} - 2\alpha_n \frac{cov(\bar{\nu},\ \tilde{z}_n)}{E\tilde{z}_n^{\ 2}} \right] + \left[\alpha_n \frac{cov(\bar{\nu},\ \tilde{z}_n)}{E\tilde{z}_n^{\ 2}} \left(\frac{cov(\bar{\nu},\ \tilde{z}_n)}{E\tilde{z}_n^{\ 2}} \right)^2 - \lambda_n \right] \beta_n^{\ 2} \tag{3.17}$$

并且：

$$\delta_{n-1} = \delta_n + \alpha_n \sigma_u^2 \Delta t_N \left(\frac{cov(\bar{\nu},\ \tilde{z}_n)}{E\tilde{z}_n^{\ 2}} \right)^2 \tag{3.18}$$

下面开始求解其他变量，由市场有效性条件：

$$\begin{aligned} P_n &= E(\nu \mid z_1,\ z_2,\ \cdots,\ z_n) \\ &= E(\nu \mid \tilde{z}_1,\ \tilde{z}_2,\ \cdots,\ \tilde{z}_n) \end{aligned} \tag{3.19}$$

于是：

$$\lambda_n = \frac{cov(\nu - P_{n-1},\ \tilde{z}_n)}{E\tilde{z}_n^{\ 2}} \tag{3.20}$$

设：

$$H_n = var(\bar{\nu} \mid z_1,\ z_2,\ \cdots,\ z_n) = E(\tilde{\bar{\nu}}_{n-1})^2$$

$$\sum\nolimits_n = var(v \mid z_1,\ z_2,\ \cdots,\ z_n)$$

则 H_n 表示内部信息交易者的私有信息 $\bar{\nu}$ 中与历史信息正交部分的信息量大小。$\sum_n$ 表示资产的清算价值 ν 的信息未被释放到市场中的部分。

特别需要注意：

$$\sum\nolimits_0 = \sigma_\nu^2$$

但是只有内部交易者才会认为 $\sum_0 = \sigma_\nu^2$ 成立，一般的信息交易者由于并不知道 ν 所服从的分布，会认为：

$$\sum\nolimits_0 > \sigma_\nu^2$$

具体的，无信息交易者认为：

$$\begin{aligned} \sum\nolimits_0 &= var(\nu - \bar{\nu} + \bar{\nu}) \\ &= E(\nu - \bar{\nu} + \bar{\nu})^2 \\ &= E(\nu - \bar{\nu})^2 + E(\bar{\nu})^2 \end{aligned}$$

$$= \sigma_{\nu}^{2} + \sigma_{\nu}^{2}$$

为了区别，把无私有信息交易者的认为的私有信息 ν 的方差记为 $\widetilde{\sum_{0}}$ 即：

$$\widetilde{\sum_{0}} = \sigma_{\nu}^{2} + \sigma_{\nu}^{2} \neq \sum_{0}$$

t_n 时刻的 ν 条件方差则记为 $\widetilde{\sum_{n}}$。

根据定义，

$$\begin{aligned} H_n &= var(\bar{\nu} \mid z_1, z_2, \cdots, z_n) \\ &= var(\bar{\nu} \mid P_1, P_2, \cdots, P_n) \\ &= var(\bar{\nu} - P_{n-1} \mid P_1, P_2, \cdots, P_n) \\ &= var(\bar{\nu} - P_{n-1} \mid \tilde{z}_1, \tilde{z}_2, \cdots, \tilde{z}_n) \end{aligned} \tag{3.21}$$

由于下列独立性和可测性成立：

(1). $\nu - P_{n-1}$与 $\tilde{z}_1, \tilde{z}_2, \cdots, \tilde{z}_n$ 独立；

(2). $\nu - \bar{\nu} = \nu - E(\nu \mid \bar{\nu})$ 与$\bar{\nu}$独立；

(3). $\nu - \bar{\nu}$与 $u_1, u_2, \cdots, u_n$ 独立；

(4). $\tilde{z}_1, \tilde{z}_2, \cdots, \tilde{z}_n$ 关于$\bar{\nu}$, $u_1, u_2, \cdots, u_n$ 可测；

(5). P_{n-1}关于 $\tilde{z}_1, \tilde{z}_2, \cdots, \tilde{z}_n$ 可测；

由（2），（3）和（4），可知：

(6). $\nu - \bar{\nu}$与 $\tilde{z}_1, \tilde{z}_2, \cdots, \tilde{z}_n$ 独立；

由（6）和（5）知

(7). $\nu - \bar{\nu}$与 P_{n-1}独立；

由（2）以及（7）知：

(8). $\nu - \bar{\nu}$与$\bar{\nu} - P_{n-1}$独立；

由（8）知：

$$\begin{aligned} \widetilde{\sum_{n}} &= var(v \mid z_1, z_2, \cdots, z_n) = E(v - P_{n-1})^2 \\ &= E(v - \bar{\nu} + \bar{\nu} - P_{n-1})^2 \\ &= E(v - \bar{\nu})^2 + E(\bar{\nu} - P_{n-1})^2 \\ &= \sigma_{\nu}^{2} + var(\bar{\nu} \mid z_1, z_2, \cdots, z_n) \\ &= \sigma_{\nu}^{2} + H_n \end{aligned} \tag{3.22}$$

由市场有效性条件的推导结果（3.20）可知：

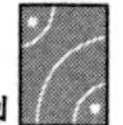

$$
\begin{aligned}
\lambda_n &= \frac{cov(v - P_{n-1}, \beta_n \tilde{\bar{\nu}}_{n-1} + u_n)}{\beta_n^2 H_{n-1} + \sigma_u^2 \Delta t_N} \\
&= \frac{cov(v - \bar{\nu} + \bar{\nu} - P_{n-1}, \beta_n \tilde{\bar{\nu}}_{n-1} + u_n)}{\beta_n^2 H_{n-1} + \sigma_u^2 \Delta t_N} \\
&= \frac{cov(\bar{\nu} - P_{n-1}, \beta_n \tilde{\bar{\nu}}_{n-1} + u_n)}{\beta_n^2 H_{n-1} + \sigma_u^2 \Delta t_N} \\
&= \frac{cov(\tilde{\bar{\nu}}_{n-1} + \bar{\nu} - P_{n-1} - \tilde{\bar{\nu}}_{n-1}, \beta_n \tilde{\bar{\nu}}_{n-1} + u_n)}{\beta_n^2 H_{n-1} + \sigma_u^2 \Delta t_N}
\end{aligned} \tag{3.23}
$$

其中，注意：

$$
\begin{aligned}
\bar{\nu} - P_{n-1} - \tilde{\bar{\nu}}_{n-1} &= \bar{\nu} - P_{n-1} - \left(\bar{\nu} - \sum_{k=1}^{n-1} \frac{cov(\bar{\nu}, P_k)}{EP_k^{\ 2}} P_k\right) \\
&= \sum_{k=1}^{n-1} \frac{cov(\bar{\nu}, P_k)}{EP_k^{\ 2}} P_k - P_{n-1}
\end{aligned}
$$

故$\bar{\nu} - P_{n-1} - \tilde{\bar{\nu}}_{n-1}$关于$\sigma(P_1, P_2, \cdots, P_{n-1})$可测，从而与$\tilde{\bar{\nu}}_{n-1}$是独立的。此外，$\bar{\nu} - P_{n-1} - \tilde{\bar{\nu}}_{n-1}$与第 n 期的噪声 u_n 也是独立的，因此：因此

$$
\begin{aligned}
\lambda_n &= \frac{cov(\tilde{\bar{\nu}}_{n-1}, \beta_n \tilde{\bar{\nu}}_{n-1} + u_n)}{\beta_n^2 H_{n-1} + \sigma_u^2 \Delta t_N} \\
&= \frac{\beta_n H_{n-1}}{\beta_n^2 H_{n-1} + \sigma_u^2 \Delta t_N}
\end{aligned} \tag{3.24}
$$

并且从证明过程中还可以发现：

$$
cov(\nu - P_{n-1}, \tilde{z}_n) = \beta_n H_{n-1} \tag{3.25}
$$

由式（3.25）可知：

$$
\begin{aligned}
& cov(\nu - P_{n-1}, \tilde{\bar{\nu}}_{n-1}) \\
&= \frac{cov(\nu - P_{n-1}, \tilde{\bar{\nu}}_{n-1})}{\beta_n} \\
&= H_{n-1}
\end{aligned} \tag{3.26}
$$

而

$$
cov(\bar{\nu}, \tilde{\bar{\nu}}_{n-1})
$$

$$
\begin{aligned}
&= cov(\bar{\nu},\ \beta_n \tilde{\tilde{\nu}}_{n-1} + u_n) \\
&= cov(\bar{\nu},\ \beta_n \tilde{\tilde{\nu}}_{n-1}) \\
&= cov(\tilde{\tilde{\nu}}_{n-1} + (\bar{\nu} - P_{n-1} - \tilde{\tilde{\nu}}_{n-1}) - P_{n-1},\ \beta_n \tilde{\tilde{\nu}}_{n-1}) \\
&= cov(\tilde{\tilde{\nu}}_{n-1},\ \beta_n \tilde{\tilde{\nu}}_{n-1}) \\
&= \beta_n H_{n-1}
\end{aligned}
\tag{3.27}
$$

由市场有效性条件知：

$$
\begin{aligned}
\lambda_n &= \frac{cov(v,\ \tilde{z}_n)}{E\tilde{z}_n^{\ 2}} \\
&= \frac{cov(v - \bar{\nu} + \bar{\nu},\ \tilde{z}_n)}{E\tilde{z}_n^{\ 2}} \\
&= \frac{cov(\bar{\nu},\ \tilde{z}_n)}{E\tilde{z}_n^{\ 2}} \\
&= \frac{cov(\bar{\nu} - \tilde{\tilde{\nu}}_{n-1} + \tilde{\tilde{\nu}}_{n-1},\ \tilde{z}_n)}{E\tilde{z}_n^{\ 2}} \\
&= \frac{cov(\tilde{\tilde{\nu}}_{n-1},\ \tilde{z}_n)}{E\tilde{z}_n^{\ 2}} \\
&= \frac{\beta_n H_{n-1}}{\beta_n^2 H_{n-1} + \sigma_u^2 \Delta t_N}
\end{aligned}
\tag{3.28}
$$

从而由式（3.13）以及式（3.26）可知：

$$
\beta_n = \frac{1 - 2\alpha_n \lambda_n}{2\lambda_n - 2\alpha_n \lambda_n^{\ 2}}
\tag{3.29}
$$

此外：

$$
\begin{aligned}
H_n &= E(\tilde{\tilde{\nu}}_n)^2 \\
&= var(\tilde{\tilde{\nu}}_n) \\
&= var\left(\tilde{\tilde{\nu}}_{n-1} - \frac{cov(\tilde{\tilde{\nu}}_{n-1},\ \tilde{z}_n)}{E\tilde{z}_n^{\ 2}}\tilde{z}_n\right)
\end{aligned}
$$

$$= var\left[\left(1-\frac{\beta_n H_{n-1}}{\beta_n^2 H_{n-1}+\sigma_u^2\Delta t_N}\beta_n\right)\tilde{\nu}_{n-1}\right]$$

$$=\frac{\sigma_u^2\Delta t_N H_{n-1}}{\beta_n^2 H_{n-1}+\sigma_u^2\Delta t_N} \tag{3.30}$$

于是由式（3.28）和式（3.29）可知：

$$H_n=(1-\lambda_n\beta_n)H_{n-1} \tag{3.31}$$

利用式（3.17），式（3.20），式（3.26）和式（3.30）联合可知：

$$\alpha_{n-1}=\alpha_n+\beta_n\left[\frac{H_{n-1}}{H_{n-1}}-2\alpha_n\lambda_n\right]+\alpha_n\left(\frac{\beta_n H_{n-1}}{\beta_n{}^2 H_{n-1}+\sigma_u^2\Delta t_N}\right)^2-\lambda_n\beta_n{}^2$$

$$=\alpha_n+\frac{1-2\alpha_n\lambda_n}{2\lambda_n-2\alpha_n\lambda_n{}^2}(1-2\alpha_n\lambda_n)+(\alpha_n\lambda_n^2-\lambda_n)\left(\frac{1-2\alpha_n\lambda_n}{2\lambda_n-2\alpha_n\lambda_n{}^2}\right)^2$$

$$=\frac{1}{4(1-\alpha_n\lambda_n)\lambda_n} \tag{3.32}$$

定义：

$$h_n=\alpha_n\lambda_n$$

则首先由式（3.14）和式（3.24）知：对任意的 $n=1$，2，…，N

$$\lambda_n(1-\alpha_n\lambda_n)>0 \tag{3.33}$$

于是：

$$\alpha_n\lambda_n<1 \tag{3.34}$$

又由式（3.32）知：

$$\alpha_n=\frac{1}{4(1-\alpha_{n+1}\lambda_{n+1})\lambda_{n+1}}>0 \tag{3.35}$$

从而：

$$\alpha_n\lambda_n>0 \tag{3.36}$$

综上，

$$h_n=\alpha_n\lambda_n\in(0,1) \tag{3.37}$$

下面我们求出 h_n 的递推关系式，

首先：序列 h_n 的端点值：由于 $\alpha_N=0$ 成立，

$$h_N=\alpha_N\lambda_N=0$$

其次下面的篇幅用来求解 h_n 所满足的递推关系式：

由于式（3.32）成立，我们有：

$$\lambda_n=\frac{1}{4(1-\alpha_n\lambda_n)\alpha_{n-1}}$$

$$=\frac{\lambda_{n-1}}{4(1-\alpha_n\lambda_n)\alpha_{n-1}\lambda_{n-1}}$$

$$=\frac{\lambda_{n-1}}{4(1-h_n)h_n} \tag{3.38}$$

由式（3.25），式（3.28），式（3.29）可得：

$$\lambda_n=\frac{\beta_n H_n}{\sigma_u^2\Delta t_N} \tag{3.39}$$

于是由式（3.39）可知：

$$\begin{aligned}\frac{\lambda_n}{\lambda_{n-1}}&=\frac{\beta_n H_n}{\beta_{n-1}H_{n-1}}\\&=\frac{\beta_n}{\beta_{n-1}}(1-\lambda_n\beta_n)\\&=\frac{1-2\alpha_n\lambda_n}{2\lambda_n-2\alpha_n\lambda_n^{\ 2}}\frac{2\lambda_{n-1}-2\alpha_{n-1}\lambda_{n-1}^{\ 2}}{1-2\alpha_{n-1}\lambda_{n-1}}\left(1-\frac{1-2\alpha_n\lambda_n}{2-2\alpha_n\lambda_n}\right)\\&=\left(\frac{\lambda_{n-1}}{\lambda_n}\right)\left(\frac{1-2h_n}{2-2h_n}\right)\left(\frac{2-2h_{n-1}}{1-2h_{n-1}}\right)\left(\frac{1}{2-2h_n}\right)\end{aligned} \tag{3.40}$$

从而：

$$\lambda_n=\left[\frac{(1-2h_n)(1-h_{n-1})}{(1-h_n)(1-2h_{n-1})(2-2h_n)}\right]^{\frac{1}{2}}\lambda_{n-1} \tag{3.41}$$

由式（3.38）和式（3.41）可知：

$$\frac{\lambda_{n-1}}{4(1-h_n)h_n}=\left[\frac{(1-2h_n)(1-h_{n-1})}{(1-h_n)(1-2h_{n-1})(2-2h_n)}\right]^{\frac{1}{2}}\lambda_{n-1}$$

两边同时取平方，并且消去公共项 λ_{n-1} 可得：

$$\left(\frac{1}{4(1-h_n)h_n}\right)^2=\left[\frac{(1-2h_n)(1-h_{n-1})}{(1-h_n)(1-2h_{n-1})(2-2h_n)}\right] \tag{3.42}$$

经过整理可得只有 h_n，h_{n-1} 的递推关系式：

$$0=h_{n-1}^{\ 3}-h_{n-1}^{\ 2}-\frac{1}{4(1-2h_n)}h_{n-1}+\frac{1}{8(1-2h_n)} \tag{3.43}$$

当使用倒推数学归纳法时，h_n 是已知的，因此式（3.43）可以看作 h_{n-1} 的求解方程。具体地，求解得 h_{n-1} 为：

$h_{n-1}=$

$$\frac{1}{3}+\frac{-4-3*\left(\frac{1}{(1-2h_n)}\right)}{62^{\frac{1}{3}}\left(-4+\frac{9}{4}*\left(\frac{1}{(1-2h_n)}\right)+3\sqrt{3}\sqrt{-2*\left(\frac{1}{(1-2h_n)}\right)-13*\left(\frac{1}{4(1-2h_n)}\right)^2-\frac{1}{4}*\left(\frac{1}{(1-2h_n)}\right)^3}\right)^{\frac{1}{3}}}$$

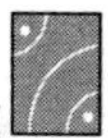

$$-\frac{\left(-4+\frac{9}{4}*\left(\frac{1}{(1-2h_n)}\right)+3\sqrt{3}\sqrt{-2*\left(\frac{1}{(1-2h_n)}\right)-13*\left(\frac{1}{4(1-2h_n)}\right)^2-\frac{1}{4}*\left(\frac{1}{(1-2h_n)}\right)^3}\right)^{\frac{1}{3}}}{32^{2/3}}$$

(3.44)

倒推关系式（3.43）结合终端值 $h_N=0$ 可以得出 h_{N-1}，h_{N-2}，…，h_1 的所有的值。

因此，从此，我们获知：

$$h_1,\ h_2,\ \cdots,\ h_N$$

是已经求解得出的常数。

其他变量的值可以由 h_n 表示出来，具体地说，由式（3.32），

$$\frac{\alpha_{n-1}}{\alpha_n}=\frac{1}{4(1-\alpha_n\lambda_n)\alpha_n}$$
$$=\frac{1}{4(1-h_n)h_n}$$

于是：

$$\alpha_{n-1}=\frac{1}{4(1-h_n)h_n}\alpha_n \tag{3.45}$$

由式（3.29）以及式（3.31）可知：

$$\begin{aligned}H_n&=(1-\lambda_n\beta_n)H_{n-1}\\&=\left(1-\frac{1-2\alpha_n\lambda_n}{2-2\alpha_n\lambda_n}\right)H_{n-1}\\&=\frac{1}{2-2\alpha_n\lambda_n}H_{n-1}\\&=\frac{1}{2-2h_n}H_{n-1}\end{aligned} \tag{3.46}$$

利用式（3.31），可知：

$$\begin{aligned}\lambda_n\beta_n&=\frac{1-2\alpha_n\lambda_n}{2-2\alpha_n\lambda_n}\\&=\frac{1-2h_n}{2-2h_n}\end{aligned} \tag{3.47}$$

利用式（3.25）可知：

$$\begin{aligned}\frac{\lambda_n}{\beta_n}&=\frac{H_n}{\sigma_u^2\Delta t_N}\\&=\frac{1}{\sigma_u^2\Delta t_N}\end{aligned}$$

$$= \left(\frac{1}{2-2h_n}\right)H_{n-1} \tag{3.48}$$

由式（3.47）和式（3.48）可知：

$$\lambda_n = \frac{(1-2h_n)^{\frac{1}{2}}}{(2-2h_n)(\sigma_u^2\Delta t_N)^{\frac{1}{2}}}H_{n-1}{}^{\frac{1}{2}} \tag{3.49}$$

$$\beta_n = \left[\frac{(1-2h_n)\sigma_u^2\Delta t_N}{H_{n-1}}\right]^{\frac{1}{2}} \tag{3.50}$$

利用式（3.22），可以得出无私有信息交易者认为的资产 ν 的未释放信息含量的表达式：

$$\begin{aligned}\widetilde{\sum}_n &= H_n + \sigma_\nu^2 \\ &= \frac{1}{2-2h_n}\left(\sum_{n-1} - \sigma_\nu^2\right) + \sigma_\nu^2\end{aligned} \tag{3.51}$$

以上内容可以总结为：

N 期离散模型的均衡定理：

N 期离散模型的均衡定理：在 N 期离散模型的假设下，如果市场中的资产清算价值信息：

$$\nu \sim N(P_0, \sigma_\nu^2) \tag{3.52}$$

其中，函数形式和 σ_ν^2 是公共知识的，但是只有内部交易者知道资产 ν 的分布函数 $N(\bar{\nu}, \sigma_\nu^2)$ 中参数 $\bar{\nu}$ 的值，而其他人并不知道 ν 的分布 $N(\bar{\nu}, \sigma_\nu^2)$ 的确切表达式，只知道其中的参数 $\bar{\nu}$ 是随机变量，服从：

$$\bar{\nu} \sim N(P_0, \sigma_\nu^2) \tag{3.53}$$

假设做市商制定的价格是理性预期的，则市场中存在唯一的子博弈精炼纳什均衡，而且这个博弈具有递推的形式，表达如下：

此均衡中存在常数，β_n，λ_n，α_n，H_n，$\sum_n$，使得对 $n=1, 2, \cdots, N$ 有：

内部交易者的最优策略表达：（对任意的 n，设序列 $z_1, z_2, \cdots, z_{n-1}$，$\bar{\nu}$ 的 Hilbert - Schmidt 正交化序列记为 $\tilde{z}_1, \tilde{z}_2, \cdots, \widetilde{z_{n-1}}, \tilde{\bar{\nu}}_{n-1}$，其中，$\tilde{\bar{\nu}}_{n-1} = \nu - P_{n-1}$）。

$$x_n = \beta_n(\tilde{\bar{\nu}}_{n-1}) \tag{3.54}$$

价格变动：

$$P_n - P_{n-1} = \lambda_n \tilde{z}_n \tag{3.55}$$

无私有信息的交易者认为的私有信息 ν 的未释放信息量：

$$\widetilde{\sum}_n = var(\nu \mid P_1, P_2, \cdots, P_n) \tag{3.56}$$

内部交易者的在 t_{n-1}时刻的未来利润函数：

$$E(\prod\nolimits_n \mid P_1, P_2, \cdots, P_n, \nu + \varepsilon_i) = \alpha_n(\tilde{\bar{\nu}}_{n-1})^2 + \delta_n \tag{3.57}$$

有私有信息的内部交易者认为的私有信息 ν 的未释放信息量：满足

$$\sum\nolimits_n = var(\nu \mid P_1, P_2, \cdots, P_n, \bar{\nu}) \tag{3.58}$$

私有信息与历史信息正交部分的信息量：

$$H_n = var(\tilde{\bar{\nu}}_{n-1}) = E(\tilde{\bar{\nu}}_{n-1})^2 \tag{3.59}$$

各个变量的端点值如下：无私有信息交易者认为的初始时刻关于资产清算价值 ν 的未释放信息：$\widetilde{\sum}_0 = \sigma_\nu^2 + \sigma_\nu^2$，初始价格满足：$P_0 = E\,\bar{\nu}$，初始私有信息含量 $H_0 = \sigma_\nu^2$。

设 $h_n def = \alpha_n \lambda_n$，则序列 h_n 的值如此给出：末端端点值 $h_N = 0$，倒推递推关系：给定 h_n，h_{n-1}由如下递推关系式给出：

$$h_{n-1} =$$

$$\frac{1}{3} + \frac{-4-3*\left(\frac{1}{(1-2h_n)}\right)}{62^{\frac{1}{3}}\left(-4+\frac{9}{4}*\left(\frac{1}{(1-2h_n)}\right)+3\sqrt{3}\sqrt{-2*\left(\frac{1}{(1-2h_n)}\right)-13*\left(\frac{1}{4\ (1-2h_n)}\right)^2\ \frac{1}{4}*\left(\frac{1}{(1-2h_n)}\right)^3}\right)^{\frac{1}{3}}}$$

$$-\frac{\left(-4+\frac{9}{4}*\left(\frac{1}{(1-2h_n)}\right)+3\sqrt{3}\sqrt{-2*\left(\frac{1}{(1-2h_n)}\right)-13*\left(\frac{1}{4\ (1-2h_n)}\right)^2-\frac{1}{4}*\left(\frac{1}{(1-2h_n)}\right)^3}\right)^{\frac{1}{3}}}{32^{2/3}} \tag{3.60}$$

并且 h_n，h_{n-1}满足关于 h_{n-1}的三次方程：

$$0 = {h_{n-1}}^3 - {h_{n-1}}^2 - \frac{1}{4(1-2h_n)}h_{n-1} + \frac{1}{8(1-2h_n)} \tag{3.61}$$

所有其他变量的值均可由序列 h_1，h_2，$\cdots$，h_N 给出定义如下：

内部信息 ν 中与历史信息正交的信息$\tilde{\bar{\nu}}_{n-1}$ 的信息量 H_{n-1}的值如此给出：初始端点值为：

$$H_0 = \sigma_\nu^2 \tag{3.62}$$

其余值由正推递推关系给出：即给定 H_{n-1}，

$$H_n = H_{n-1}\left(\frac{1}{2-2h_n}\right) \tag{3.63}$$

无私有信息的内部交易者认为的关于资产算价值 ν 的未释放信息量 $\widetilde{\sum_n}$ 满足：初始端点值为：

$$\widetilde{\sum_0} = \sigma_\nu^2 + \sigma_\nu^2 \tag{3.64}$$

其余值由递推关系给出：即给定 $\widetilde{\sum_{n-1}}$，

$$\widetilde{\sum_n} = \frac{1}{2-2h_n}\left(\widetilde{\sum_{n-1}} - \sigma_\nu^2\right) + \sigma_\nu^2 \tag{3.65}$$

有私有信息的内部交易者认为的关于资产算价值 ν 的未释放信息量 $\sum_n$ 满足：

$$\sum_n = H_n \tag{3.66}$$

市场流动性参数 λ_n 可以由上文已经得出的 h_n 和 H_{n-1} 的值给出：

$$\lambda_n = \frac{(1-2h_n)^{\frac{1}{2}}}{(2-2h_n)(\sigma_u^2\Delta t_N)^{\frac{1}{2}}} H_{n-1}{}^{\frac{1}{2}} \tag{3.67}$$

内部交易者的交易系数 β_n 也可以由 h_n 和 H_{n-1} 的值给出：

$$\beta_n = \left[\frac{(1-2h_n)\sigma_u^2\Delta t_N}{H_{n-1}}\right]^{\frac{1}{2}} \tag{3.68}$$

在时刻 t_{n-1}，内部交易者的利润函数的未来利润函数表达式（3.57）中的参数 α_n，δ_n 满足：

α_n 由末端端点值：

$$\alpha_N = 0$$

以及倒推关系式：

$$\alpha_{n-1} = \frac{1}{4(1-h_n)h_n}\alpha_n \tag{3.69}$$

给出；

δ_n 由末端值：

$$\delta_N = 0$$

以及倒推关系式：

$$\delta_{n-1} = \delta_n + \alpha_n\lambda_n^2\sigma_u^2\Delta t_N \tag{3.70}$$

给出。

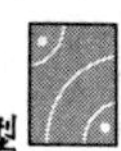

3.2　不确定性模型的直接连续化以及渐进连续化

为了获得连续化结果，我们令：

$$\Delta t_n = \frac{1}{N}$$

对任意的 $t \in (0,\ 1)$，定义逼近 t 的序列为：

$$\frac{N(t)}{N}, \qquad N = 1,\ 2,\ \cdots,\ \infty \tag{3.71}$$

其中：

$$N(t) = \max_n \left\{ n,\ \frac{n}{N} \leqslant t \right\} \tag{3.72}$$

注意到当 $N \to \infty$ 时，$N(t) \to \infty$ 并且$\frac{N(t)}{N} \to t$

由于所有的变量如：市场流动性参数 λ_n，内部交易者的交易系数 β_n，无私有信息的交易者认为的关于资产算价值 ν 的未释放信息量 $\widetilde{\sum}_n$，内部信息 ν 中与历史信息正交的信息$\tilde{\bar{\nu}}_n$ 的信息量 H_n，内部交易者的利润函数的未来利润函数表达式（3.57）中的参数 α_n，δ_n 的递推关系式都是建立在序列 $h_n def = \alpha_n \lambda_n$ 的计算结果基础上的，因此，我们有必要首先把离散序列 h_1，h_2，…，h_N 的连续化结果先计算出来。
如果记 N 期模型中的第 n 个变量 h_n 记为：

$$h_n^N$$

即 h_n^N 是为了强调所选取的变量 h_n 来自 N 期模型。则我们要计算的极限为：

$$\lim_{N \to \infty} h_{N(t)}^N$$

其中，$t \in (0,\ 1)$。

在对变量序列 h_1，h_2，…，h_N 进行连续化之前，h_n 的单调性性质是至关重要的。表述如下：在任意的固定 N 的模型中，

单调性命题：对任意的 $k = 1,\ 2,\ \cdots,\ N$，

$$h_k \in \left[0,\ \frac{1}{2}\right] \tag{3.73}$$

给定 h_n，由倒推关系式：

$$0 = h_{n-1}{}^3 - h_{n-1}{}^2 - \frac{1}{4(1-2h_n)}h_{n-1} + \frac{1}{8(1-2h_n)} \tag{3.74}$$

决定的 h_{n-1}是唯一的。并且：

$$0 = h_N < h_{N-1} < h_{N-2} <, \cdots, < h_1 \tag{3.75}$$

证明：首先证明：$h_n \in \left[0,\ \frac{1}{2}\right]$，又由式（3.46）知：

$$H_n = \frac{1}{2-2h_n}H_{n-1} \tag{3.76}$$

由基本的经济意义，任何未释放的信息量应该为时间的减函数，于是：

$$2-2h_n > 1$$

即 $h_n < \frac{1}{2}$。另一方面，前文中式（3.37）已经证明了 $h_n \in (0,\ 1)$。

于是最终：

$$h_n \in \left[0,\ \frac{1}{2}\right]$$

由式（3.43）可以求得：

$$h_n = \frac{8h_{n-1}{}^3 - 8h_{n-1}{}^2 - 2h_{n-1} + 1}{16(h_{n-1}{}^3 - h_{n-1}{}^2)} \tag{3.77}$$

经过计算可以求得：

$$\frac{\partial h_n}{\partial h_{n-1}} = \frac{64h_{n-1}{}^3 - 80h_{n-1}{}^2 + 32h_{n-1}}{[16(h_{n-1}{}^3 - h_{n-1}{}^2)]^2} \tag{3.78}$$

其中，易证：

$$64h_{n-1}{}^3 - 80h_{n-1}{}^2 + 32h_{n-1} = 16h_{n-1}(4h_{n-1}{}^2 - 5h_{n-1} + 2h_{n-1})$$

在 $h_{n-1} \in \left(0,\ \frac{1}{2}\right)$为正。

其次证明：给定 h_n 时，h_{n-1}作为方程（3.43）的根具有唯一性。令：

$$f(h_{n-1}) = h_{n-1}{}^3 - h_{n-1}{}^2 - \frac{1}{4(1-2h_n)}h_{n-1} + \frac{1}{8(1-2h_n)}$$

则：

$$f(-\infty) = -\infty$$

$$f(0) = \frac{1}{8(1-2h_n)} > 0$$

$$f\left(\frac{1}{2}\right) = -\frac{1}{8}$$

$$f(+\infty) = +\infty$$

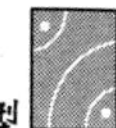

于是:

$$f(h_{n-1}) = 0$$

的三个根分别位于区间:

$$(-\infty, 0), \left(0, \frac{1}{2}\right)\left(\frac{1}{2}, +\infty\right)$$

从而$\left(0, \frac{1}{2}\right)$之间的根 h_{n-1} 具有唯一性。

有了单调性结论命题（3.73），以下证明:

$$\lim_{N\to\infty} h_{N(t)}^{N}$$

完全类似于前文的前面定理 148 的证明。

因此，这个复杂而巧妙的证明略去。

设:

$$\lim_{N\to\infty} h_{N(t)}^{N} = h_t$$

则 h_t 为满足方程:

$$16h_t^4 - 24h_t^3 + 8h_t^2 + 2h_t - 1 = 0$$

的位于区间$\left(0, \frac{1}{2}\right)$的根。

解之得:

$$h_t = \frac{1}{2}$$

由于:

$$\lambda_n = \frac{(1-2h_n)^{\frac{1}{2}}}{(2-2h_n)(\sigma_u^2 \Delta t_N)^{\frac{1}{2}}} H_{n-1}^{\frac{1}{2}}$$

可以把此式详细地写为:

$$\lambda_{N(t)}^{N} = \frac{(1-2h_{N(t)}^{N})^{\frac{1}{2}}}{(2-2h_{N(t)}^{N})(\sigma_u^2 \Delta t_N)^{\frac{1}{2}}} H_{N(t)-1}^{N\ \frac{1}{2}}$$

令 $N\to\infty$，可知:

$$\begin{aligned} \lambda_t def &= \lim_{N\to\infty} \lambda_{N(t)}^{N} \\ &= \lim_{N\to\infty} \frac{(1-2h_{N(t)}^{N})^{\frac{1}{2}}}{(2-2h_{N(t)}^{N})(\sigma_u^2 \Delta t_N)^{\frac{1}{2}}} H_{N(t)-1}^{N\ \frac{1}{2}} \end{aligned} \tag{3.79}$$

式（3.79）的最终计算结果留在后文中给出。

由于:

$$\beta_n = \left[\frac{(1-2h_n)\sigma_u^2 \Delta t_N}{H_{n-1}} \right]^{\frac{1}{2}}$$

可以详细把此式写为：

$$\beta_{N(t)}^N = \left[\frac{(1-2h_{N(t)}^N)\sigma_u^2 \Delta t_N}{H_{N(t)-1}^N} \right]^{\frac{1}{2}}$$

令 $N \to \infty$，可知：

$$\beta_t def = \lim_{N\to\infty} \beta_{N(t)}^N = 0 \tag{3.80}$$

为了求出其他变量的值，我们需要求出当 $N \to \infty$ 时，以下极限过程的收敛速度：

$$\beta_{N(t)}^N \to \beta_t = 0$$

的速度。或者：

$$h_{N(t)}^N \to h_t = \frac{1}{2}$$

的速度。为此，设：

$$g_n = \frac{h_n - \frac{1}{2}}{\Delta t_N}$$

为了强调 g_n 是取自 N 期模型中的变量，我们把它写为 g_n^N，即：

$$g_n^N = \frac{h_n^N - \frac{1}{2}}{\Delta t_N}$$

下面求 $g_{N(t)}^N$ 的极限，由 h_n 的递推关系式（3.43）：

$$0 = h_{n-1}{}^3 - h_{n-1}{}^2 - \frac{1}{4(1-2h_n)} h_{n-1} + \frac{1}{8(1-2h_n)}$$

变换形式可以求得：

$$\frac{h_n - \frac{1}{2}}{h_{n-1} - \frac{1}{2}} = -\frac{1}{8(h_{n-1}{}^3 - h_{n-1}{}^2)}$$

两边同时减去 1 可得：

$$\frac{\left(h_n - \frac{1}{2}\right) - \left(h_{n-1} - \frac{1}{2}\right)}{h_{n-1} - \frac{1}{2}} = -\frac{\left(h_{n-1} - \frac{1}{2}\right)\left[8\left(h_{n-1} - \frac{1}{2}\right)^2 + 4(h_{n-1} - 1)\right]}{8(h_{n-1}{}^3 - h_{n-1}{}^2)} \tag{3.81}$$

令 $n = N$，则我们可以得到：

由于我们令 $g_n = \dfrac{h_n - \frac{1}{2}}{\Delta t_N}$，也即 $g_n^N = \dfrac{h_n^N - \frac{1}{2}}{\Delta t_N}$，从而由（3.81），我们可以获得：

$$\frac{g_n - g_{n-1}}{g_{n-1}} = \frac{g_n \Delta t_N \left[8\left(h_{n-1} - \frac{1}{2} \right)^2 \right] + 4(h_{n-1} - 1)}{-8({h_{n-1}}^3 - {h_{n-1}}^2)} \tag{3.82}$$

注意终端值：

$$g(N) = 0 \tag{3.83}$$

于是我们可以把（3.81）以及（3.82）详细地写为：

$$\frac{g_n^N - g_{n-1}^N}{g_{n-1}^N} = \frac{g_n^N \Delta t_N \left[8\left(h_{n-1}^N - \frac{1}{2} \right)^2 \right] + 4(h_{n-1}^N - 1)}{-8({h_{n-1}^N}^3 - {h_{n-1}^N}^2)} \tag{3.84}$$

注意终端值：

$$g^N(N) = 0 \tag{3.85}$$

令 $n = N(t)$ 并且令 $N \to \infty$，并且利用 $h_{N(t)}^N$，$h_{N(t)-1}^N$ 的极限为$\frac{1}{2}$，我们可以由离散差分方程获得微分方程：

$$\frac{dg(t)}{g(t)} = -2g(t)dt \tag{3.86}$$

$$g(1) = \infty \tag{3.87}$$

求解可得：

$$g(t) = \frac{-\frac{1}{2}}{1-t} \tag{3.88}$$

于是当 N 很大时，

$$h_{N(t)}^N - \frac{1}{2} = g_{N(t)}^N \Delta t_N \tag{3.89}$$

的极限值可以用：

$$\begin{aligned} h_t &= g(t)dt \\ &= \frac{-\frac{1}{2}}{1-t} dt \end{aligned} \tag{3.90}$$

来表示，这比直接用 0 来表示好很多——从：

$$h_t=\frac{-\frac{1}{2}}{1-t}dt$$

除了能看出 $h_{N(t)}^{N}$ 的极限值是 0 外，还可以看出它趋于零的速度！这正是渐近连续化比直接连续化优越的地方。

由式（3.46），即：

$$H_n=\frac{1}{2-2h_n}H_{n-1}$$

可知：

$$\frac{H_n-H_{n-1}}{H_{n-1}}=\frac{2h_{n-1}}{2-2h_n}$$

把这个式子详细地写为：

$$\frac{H_n^N-H_{n-1}^N}{H_{n-1}^N}=\frac{2h_{n-1}^N}{2-2h_n^N}$$

利用，

$$\frac{2h_{n-1}^N}{2-2h_n^N}=\frac{2g_n^N\Delta t_N}{2-2h_n}$$

可以把上式写为：

$$\frac{H_n^N-H_{n-1}^N}{H_{n-1}^N}=\frac{2g_n^N\Delta t_N}{2-2h_n}$$

令 $n=N(t)$ 并且 $N\to\infty$ 可以求得：

$$\begin{aligned}\frac{dH_t}{H_t}&=2g(t)dt\\&=-\frac{dt}{1-t}\end{aligned}\tag{3.91}$$

注意端点值：

$$H(0)=\sigma_\nu^2\tag{3.92}$$

因此求解微分方程（3.91）可以求得：

$$H(t)=\sigma_\nu^2(1-t)\tag{3.93}$$

进一步，由式（3.79）

$$\begin{aligned}\lambda_t&\overset{def}{=}\lim_{N\to\infty}\lambda_{N(t)}^N\\&=\lim_{N\to\infty}\frac{(1-2h_{N(t)}^N)^{\frac{1}{2}}}{(2-2h_{N(t)}^N)(\sigma_u^2\Delta t_N)^{\frac{1}{2}}}H_{N(t)-1}^{N}{}^{\frac{1}{2}}\end{aligned}$$

$$= \lim_{N\to\infty} \frac{(-2g_{N(t)}^N)^{\frac{1}{2}}}{(2-2h_{N(t)}^N)(\sigma_u^2)^{\frac{1}{2}}} H_{N(t)-1}^{N}{}^{\frac{1}{2}}$$

$$= \frac{1}{\sigma_u}\left(\frac{1}{1-t}\right)^{\frac{1}{2}}(\sigma_\nu^2(1-t))^{\frac{1}{2}}$$

$$= \frac{\sigma_{\bar{\nu}}}{\sigma_u} \tag{3.94}$$

由式（3.80）即当 $N\to\infty$ 时，

$$\beta_{N(t)}^N = \left[\frac{(1-2h_{N(t)}^N)\sigma_u^2\Delta t_N}{H_{N(t)-1}^N}\right]^{\frac{1}{2}}$$

$$\to 0$$

利用 $g_{N(t)}^N$ 的定义和性质可以计算出当 $N\to\infty$ 时，$\beta_{N(t)}^N \to 0$ 的速度。为此，令：

$$\widetilde{\beta_n^N} = \frac{\beta_n^N}{\Delta t_N}$$

于是，根据：

$$\beta_{N(t)}^N = \left[\frac{(1-2h_{N(t)}^N)\sigma_u^2\Delta t_N}{H_{N(t)-1}^N}\right]^{\frac{1}{2}}$$

$$= \frac{-2g_{N(t)}^N\sigma_u^2\Delta t_N}{H_{N(t)-1}^N}$$

可知：

$$\widetilde{\beta_{N(t)}^N} = \frac{\beta_{N(t)}^N}{\Delta t_N}$$

$$= \left[\frac{-2g_{N(t)}^N\sigma_u^2}{H_{N(t)-1}^N}\right]^{\frac{1}{2}}$$

$$\to \frac{\sigma_u}{(1-t)\sigma_{\bar{\nu}}}$$

$$\text{def} = \widetilde{\beta_t}$$

由：

$$\lim_{N\to\infty}\widetilde{\beta_{N(t)}^N} = \widetilde{\beta_t}$$

我们知道：

$$\lim_{N\to\infty}\beta_{N(t)}^N = \widetilde{\beta_t}dt \tag{3.95}$$

式（3.95）是渐近连续化的表示结果，优点是从中可以看出 $\beta_{N(t)}^{N}\to 0$ 的速度同 Δt，而且速度的系数是 $\widetilde{\beta_t}=\frac{\sigma_u}{(1-t)\sigma_{\bar{\nu}}}$。

由式（3.45），即：

$$\alpha_{n-1}=\frac{1}{4(1-h_n)h_n}\alpha_n$$

知：

$$\frac{\alpha_n}{\alpha_{n-1}}=4(1-h_n)h_n$$

换成差分形式：

$$\frac{\alpha_n-\alpha_{n-1}}{\alpha_{n-1}}=-4\left(h_n-\frac{1}{2}\right)^2$$

于是，写成详细的表达式为：

$$\frac{\alpha_n^N-\alpha_{n-1}^N}{\alpha_{n-1}^N}=-4\left(h_n^N-\frac{1}{2}\right)^2 \tag{3.96}$$

取 $n=N(t)$，并令 $N\to\infty$，由式（3.96）可得：

$$dln\alpha(t)=0 \tag{3.97}$$

即 $\alpha(t)$ 为常数，设为 α，由 $\alpha_{N(t)}^{N}\lambda_{N(t)}^{N}=h_{N(t)}^{N}\to h_t=\frac{1}{2}\quad(N\to\infty)$ 可知：

$$\alpha(t)=\alpha=\frac{\sigma_u}{2\sigma_{\bar{\nu}}} \tag{3.98}$$

此外，由式（3.22）可知：

$$\sum\nolimits_n^N=\sigma_\nu^2+H_n^N \tag{3.99}$$

令 $n=N(t)$ 并且 $N\to\infty$ 可知：

$$\lim_{N\to\infty}\widetilde{\sum\nolimits_n^N}def=\sum\nolimits_t=\sigma_\nu^2+\sigma_\nu^2(1-t) \tag{3.100}$$

由式（3.18），式（3.20）以及式（3.28）的中间步骤可得：

$$\begin{aligned}\delta_{n-1}&=\delta_n+\alpha_n\sigma_u^2\Delta t_N\left(\frac{cov(\bar{\nu},\ \tilde{z}_n)}{E\tilde{z}_n^{\ 2}}\right)^2\\&=\delta_n+\alpha_n\sigma_u^2\Delta t_N\lambda_n^{\ 2}\end{aligned}$$

还把此式可以详细地写为：

$$\delta_{n-1}^N=\delta_n^N+\alpha_n^N\sigma_u^2\Delta t_N\lambda_n^{N2} \tag{3.101}$$

令 $n=N(t)$，并且令 $N\to\infty$，可以得微分方程：

$$-d\delta_t = \lambda_t^2\alpha_t\sigma_u^2 dt = \frac{1}{2}\sigma_u\sigma_\nu - dt \tag{3.102}$$

结合末端端点值 $\delta_t|_{t=1}=0$。

可求解微分方程得：

$$\delta_t = \frac{1}{2}\sigma_u\sigma_{\bar{\nu}}(1-t) \tag{3.103}$$

综合以上所有内容可以得到极限化定理。

不确定性模型的连续化定理：在离散模型中，当每次交易时间间隔一致的趋于零的时候，也就是 $N\to+\infty$ 时，定理3.41中所刻画的所有的参数都是收敛的。特别的，对任意的 $t\in(0,1)$。

内部交易者的私有信息 $\bar{\nu}$ 中与历史信息正交部分 $\tilde{\bar{\nu}}_{N(t)-1}$ 的信息量 $H_{N(t)}^N$ 极限满足：

$$\lim_{N\to\infty} H_{N(t)}^N = \sigma_{\bar{\nu}}^2(1-t)\,def = H_t \tag{3.104}$$

无私有信息的交易者认为的资产 ν 的真实值信息未释放到公开市场中的信息量满足：

$$\lim_{N\to\infty} \widetilde{\sum\nolimits_{N(t)}^{N}} = \sigma_\nu^2 + \sigma_{\bar{\nu}}^2(1-t)\,def = \widetilde{\sum\nolimits_t} \tag{3.105}$$

有私有信息的内部交易者认为的资产 ν 的真实值信息未释放到公开市场中的信息量满足：

$$\begin{aligned}\lim_{N\to\infty}\sum\nolimits_{N(t)}^{N} &= \lim_{N\to\infty} H_{N(t)}^N \\ &= \sigma_{\bar{\nu}}^2(1-t) \\ def &= \sum\nolimits_t\end{aligned} \tag{3.106}$$

市场流动性参数：

$$\lim_{N\to\infty}\lambda_{N(t)}^N = \frac{\sigma_{\bar{\nu}}}{\sigma_u}def = \lambda_t \tag{3.107}$$

交易系数：

$$\lim_{N\to\infty}\beta_{N(t)}^N = 0\,def = \beta_t \tag{3.108}$$

但是交易系数关于时间的平均：

$$\lim_{N\to\infty}\frac{\beta_{N(t)}^N}{\Delta t_N} = \widetilde{\beta_t} = \frac{\sigma_u}{(1-t)\sigma_{\bar{\nu}}}def = \widetilde{\beta_t} \tag{3.109}$$

内部交易者未来预期利润：

$$\lim_{N\to\infty} E\left(\prod\nolimits_{N(t)}^{N} \mid P_1, P_2, \cdots, P_{N(t)}, \bar{\nu}\right) = \alpha_t \tilde{\bar{\nu}}_t^{\,2} + \delta_t$$

$$\text{def} = E(\prod_t | P_s, s \leqslant t, \bar{\nu}) \tag{3.110}$$

其中：

$$\alpha_t \text{def} = \lim_{N\to\infty} \alpha_{N(t)}^N = \frac{\sigma_u}{2\sigma_{\bar{\nu}}} \tag{3.111}$$

$$\delta_t \text{def} = \lim_{N\to\infty} \delta_{N(t)}^N = \frac{1}{2}\sigma_u \sigma_{\bar{\nu}}(1-t) \tag{3.112}$$

为了得出当交易间隔很小时的均衡形式，同2.5节一样，我们用新的符号把上面问题重新叙述一下，交易在一天之内进行，$t=0$ 时刻开始，$t=1$时刻结束。设市场总共进行 N 期交易，第 n 次交易发生时刻记为 t_n，假设：

$$0 = t_0 < t_1 < \cdots < t_N = 1$$

令 $\Delta t_N = \dfrac{1}{N}$为 N 期模型的相邻交易时刻之间的时间间隔，不妨设 $\Delta t_1 = \Delta t_2 = \cdots = \Delta t_N = \dfrac{1}{N}$，令 X_n 表示第内部交易者在到第 n 期为止他的总交易量，即 $x_n = X_n - X_{(n-1)}$。令随机序列 z_1，z_2，…，z_{n-1}，$\bar{\nu}$的正交化序列为 $\tilde{z}_1$，$\tilde{z}_2$，…，$\widetilde{z_{n-1}}$，$\tilde{\bar{\nu}}_{n-1}$令 $B(t)$ 表示过程方差为 t 的 Brown 运动。u_n 为第 n 期噪声交易者的交易量，u_n 服从零均值 $\sigma_u^2 \Delta t_N$ 为方差的正态分布，且不同的 u_n 是相互独立的。

可证：条件方差满足一定条件的 u_n 序列的部分和过程（N 期模型中的 u_n 记作 u_n^N）：

$$\sum_{k=1}^{N(t)} u_k^N$$

弱收敛的极限过程为 Brown 运动。

于是，定理3.4中的最优交易量，价格过程，未释放信息含量，利润函数，与历史信息正交的私有信息含量可以重新叙述为：

$$X_n - X_{n-1} = \widetilde{\beta_n} \tilde{\bar{\nu}}_{n-1} \Delta t_N$$

其中$\widetilde{\beta_n} = \dfrac{\beta_n}{\Delta t_N}$。

$$P_n - P_{n-1} = \lambda_n (X_n - X_{n-1}) + \Delta u_n$$

无私有信息的交易者认为的资产 ν 的未释放到市场中的信息量 $\sum_n$ 定义：

$$\widetilde{\sum}_n = var(\nu \mid P_1, P_2, \cdots, P_n)$$

内部交易者的未来预期利润满足：

$$E(\prod_n \mid P_1, P_2, \cdots, P_n, \bar{\nu}) = \alpha_n \tilde{\bar{\nu}}_{n-1}^{\,2} + \delta_n$$

内部交易者的私有信息$\bar{\nu}$中与 t_n 时刻历史信息正交部分$\tilde{\bar{\nu}}_{n-1}$的信息量：

$$H_n = var(\tilde{\bar{\nu}}_{n-1}) = E(\tilde{\bar{\nu}}_{n-1})^2$$

$n=1, 2, \cdots, N$。

由式（3.104）至式（3.112）可知：当 $N\to\infty$ 时，

$$H_{N(t)}^N \to H_t = \sigma_{\bar{\nu}}^2(1-t)$$

$$\beta_{N(t)}^N \to \beta_t = 0$$

$$\frac{\beta_{N(t)}^N}{\Delta t_N} \to \widetilde{\beta_t} = \frac{\sigma_u}{\sigma_{\bar{\nu}}}$$

$$E(\prod_{N(t)}^N \mid P_1, P_2, \cdots, P_n, \bar{\nu}) \to E(\prod_t \mid P_s, s \leqslant t, \bar{\nu}) = \alpha_t \tilde{\bar{\nu}}_t^{\,2} + \delta_t$$

$$\alpha_{N(t)}^N \to \alpha_t = \frac{1}{2}\frac{\sigma_u}{\sigma_{\bar{\nu}}}$$

$$\delta_{N(t)}^N \to \delta_t = \frac{1}{2}(1-t)\sigma_{\bar{\nu}}^2\sigma_u$$

于是，连续时间时，我们有：

$$dX_t = \widetilde{\beta_t}(\nu - P_t)dt$$

$$dP_t = \lambda_t dX_t + dB_t$$

$$\sum_t = var(\nu \mid z_s, s \leqslant t) = \sigma_\nu^2 + \sigma_{\bar{\nu}}^2(1-t)$$

$$\begin{aligned} H_t &= var(\tilde{\bar{\nu}}_t \mid z_s, s \leqslant t) \\ &= \sigma_{\bar{\nu}}^2(1-t) \end{aligned}$$

从而我们有下列命题：

不确定性模型的渐近连续化定理：固定 σ_ν^2，$\sigma_{\bar{\nu}}^2$，σ_u^2 为已知常数，在离散模型的续贯均衡中，当时间间隔 $\Delta t_N \to 0$ 时，定理 3.4 中所描述的内部交易者的交易策略，价格，剩余信息量，市场流动性参数，未来预期利润等都是收敛的，并且满足下列随机微分方程：

$$dP_t = \lambda_t(dX_t) + \sigma_u dB_t$$

$$dX_t = \widetilde{\beta_t}(\nu - P_t)dt$$

$$E(\prod_t | P_s, s \leqslant t, \bar{\nu}) = \alpha_t \tilde{\bar{\nu}}_t^{\,2} + \delta_t$$

其中：

$$\lambda_t = \left(\frac{\sigma_\nu^2}{\sigma_u^2}\right)^{\frac{1}{2}}$$

$$\widetilde{\beta_t} = \frac{\sigma_u}{\sigma_\nu}$$

$$\alpha_t = \frac{1}{2}\frac{\sigma_u}{\sigma_{\bar{\nu}}}$$

$$\delta_t = \frac{1}{2}(1-t)\sigma_{\bar{\nu}}\sigma_u$$

$B(t)$ 为方差过程为 t 的 Brown 运动，内部交易者选择 x_t，使得：

$$\max_{x(t)} E\{-(\int_t^1 d\prod_t | P_s, s \leqslant t)\} \tag{3.113}$$

成立，其中 $\prod(t)$ 为 t 到 1 时刻的利润之和。

连续时间模型的均衡定义：

当我们把资产 ν 的分布函数参数 $\bar{\nu}$ 作为私有信息时，由于以 $N(t)$ 为脚标的离散均衡结果的极限存在，且此极限为非平凡的，因此可以直接定义此极限为连续时间模型的均衡结果。于是，在这个意义上，命题 402 给出了连续时间模型的均衡结果。

3.3 数值模拟和经济含义

为了与随机不确定性模型作比较，我们假设内部交易者，拥有信息 $\bar{\nu}$，其中：

$$\bar{\nu} \sim N(P_0, \sigma_\nu^2)$$

观察本模型的连续化结果定理 393 发现：

结论 1. 由式（2.152）可以看出：内部交易者的采取的交易系数关于时间的平均 $\frac{\beta_n}{\Delta t_N}$ 之极限 $\widetilde{\beta_t}$ 满足：

$$\widetilde{\beta_t} = \frac{\sigma_u}{\sigma_{\bar{\nu}}}$$

为 σ_u 的增函数，经济含义为：若噪声交易者提供的掩护比较充分，即：

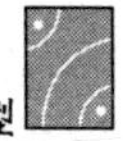

σ_ν^2 比较大，则内部交易者所采取的策略会比较激进。

结论 2. 无信息交易者认为的资产 ν 的信息释放速度 $-\frac{d\widetilde{\sum_t}}{dt}$ 为常数：

$$-\frac{d\widetilde{\sum_t}}{dt}=\sigma_{\bar{\nu}} \tag{3.114}$$

而拥有私有信息的内部交易者认为的资产 ν 的信息释放速度 $-\frac{d\sum_t}{dt}$ 也为同一个常数：

$$-\frac{d\sum_t}{dt}=\sigma_{\bar{\nu}} \tag{3.115}$$

因此，市场中的所有交易者关于资产 ν 的信息释放速度的认识是一致的：$\sigma_{\bar{\nu}}$。从中可以看出的经济含义为：一方面，固定内部交易者的私有信息的信息含量 $\sigma_{\bar{\nu}}$，则内部交易者的最优信息释放速度是匀速的；另一方面，模型假设中内部交易者拥有的私有信息的信息含量 $\sigma_{\bar{\nu}}$ 越大，则他的信息释放速度越快。

结论 3. 从未来预期利润表达式（3.110）则未来预期利润满足：

$$\lim_{N\to\infty}E\left(\prod\nolimits_{N(t)}^{N}\mid P_1,P_2,\cdots,P_{N(t)},\bar{\nu}\right)=\alpha_t\tilde{\bar{\nu}}_t^2+\delta_t$$
$$def=E\left(\prod\nolimits_t\mid P_s,s\leqslant t,\bar{\nu}\right)$$

其中：

$$\alpha_t def=\lim_{N\to\infty}\alpha_{N(t)}^N=\frac{\sigma_u}{2\sigma_{\bar{\nu}}}$$

$$\delta_t def=\lim_{N\to\infty}\delta_{N(t)}^N=\frac{1}{2}\sigma_u\sigma_{\bar{\nu}}(1-t)$$

我们可以看出：如果固定内部信息中与历史信息正交的信息 $\widetilde{\nu_t}$，则通过观察未来预期利润的参数 α_t 和 δ_t，有：

噪声交易者提供的掩护越充分（σ_u 即越大），则内部交易者获利越丰厚（即 $E\left(\prod_t\mid P_s,s\leqslant t,\bar{\nu}\right)$ 越大）。

下面通过数值模拟展示离散模型的其余的重要性质：

为了与凯尔（1985）模型作比较，我们设 $\sigma_\nu^2=1$，$\sigma_{\bar{\nu}}^2=1$，我们给出了图 3-1～图 3-3。

首先，图 3－1 展示了资产 ν 的真实值信息以一个常数速度释放到公开市场中，从图中可以看出：资产价值 ν 的真实值信息始终不会被全部揭示出来，而在凯尔（1985）模型中的资产 ν 的真实值信息会被全部揭示出来，这种显著差异源于我们所做的更一般的假设：即内部交易者所拥有的信息只是关于资产 ν 的分布而不是关于资产 ν 的真实值的信息。从图 3－1 中我们还可以看出：信息释放速度（注：无信息交易者认为的私有信息 ν 的信息释放速度与拥有私有信息的内部交易者认为的私有信息 ν 的信息释放速度是相同的值，因此统一简称为信息释放速度）为常数，而且 $\sum_{\nu}^{2}$ 越大，则此速度会越快，见图 3－1 所示：

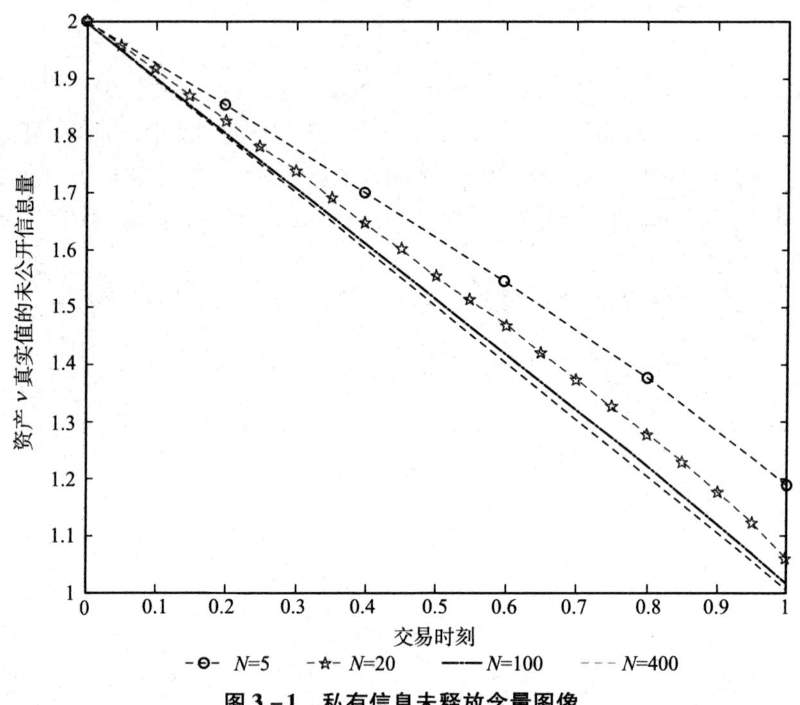

图 3－1　私有信息未释放含量图像

（此图描述了无信息交易者认为的私有信息 ν 的未释放信息含量（ $\widetilde{\sum_{n}^{t}}$ ）随时间的变动，其中，不同的曲线表示不同的 N 期模型对应的 $\widetilde{\sum_{n}^{t}}$ 随时间的变动。）

图形 9 表示的是，内部交易者的交易系数动态。我们发现，一开始，内部交易者抑制自己的交易系数，但随着时间后移，交易越来越激进，交易结束前时刻的交易最为激进。另一方面，我们发现：对不同的 N 期模型，交易系数具有明显的趋势性，随着 N 的增加，交易行为变得缓和，这是由于对于较大的 N，内部交易者交易机会较大，于是每次的交易就不如 N 较小时激进。见图 3－2 和图 3－3 所示：

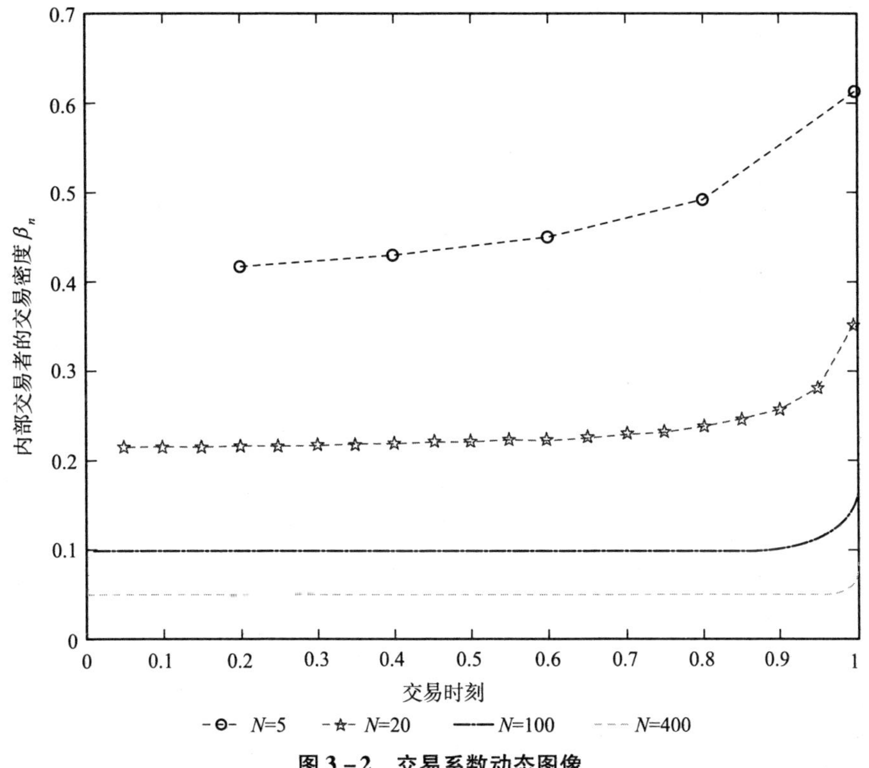

图 3－2　交易系数动态图像

（其中，内部交易者的交易系数动态 β_n，其中，不同的曲线表示不同的 N 期模型对应的交易系数动态。）

图 3－3 显示流动性参数一开始取得较大值，并且持续了很长的时间，这表示开始阶段作为市场主导者的做市商面临着较大的逆向选择问题，但是当时间趋于 1 时，λ_n 急剧下降，随着资产 ν 的分布的私有信息逐渐被释放，由 ν 的分布参数引起的信息不对称问题变得较弱，随着 $N\to\infty$，在最终时刻 $t=1$，市场的信息不对称问题不复存在：所有的交易者均知道了 ν

服从正态分布：$\nu \sim N(\bar{\nu}, \sigma_{\nu}^{2})$ 从图 3－3 中还可以看出：随着 $N\rightarrow\infty$，市场流动性参数的变化具有强烈的趋势性。

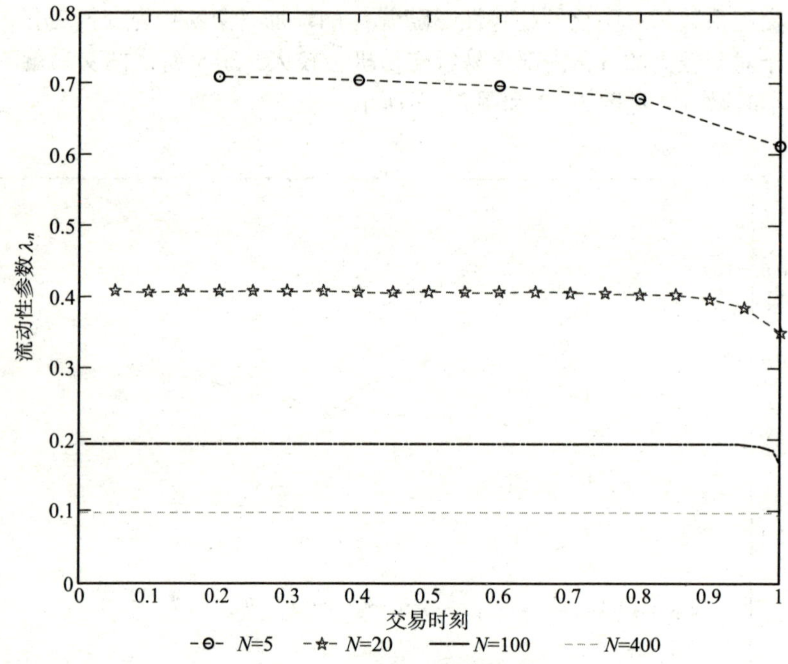

图 3－3　流动性参数动态图像

（其中，不同的曲线表示不同的 N 期模型中的流动性参数动态。）

参考文献

[1] Admati, A. R. , Pfleiderer, P. , A theory of intraday patterns: volume and price variability. Review of Financial Studies 1, 3 -40, 1988.

[2] Amihud, Y. , Mendelson, H. , Dealership market: Market-making with inventory. Journal of Financial Economics, Vol. 8, Issue 1, 31 - 53, 1980.

[3] Andreu Mas - Colell, Michael, D. Whinston, Jerry, R. Grenn, Microeconomic Theory. Oxford University Press, 1995.

[4] Back, K. Insider trading in continuous time. Review of financial studies 5 (3), 387 -410, 1992.

[5] Back, K. , Pedersen, H. , Long-lived information and intraday patterns. Journal of Financial Markets 1, 385 -402, 1998.

[6] Back, K. , Cao, C. H. , Willard, G. A. , Imperfect Competition among Informed Traders. The Journal of Finance, Vol. 55, No. 5, 2117 - 2155, 2000.

[7] Back, K. , Baruch, S. , Information in Securities Markets: Kyle Meets Glosten and Milgrom. Econometrica, Vol. 72, No. 2, 433 -465, 2004.

[8] Bagehot, W. , The Only Game in Town. Financial Analysts Journal, Vol. 27, 12 -14, 1971.

[9] Baruch, K. , Insider trading and risk aversion. Journal of Financial Markets, Volume 5, Issue 4, 451 -464, 2002.

[10] Benos, A. V. , Aggressiveness and survival of overconfident traders. Journal of Financial Markets 1, 353 -383, 1998.

[11] Berga, N. , Leinb, D. , Does society benefit from investor overconfidence in the ability of financial market experts? Journal of Economic Behavior and Organization Vol. 58, 95 -116, 2005.

[12] Biagini F. and Ksendal, B. , A General Stochastic Calculus Ap-

proach to Insider Trading. Appl Math Optim 52, 167 - 181, 2005.

[13] Caball, J., Súkovics, J., Speculating against an overconfident market. Journal of Financial Markets 6, 199 - 225, 2003.

[14] Clayson, D. E., 2005, Performance overconfidence: Metacognitive effects or misplaced student. expectation? *Journal of Marketing Education* 27 (2), 122 - 129.

[15] Covrig V., Lilian Ng, 2004, Volume autocorrelation, information, and investor trading, *Journal of Banking and Finance*, 28 (2004), 2155 - 2174.

[16] Copeland, I. Y. and Galai, D. Information effects and bid-ask spread. Journal of finance, 38, 1457 - 1469, 1983.

[17] Daniel, K., David Hirshleifer, Avanidhar Subrahmanyam, Investor Psychology and Security Market Under-and Overreactions. The Journal of Finance, Vol. 53, Issue, 6, 1839 - 1885, 1998.

[18] David Hirshleifer, Guo Ying Luo, On the survival of overconfident traders in a competitive securities market, Journal of Financial, 4, 73 - 84, 2001.

[19] David, E., O' Hara, M., Order Form and Information in Securities Markets. Journal of Finance. Vol, 46 Issue, 3, 905 - 927, 1991.

[20] David, M., Wilson R., Sequential equilibria, Econometrica Vol. 50, No. 4, 1982.

[21] D. Moore and Healy P. J, 2007, the trouble with overconfident. mimeo.

[22] Demsetz, H., The cost of Transacting. Quarterly Journal of Economics, 1968, 82, 33 - 53.

[23] F. Albert Wang, Strategic trading, asymmetric information and heterogeneous prior beliefs. Journal of Financial Markets, Volume 1, Issues 3 - 4, 28, 321 - 352, 1998.

[24] Fishman, M. J., Hagerty, K. M., Insider trading and efficiency of stock prices. RAND Journal of Economics 23, 106 - 122, 1992.

[25] Foster F. D. Viswanathan, S., 1993. The Effect of Public Information and Competition on Trading Volume and Price Volatility. *Review of Financial Studies*, 6, 23 - 56.

[26] F. Douglas Foster, S. Viswanathan, Strategic trading when agents

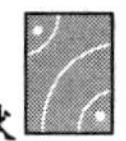

forcast the forcast of others. The Journal of Finance, Vol. 51, N0. 4. 1437 - 1478, 1996.

[27] Garcia, D., Sangiorgi, F., Urosevic, B., 2007. Overconfidence and market efficiency with heterogeneous agents. *Economic Theory*, 30, 313 - 336.

[28] Garman, M. B., Market microstructure. Journal of financial economics, 3, 257 - 275, 1976.

[29] Green, J. R., Stokey, N. L. A two-person game of information transmission Journal of Economic Theory, Vol. 135, Issue 1, 90 - 104, 2007.

[30] Glosten, L. R. and Milgrom, P. R., Bid, Ask and Transaction Prices in a Specialist Market with Heterogeneously Informed Traders. Journal of Financial Economics, 14, 71 - 100, 1985.

[31] Harris, Raviv 1993, Differences of opinion make a horse race, *Review of Financial Studies*, 6, 473 - 506.

[32] Healy, P. J. and D. Moore, 2007, Bayesian Overconfidence, mimeo.

[33] He, H. and Wang, J., 1995, Differential Information and Dynamic Behavior of Stock Trading Volume. *Review of Financial Studies*, 8, 914 - 972.

[34] Hirshleifer, D., and Luo, G. Y., 2001, On the survival of overconfident traders in a competitive securities market, *Journal of Financial Markets*, 4, 73 - 84.

[35] Huddart, S., Hughes, J. S. and Levine C. B., Public Disclosure and Dissimulation of insider traders, Econometrica, Vol. 69, No. 3, 665 - 681, 2001.

[36] Holden, C. W., Subrahmanyam, A., Long-lived private information and imperfect competition. Journal of Finance 47, 247 - 270, 1992.

[37] Holden, C. W., Subrahmanyam, A., Risk aversion, imperfect competition and long lived information. Economics Letters 44, 181 - 190, 1994.

[38] Jain, N., Mirman, L. J., Real and financial effects of insider trading with correlated signals. Economic Theory, 16 (2), 333 - 353, 2000.

[39] Jain, N., Mirman, L. J., Insider trading with correlated signals. Economic Letters 65, 105 - 113, 1999.

[40] Klebaner F. C. , Introduction to Stochastic Calculus with Applications, Imperial College Press, 1998.

[41] Kyung - Ha Cho, Continuous auctions and insider trading: uniqueness and risk aversion. Finance and Stochastics, 7, 47 - 71, 2003.

[42] Kyle, A. S. , Continuous auctions and insider trading. Econometrica, 53, 1315 - 1335, 1985.

[43] Kyle, A. S. , Informed Speculation with Imperfect Competition. Review of Economic Studies, 56, 317 - 356, 1989.

[44] Kyle, A. S. , F. Albert Wang, Speculation Duopoly with Agreement to Disagree: Can Overconfidence Survive the Market Test? The Journal of Finance, Vol. 52, No. 5, 2073 - 2090, 1997.

[45] Kerry Back, C. Henry Cao, and Gregory A. Willard. , Imperfect competition among informed traders. The journal of finance . Vol. LV. NO. 5, 2117 - 2155, 2000.

[46] Larrick, R. P. , Burson, K. A. , and Jack, J. B. , 2007, Social comparison and confidence: When thinking you' re better than average predicts overconfidence (and when it does not) . *Orgnizational Behavior and Human Decision Processes*, 102 (1), 76 - 94.

[47] Morrison, A. D. , Vulkan, N. , Making money out of publicly available information. Economics Letters, Volume 89, Issue 1, 31 - 38, 2005.

[48] Nöldeke, G. , Tröger, T. , Existence of linear equilibria in the Kyle model with multiple informed traders. Economics Letters 72, 159 - 164, 2001.

[49] Odean, T. , 1998, Volume, Volatility, Price and Profit: When All Traders are Above Average. *Journal of Finance*, 53, 1887 - 1934.

[50] Olav Kallenberg 1992, Foundations of Modern Probability (second editor) Springer Series in Statistics, Probability and Its Applications, page 104.

[51] Oskamp, S. , 1965, Overconfidence in case study judgments. *Journal of Consulting Psychology*, 29, 261 - 265.

[52] O'Hara, M. , In: Market Microstructure Theory. Blackwell, Cambridge, 1995.

[53] O'Hara, M. , Oldfield, G. S. , The microeconomics of market making. Journal of financial and quantitative ananlysis, Vol. 21, No. 4, 361 -

375, 1986.

[54] Radner, R. , Rational expectations equilibrium: generic existence and the information revealed by price. Econometrica, Vol. 47, 655 – 678.

[55] Robert, J. Aumann, (1976), Agreeing to Disagree, Annals of Statistics, 4, 1336 – 1239.

[56] Rochet, J. C. , Vila, J. L. , Insider trading without normality. Review of Economic Studies 61, 131 – 152, 1994.

[57] Scheinkman, H. A. , Wei Xiong, Overconfidence and Speculative Bubbles. Journal of Political Economy, vol. 111, no. 6, 2003.

[58] Shunlong, Luo, The impact of public information on insider trading. Economics Letters 70, 59 – 68, 2001.

[59] Shunlong Luo, Qiang Zhang, Dynamic insider trading. AMS/IP Studies in Advanced Mathematics, Vol 26, 93 – 104, 2002.

[60] Srinivasan S. , Shen J. , 2006, Relationship between autocorrelation in trading volume and public information arrival. working paper, NUS Business School National University of Singapore.

[61] Stoll, H. R. , The supply of dealer services in securities markets. The journal of finance. Vol. 33, Issue 4, 1133 – 1151, 1978

[62] Lin, Tao, NMI2, Under-and Over – Reaction from Relative and Aggregate Overconfidence (October 10) . EFMA 2004 Basel Meetings Paper. Available at SSRN: http: //ssrn. com/abstract =474016, 2003.

[63] Terrance Odean, Volume, Volatility, Price, and Profit When All Traders Are above Average. The Journal of Finance, Vol. 53, No. 6. , pp. 1887 – 1934, 1998.

[64] Wang F. A. , 1997. Overconfidence, delegated fund management and survival. working paper, Columbia University, New York.

[65] Wang, F. A. , 1998, Strategic Trading, Asymmetric Information and Heterogeneous Prior. Beliefs, *Journal of Financial Markets*, 1, 321 – 352.

[66] Wang, F. A. , 2001, Overconfidence, investor sentiment, and evolution, *Journal of Financial Intermediation*, 10, 138 – 170.

[67] Wang, J. 1994, *A model of competitive stock trading volume*, *Journal of Political Economy*, 102, 127 – 168.

[68] Wei David Zhang, Risk aversion, public disclosure, and long-lived

information. Economics Letters, Vol. 85, Issue 3, 327 -334, 2004.

[69] Yan Jia - An, Introduction to Mathematical Finance, Academy of Mathematics and Systems Science, Chinese Academy of Sciences, Priprint.

[70] Yu, F., What is the value of knowing uninformed trades? Economic Letters 64, 87 -98, 1999.

[71] Zabel, E., Competitive price adjustment without market clearing. Econometrica, Vol. 49, No. 5, 1981.

[72] Zenger, T. R. (1992), Why do employers only reward extreme performance? Examining the relationship among performance, pay and turnover, *Administrative Science Quarterly*, Vol. 37 No. 2, pp. 198 -219.

[73] [美] 罗伯特·C. 默顿 著，郭多祚等译，连续时间金融，中国人民大学出版社，2005.

[74] 严加安，测度论讲义（第二版），科学出版社，2004.

[75] 张维迎，博弈论与信息经济学，上海人民出版社，2004.

笔者文章目录

[1] Zhou, D. (2011). Overconfidence on Public Information. Economics Letters, (SSCI) 112, 239 -242.

[2] Zhou, D. (2012). Overconfidence, Public Disclosure and Long-lived Information. Economics Letters, (SSCI) 116, 626 -630.

[3] Zhou, D. (2013). Irrational Confidence, Imperfect and Long-lived Information. International Review of Economics and Finance, (SSCI) 27, 383 -405.

[4] Zhou, D. (2015). The virtue of overconfidence when you are not perfectly informed. Economic Modelling (SSCI) 47, 105 -110.

[5] Zhou, D. (2016). Public disclosure, information leakage, and strategic trading. Economics Letters (SSCI) 147, 46 -50.

后　　记

本书成稿于2011年前夕，是集合了两篇工作论文，一篇是建立在一个一般信息结构上的内幕交易模型，另一篇研究了当分布函数的参数成为内幕信息时的内幕交易模型。由于工作繁忙，这两篇论文一直并未发表。笔者本来准备把本书内容作为博士毕业论文的一部分，后来由于笔者找到更有意义的一个题目，使得本书内容未能成为博士毕业论文内容。这是一件很遗憾但也很幸运的事情。遗憾的是本书是笔者呕心沥血之作，却未能作为博士毕业论文的一部分。读者可以看到，本书的公式推导特别多！实际上，每一个公式都是笔者辛苦努力的结果。可以想象，这是多少个日日夜夜辛勤的结果，最后却未能写入毕业论文，笔者心情定是遗憾的。然而，遗憾之外，笔者在导师巩馥洲的指导下，找到另外一个更重要也是更有意义的题目，这个题目跟本书内容当然也是有联系的，可以说没有这本书相关结果的辛苦推导过程，就没有这个新的题目。这本书就像是通往毕业之路的一个桥梁，虽然不是毕业的成果，却也是必不可少的一部，凝聚了很多的辛勤和汗水。所以，这也是一件幸运之事。

本书的完成相当不易，在此特别感谢巩老师，感谢心中此刻在想，但笔下没有提到名字的人。更感谢能够在苦难的岁月中挺过来的自己。我将铭记于心，这本书的写作过程是我一生的财富，提醒我未来要永远坚强！

周德清

2016年10月10日